디지털 시대의
사회복지 패러다임

네트워크적 접근

470
아산재단 연구총서

한국사회의 구소 변화와 미래 대응

디지털 시대의 사회복지 패러다임

네트워크적 접근

김수영

집문당

김수영(金洙永) 서울대학교 언론정보학과 졸업
런던정치경제대학 사회정책학과 졸업(철학박사)
현재 서울대학교 사회복지학과 부교수

아산재단 연구총서 470

한국사회의 구조 변화와 미래 대응

디지털 시대의 사회복지 패러다임

네트워크적 접근

2021년 7월 10일 1판 1쇄

저자 | 김수영
발행인 | 임동규
발행처 | **(주)집문당**
등록 | 1971. 3. 23. 제2012-000069호
주소 | 03134 서울시 종로구 돈화문로 82, 5층
전화 | +82-1811-7567
이메일 | sale@jipmoon.com
홈페이지 | www.jipmoon.com

ISBN 978-89-303-1912-6 94330
978-89-303-1500-5(세트)

가격 17,000원

머리말

본 저서는 디지털 기술혁신으로 인해 국가-시장-시민사회의 관계구조가 변동하는 양상을 살펴보고, 이를 바탕으로 미래의 사회적 위험에 대응하기 위한 네트워크 중심의 사회복지 패러다임 구축을 모색하는 데 그 목적이 있다.

2019년 8월 본 연구에 착수할 당시만 해도 사회복지학계에서 디지털 시대의 사회적 위험에 대해 고민하는 작업은 다소 생소했다. 물론 배달앱 기사의 교통사고가 이슈로 등장하면서, 기본소득과 같은 미래사회의 대안적 소득보장제도가 논의되어 왔다. 하지만 디지털 정보통신기술이 노동시장을 넘어 사회 전체를 급격하게 전환할 수 있는 거대한 힘이라는 사실은 체감하지 못하는 상황이었다. 그러나 2020년 1월부터 현재까지 전 세계를 강타하고 있는 코로나바이러스감염증-19(이하 코로나19)로 인해 디지털 기술은 더욱 급속히 우리의 일상생활로 파고들고 있다. 바이러스 확산을 막기 위해 수많은 대면 활동을 비대면으로 전환하게 되면서 디지털 기술 활용이 급격히 늘어나게 된 것이다.

과거 사업장으로 출퇴근하던 직장인들이 집에서 컴퓨터와 인터넷으로 재택근무를 하는 사례가 늘었으며, 대부분의 학교 수업과 회의가 온라인 화상회의 앱을 통한 원격강의와 회의로 전환되었다. 대면접촉을 최소화하는 과정에서 외식은 줄고 배달문화가 큰 호황을 누리면서 배달 · 택배 플랫폼에 대한 수요도 급증했다. 오프라인 영화관 방문보다는 Netflix나

Watcha 같은 온라인 동영상 콘텐츠 플랫폼을 이용하는 사람들도 늘어나고 있다. 코로나19 사태로 인해 정부가 국민의 개인정보를 수집하고 활용하는 방식도 화두가 되었다. 코로나19 확진자의 동선을 파악하기 위해 개인 휴대전화 GPS 정보, 카드사 결제내역, CCTV로부터 데이터를 수집하고, 이를 대중에게 공개하는 과정에서 공중보건과 같은 공공성을 위해 개인의 사생활 정보를 어디까지 활용할 수 있을지와 같은 윤리적 딜레마가 대두되기도 했다. 이처럼 우리는 정치, 경제, 사회, 문화 전반에 걸친 변화들을 1년도 채 지나지 않는 짧은 시간 동안 경험하고 있다.

서구사회가 중세 농경사회에서 근대 산업사회로 혁명적으로 전환하는 과정에서 증기기관이나 전신 같은 기술혁신만이 아니라 흑사병이라는 전염병이 큰 영향을 미쳤던 것처럼, 현재 우리도 4차 산업혁명으로 통칭하는 기술혁신과 코로나19 팬데믹이 맞물리면서 문명사적 변화 가운데 놓이게 되었다. 그러나 아쉽게도 4차 산업혁명에 대한 그간의 논의들은 대부분 일자리 감소라는 노동시장의 예측에 주목하고, 이에 대처하기 위해 신산업 육성, 공공일자리 창출, 사회보험 확대, 기본소득 도입과 같은 특정 정책의 시행에 주목해왔다. 하지만 디지털 기술혁명은 단지 노동시장만이 아니라 자본주의 시장 전체, 나아가 국가와 시민사회로 이루어진 근대 사회구조 전반을 재구조화하고 있다. 이는 기존의 아날로그 근대사회가 추구해오던 가치, 신념, 인식 전체를 근본적으로 바꾸는 패러다임적 전환인 것이다. 따라서 개별 정책의 수정이나 도입만으로는 장차 디지털 기술혁명이 몰고 올 총체적 변화를 온전히 대비하기 어렵다. 디지털 기술혁명이 몰고 올 사회변동은 미래의 사회보장시스템 자체에 대한 인식 전환을 요구한다.

현재의 사회보장체계는 국가-시장-시민사회를 세 축으로 하는 근대 사회 행위자들의 관계 맥락 속에서 구축되었다. 사회보험과 공공부조 같은 사회보장제도는 ① 국민에게 세금과 사회보험료를 집합적으로 거둬들일 수 있는 국민국가, ② 시장에서 창출한 수익 일부를 정부에 세금과 사회보험료로 의무 납부하는 사업장, ③ 시민권으로서의 복지권을 지닌 시민이라는 세 주체의 역학관계 속에서 정립된 것이다. 그러나 디지털 기술은 수백 년 동안 지속하여 오던 근대적 국가-시장-시민사회의 양태를 혁신적으로 변화시키고 있다. 정부는 빅데이터 기술을 활용해 공공정보를 대규모로 집적 · 처리하는 전자정부를 표방하고 있고, 시장의 중심축도 아날로그 사업장에서 디지털 플랫폼으로 이동하고 있으며, 지역공동체 중심이었던 시민사회도 네트워크의 시민, 즉 네티즌이 활동하는 온라인 공동체로 확대되었다. 디지털 기술혁명이 기존의 국가-시장-시민사회를 이른바 '네트워크 사회(network society)'로 전환시키고 있는 것이다.

이처럼 다양한 사회적 행위자들이 복잡한 네트워크로 연결된 디지털 사회의 문제들은 한 행위자인 국가의 정책 도입만으로 해결할 수 없다. 사회문제는 예측할 수 있으면서 해결책이 대체로 명백한 온건한 문제(tame problem)와 문제 정의와 해결책 제시가 어려운 혹독한 난제(wicked problem)로 구분할 수 있는데, 사회시스템의 경계가 모호하고 운영패턴이 복잡한 네트워크 사회의 당면 문제들은 혹독한 난제인 경우가 많다. 따라서 한 영역에서 발생한 문제가 다른 영역에 파장을 미치기도 하고, 또 전혀 다른 영역에서 의외의 해결방안이 발견되기도 하는 복잡한 사회에서는 정부-기업-시민사회의 다양한 행위자들이 상호협력하여 문제를 규정하고 해결책을 모색하는 '네트워크적 접근(network approach)'이 필수적이다.

디지털 네트워크 사회의 사회적 난제에 대응할 때에도 네트워크적 접근이 필요하다. 근대 복지국가는 산업재해, 노후, 실업, 질병, 빈곤과 같은 산업사회에서 나타나는 개개의 문제들에 대해서 산업재해보상보험, 국민연금, 고용보험, 건강보험, 사회부조와 같은 개별적인 사회보장정책을 도입하는 대응방식을 취해왔다. 그러나 경계 없이 유동하는 네트워크 사회에서는 정부의 정책 개입만이 최선의 해답은 아닐 수 있다. 새로운 혹독한 난제가 계속해서 등장하고 사회적 환경이 급변하는 네트워크 사회에서는 특정한 제도 도입보다 다양한 문제에 대처하는 의사소통시스템을 구축하는 것이 더 본질적이고 지속적인 대안일 수 있는 것이다. 특히 한 번 도입된 정책은 제도적 경직성으로 인해 사회환경이 변화해도 쉽게 조정하기 어려운 경우가 많기에, 네트워크 사회에서는 정책 도입에 신중을 기해야 한다. 따라서 새로운 문제가 발생했을 때 곧바로 정책 도입을 고민하기에 앞서, 먼저 사회문제를 해석하고 갈등을 조정하며 해결책을 합의하는 과정 즉, 새로운 의사소통시스템에 대해 고민해야 한다. 디지털 네트워크 사회에서 어떤 사회적 행위자들이 부상하게 되며, 이들이 어떤 방식으로 사회적 난제에 대해 협의하고 공동의 해결책을 모색해나갈 수 있을지 전망하는 작업이 필요한 것이다.

특히 디지털 시대의 의사소통시스템을 고민하는 과정에서 한국사회의 독특한 특성을 고려하는 것은 매우 중요하다. 비록 네트워크 사회의 도래가 세계적 현상이라고 할지라도 각 사회가 모두 동일한 형태의 네트워크 사회로 수렴하는 것은 아니다. 따라서 각 사회의 행위자들이 당면한 혹독한 난제에 대응하는 방식도 다양할 수 있다. 자본주의를 지향하는 근대 국민국가들도 내부의 사회구조와 메커니즘이 다르고, 산업자본주의가 파생한 문제를 해결하기 위한 복지국가의 유형도 각국의 역사적 기반과 이데올로기적 지향에 따라 서로 다른 방향을 추구해왔다. 마찬가지로 디지털 기술혁신이 추동한 사회구조의 변화 양태와 의사소통시스템도 각 네트워크 사회의 독특성을 가질 수 있다. 이에 본 저서에서는 한국의 디지털 네트워크 사회가 어떤 특성이 있는지를 살펴보고, 이를 반영한 의사소통시스템은 무엇인지를 함께 고민해보고자 했다.

끝으로 본 저서가 출판되기까지 큰 도움을 준 분들에게 이 자리를 빌려 감사 인사를 전한다. 아직 디지털 시대의 사회적 위험과 대안에 관한 연구가 충분하지 않은 상황에서 본 연구를 시작할 수 있었던 것은 전적으로 아산사회복지재단의 2019년 학술연구지원사업의 지원 덕분이었다. 특히 연구착수부터 마무리까지 적극적인 도움과 격려를 아끼지 않으셨던 아산사회복지재단 복지사업팀의 김은수 차장님과 고세훈 선생님께 감사의 마음을 전하고 싶다. 무엇보다 1년이라는 짧은 연구 기간에 방대한 자료를 수집하고 정리하는 데 힘써준 서울대 사회복지학과 강명주, 박준혁, 박송이, 김영 선생님께 깊은 감사를 드린다. 네 분의 도움이 없었다면 본 저서를 마무리하는 것이 불가능했다. 많이 미흡한 연구물이라 아쉬움이 남지만, 여러 사람의 손길을 거쳐 완성된 본 저서가 디지털 시대의 사회구조를 이해하고 새로운 사회적 위험의 대응 방향을 고민하는 데 기초자료로 조금이나마 일조했으면 한다.

2021년 3월

서울대 연구실에서

김수영

차례

III. 한국의 디지털 네트워크 사회 / 101

IV. 디지털 네트워크 사회의 난제에 대한 대응방안 / 173

V. 디지털 시대에 사회복지가 나아갈 길 / 261

표/그림 차례

Ⅰ. 네트워크적 접근의 필요성

이른바 4차 산업혁명으로 통칭되는 디지털 정보기술혁신은 사회 전체를 질적으로 변화시키고 있다. 이에 발맞추어 사회복지분야에서도 디지털 기술혁신에 대한 논의가 활발하다. Wearable Robot을 이용한 장애인 보조기구나 노인을 위한 AI 돌봄서비스처럼 디지털 기술이 사회복지실천을 선진화시킬 것이라는 기대에서부터(Broekens et al., 2009), 디지털 기술이 초래할 사회변화에 기존의 사회복지정책이 어떻게 대응해야 할지에 대한 고민에 이르기까지 디지털 혁명은 사회복지분야에서도 핵심 쟁점으로 떠올랐다(황종성, 2016; 최현수 · 오미애, 2017).

특히 디지털 기술 도입으로 인한 노동시장의 변화가 예상되면서 미래 사회보장정책에 대한 다양한 전망들이 각축을 벌이고 있다. 디지털 시대에도 인간만이 수행할 수 있는 고유한 작업이 있고 새로운 사회환경에 적합한 새 일자리 역시 창출될 것이라는 낙관적 기대도 있지만(Frey & Osborne, 2013; Lorenz et al., 2015), 로봇과 AI가 생산현장에 도입되면 많은 인간이 일자리를 잃거나 불안정노동자로 전락하게 될 것이라는 비관적 전망이 대세가 되었다(차두원 · 김서현, 2016; Schwab, 2017). 이에 따라 사회정책학계에서는 미래의 일자리 감소로 인해 실업, 고용 불안정, 소득 불평등이 심화될 것으로 예견하며, 이에 대비한 다양한 정책대안들을 제시해왔다. 대표적으로 정부가 주도적으로 기술 지향적 신규 일자리를 창출해야 한다는 의견에서부터(고상원 외, 2017; Atkinson et al., 2009), 사회보험제도를 불안정노동자나 프리랜서까지 확대하는 방안(황덕순 외, 2016), 나아가 일자리가 사라진 미래의 소득보장방안으로 기본소득에 대한 논의가 활발히 이루어지고 있다(김교성 외, 2018; Van Parijs, 2004). 지금도 미래의 사회보장대책으로 일자리 창출, 사회보험 개편, 기본소득 도입 중 무엇이 더 우선이며 최선인지에 대한 논쟁이 분분한 상황이다.

그러나 현재 논의되는 대안들은 현상적 접근에 치중한 경우가 많았다. 즉, 노동시장의 일자리 감소와 고용 · 소득 불안정이라는 경제적 현상에 주목하여, 이에 대처하는 특정한 정책을 확대 · 수정 · 도입하는 방식을 제안하는 것이다. 그러나 사실 디지털 정보기술혁명은 노동시장만이 아니라 시장 전체, 나아가 국가와 시민사회로 이루어진 근대적 사회구조 전반을 재구조화하고 있다. 또한, 아날로그 산업혁명이 세계관을 신에서 인간으로, 사회가치를 종교에서 경제로, 생산기반을 토지에서 공장으로, 활동공간을 농촌에서 도시로 변화시켰던 것처럼, 디지털 기술혁명은 세계관을 인간에서 기계로, 사회가치를 경제에서 문화로, 생산기반을 공장에서 플랫폼으로, 활동공간을 현실세계에서 가상세계로 전환하고 있다(Castells, 2000; Rifkin, 2001; Bauman, 2004). Kuhn(1962)의 용어로 말하면, 디지털 기술혁명은 기존의 근대사회가 추구해오던 세계관, 가치, 신념, 인식 전체를 근본적으로 변환시키고 있다는 점에서 패러다임 전환을 불러오고 있는 것이다. 이런 맥락에서 Schwab(2017)의 『제4차 산업혁명, *The Fourth Industrial Revolution*』과 Brynjolfsson과 McAfee(2014)의

『제2의 기계시대, *The Second Machine Age*』는 디지털 혁명을 아날로그 산업혁명에 필적하는 인류사적 변혁으로 해석하기도 했다.

그러므로 디지털 정보기술혁명이 몰고 올 총체적 변화를 대비하기 위해서는 정책 수준의 조정만으로는 불가능하다. Pierson(2001)은 『복지국가의 새로운 정치, *The New Politics of the Welfare State*』에서 사회환경이 변하더라도 기존의 정책은 완전히 폐지되기보다 유지되며 재조정(recalibration)되는 경향이 있다고 보았다. 그러나 이러한 복지개혁(welfare reforms)은 아날로그 산업 시대라는 하나의 시대 내에서 크고 작은 사회변화가 발생했을 때 가능한 조정이다. 디지털 기술혁명이 몰고 올 사회변동은 단순히 정책 한두 개의 조정을 넘어 미래의 사회구조와 사회시스템에 대한 본질적 재성찰을 요구한다. 복지국가에 대해 단순히 새로운 정치(new politics)가 아니라 '완전히 새로운 정치(brand new politics)'가 필요한 때인 것이다.

미래의 사회문제에 대응하는 시스템을 고민할 때 먼저 고려해야 하는 점은 디지털 기술혁명으로 인해 기존 복지국가의 전제가 되어온 근대적 사회구조 자체가 변화하고 있다는 사실이다. 현재의 사회보장제도는 정부(국민국가)-시장(산업경제)-시민사회를 세 축으로 하는 근대사회의 틀 안에서 구축되었다. 즉, 사회보험이나 사회부조와 같은 사회보장정책은 ① 국민에게 세금과 사회보험료를 집합적으로 거둬들일 수 있는 중앙집권적 정부, ② 시장에서 창출한 수익 일부를 정부에 세금과 사회보험료로 의무 납부하는 사업장 사업주, ③ 시민권으로서의 복지권과 납세의 의무를 지닌 시민이라는 세 주체의 역학관계 속에서 정립된 것이다. 특히 산업

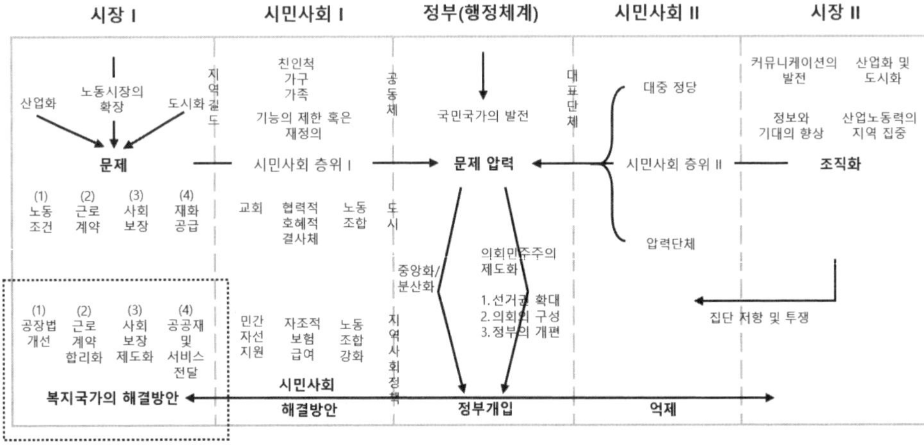

그림 I-1 근대 복지국가 발전에 영향을 미친 정부-시장-시민사회의 역동

출처: Flora & Alber(1981: 42) 재구성.

혁명 이후 자본주의 시장의 성장, 정부의 강력한 관료행정체계의 확립, 대중민주주의로 인한 시민권의 향상은 근대 복지국가 등장의 주요배경으로 꼽혀왔다. Flora와 Alber(1981: 42)는 〈그림 I-1〉과 같이 근대적 시장-정부-시민사회가 복지국가의 탄생과 발전과정에서 어떤 작용을 했는지를 한눈에 볼 수 있도록 도식화하였다.

먼저 〈그림 I-1〉의 시장 I 에서 보듯이 복지국가의 사회보장제도는 자본주의 시장에서 발생하는 비합리적 근로계약, 산업재해가 발생하는 노동조건, 미흡한 사회보장과 불평등한 재화공급과 같은 사회문제들에 대한 대응책으로 발전했다(O'Connor, 1973; Offe, 1984). 근대적 시장과 시민사회가 아직 분화되기 이전인 전근대 농업사회에서 개인의 불행과 결핍은 같은 주변의 가족이나 친인척, 혹은 종교기관이나 지역공동체와 같은 시민사회Ⅰ을 통해 해결됐었다. 그러나 급속한 도시화와 근대화로 인해 자생적 공동체의 역할이 약화되면서, 개별 국민이 겪는 질병, 실업, 빈곤, 노령, 재해는 국가적 차원에서 해결해야 할 사회문제로 대두된다. 이때 시장Ⅱ와 시민사회Ⅱ에서 보듯이, 대규모 사업장에서의 노동조합과 노동운동의 성장은 노동자들이 정당과 압력단체를 조직하고, 정부에게 자본주의 시장에서 발생한 사회문제들에 대한 대응책을 마련하도록 요구할 수 있는 동력이 되어 주었다. 물론 철혈재상으로 통하는 독일 비스마르크의 사회보험 도입, 절대왕정인 영국 엘리자베스 여왕의 구빈법 확대의 역사에서 엿볼 수 있듯이, 국가적 차원의 사회보장은 강력한 행정력과 통치력을 지닌 국민국가의 등장 없이는 불가능한 것이었다. 이후 국민국가의 정부는 한편으로는 자본주의 시장에서 발생하는 문제에 대한 시민사회의 불만과 저항을 통제하고, 다른 한편으로는 복지정책을 마련하는 이중적 통치전략을 수행해왔다.

이처럼 근대의 사회복지제도는 국가-시장-시민사회 행위자들의 상호작용 속에서 구축된 사회적 구성물이다. 따라서 디지털 시대에 사회적 위험에 대응할 시스템을 고민하려면, 미래에는 어떤 사회적 행위자들이 부상하며 이들은 서로 어떤 역학관계를 맺게 될 것인지부터 파악해야 한다. 실제로 디지털 기술은 지난 수백 년 동안 지속해온 근대적 정부-시장-시민사회의 양태를 혁신적으로 변화시키고 있다. 〈그림 Ⅰ-2〉와 같이 정부는 빅데이터 기술을 활용해 공공정보를 대규모로 집적·처리하는 전자정부를 표방하며, 시장의 중심축도 아날로그 사업장에서 디지털 플랫폼으로 이동하고 있다. 많은 생산자와 소비자들이 Amazon, eBay, Gmarket

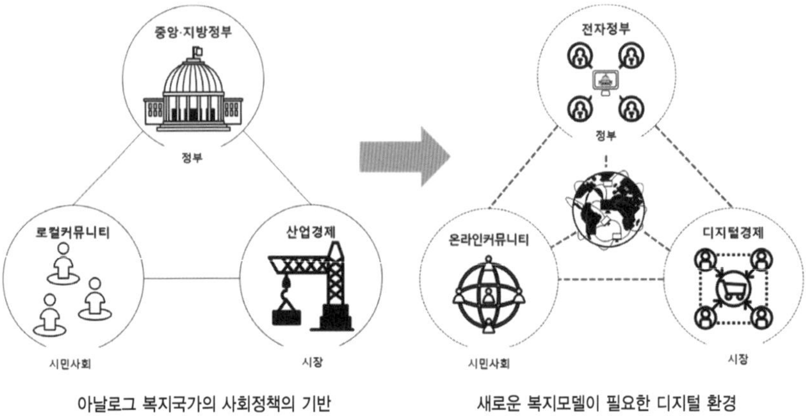

그림 I-2 디지털 시대의 국가-시장-시민사회의 변화

출처: 저자 작성.

과 같은 전자상거래 사이트를 통해 재화와 서비스를 거래하고, Airbnb, Uber, 배달앱과 같은 플랫폼을 매개로 경제활동을 하는 플랫폼 노동자들도 급증하고 있다. 시민사회도 지역공동체에서 사이버스페이스로 확대되었다. 이제 네트워크의 시민, 즉 네티즌(netizen)들은 Facebook, Twitter, 카카오톡과 같은 SNS, 온라인커뮤니티, 블로그로 의사소통하는 것이 일상이 되었다.

이러한 사회구조적 변화는 단지 일국 수준에 그치지 않고, 전 세계 각국의 정부, 시장, 시민사회가 디지털 네트워크로 연결되는 이른바 '네트워크 사회(network society)'로 재편되고 있다(Castells, 2000). 네트워크 사회의 구조는 근대사회와는 다를 수밖에 없다. 〈그림 I-3〉에 나타난 것처럼, 근대사회에서는 증기기관이나 전기와 같은 아날로그 과학기술이 산업화의 토대가 되었고, 산업화로 인한 경제발전과 인구증가는 사회가 정부-시장-시민사회로 기능적 분화를 이끄는 원동력이 되었다. 이와 함께 관료화, 도시화로 대변되는 정치·사회영역의 변화가 상호작용하면서 근대사회의 정부-시장-시민사회의 기능적 분화를 촉진했다. 복지국가의 이데올로기적 근간이 되는 공민권→정치권→사회권과 같은 시민권 개념 발전도 산업화, 도시화, 관료화라는 근대사회의 기능적 분화과정과 함께 정립되었다(Flora & Alber, 1981: 39).

그러나 디지털 지능정보기술과 아날로그 동력기술은 사회구조에 상이한 영향을 미친다. 아날로그 산업혁명은 정부-시장-시민사회의 기능적 분화를 끌어냈던 반면, 초연결을 표방하는 디지털 정보통신기술은 국가-시장-시민사회를 네트워크로 '융합'하는 힘을 갖는다(Castells, 2000). 또한, 정치, 경제, 사회, 문화 전 영역에서 일어나는 글로벌화는 복지국가의 기반이 되었던 시민권 개념에도 도전을 가하고 있다. 따라서 '과학기술의 발전→일자리의 감소→대책 마련의 필요성'과 같은 단선적 시나리오 안에서 미래의 사회보장정책을 논하는 것은 다소 협소한 접근일 수 있다. 미래 디지털 시대의 사회문제를 해결하려면, 그 기저에서 일어나는 사회구조의 융합적 양상을 진단하고 이에 적합한 사회보장시스템을 고민해야 한다.

특히 미래의 사회보장시스템을 고민할 때에는 네트워크 사회의 특성에 맞춰 네트워크적 접근(network approach)을 시도할 필요가 있다. 정부와 같은 특정 주체가 주도해온 제도적 접근은 유동하는 네트워크 사회에서는 최선의 대안이 아닐 수 있다. 한번 도입된 정부 정책은 제도적 경직성(path dependency)이 있기에 사회구조가 변화했음에도 쉽게 폐기가 어

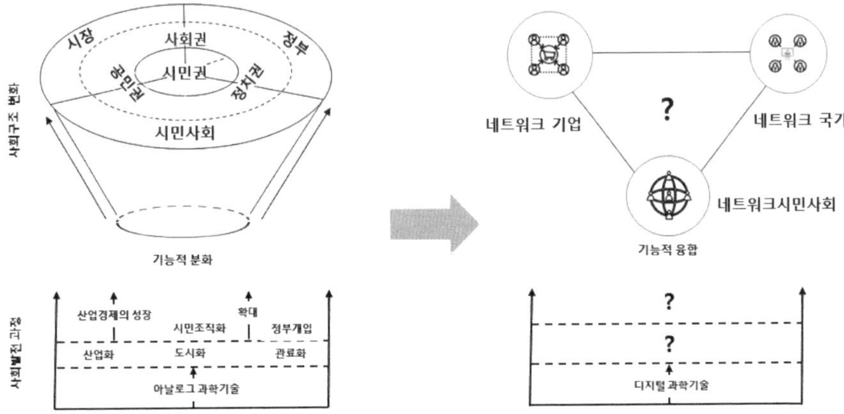

그림 I-3 아날로그 시대와 디지털 시대의 사회발전과 사회구조

출처: (좌) Flora & Alber(1981: 39) 재구성, (우) 저자 작성.

려운 경우가 많기 때문이다(Pierson, 2001). 무엇보다 다양한 사회적 행위자들이 복잡한 네트워크로 연결된 디지털 사회의 문제들은 한 행위자의 제도적 기획(planning)을 통해 해결할 수 있는 문제가 아니다. Rittel과 Webber(1984)는 사회문제를 예측할 수 있으면서 해결방법이 대체로 명백한 온건한 문제(tame problem)와 문제 정의와 해결책 제시가 어려운 혹독한 난제(wicked problem)로 구분했는데, 사회영역 간의 경계가 모호하고 운영패턴이 복잡한 네트워크 사회의 당면 문제들은 혹독한 난제인 경우가 많다. 이런 이유로 Koppenjan과 Klijn(2004)은 한 영역에서 발생한 문제가 다른 영역에 파장을 미치기도 하고, 또한 전혀 다른 영역에서 의외의 해결방안이 발견되기도 하는 복잡한 현대사회에서 정부-기업-시민사회의 다양한 행위자들이 상호협력하여 문제를 규정하고 해결책을 모색하는 네트워크적 접근이 중요해진다고 보았다. 혹독한 난제가 계속해서 등장하고 사회적 환경이 급변하는 네트워크 사회에서는 일정한 제도를 제안하는 일뿐만 아니라 사회적 행위자들이 사회문제를 해석하고 갈등을 조정하며 해결책을 합의하는 과정, 즉 새로운 의사소통 네트워크에 대해 고민할 필요가 있다.

비슷한 맥락에서 네트워크 사회를 이론화한 Castells과 Himanen (2014)도 네트워크 사회의 새로운 사회보장 원칙으로 의사소통 거버넌스의 중요성을 주장했다. 이들은 미래 네트워크 사회의 사회적 난제에 대비하기 위해서는 산업복지국가(industrial welfare state)의 패턴을 고수하기보다 사회보장의 가치, 목표, 기능, 주체에 대한 근원적 재구조화(reconstructuring)를 통해 사람 중심의 행복사회(wellbeing society)로 발돋움해야 한다고 보았다. 〈그림 I -4〉는 이들이 미래 사회에서 사회보장시스템을 설계할 때 지향해야 할 5가지 새로운 대원칙을 정리한 것이다.

먼저 산업사회의 사회보장제도는 실업, 빈곤, 질병, 장애와 같은 물리적 결핍이나 불행을 사후에 대처하는 데 집중해왔다. Castells과 Himanen

그림 I -4 디지털 시대 사회보장시스템 설계 5대 원칙

출처: Castells & Himanen(2014: 73-79) 내용 도식화.

(2014: 76)이 산업복지국가를 '불행제거국가(illbeing removal state)'라고 명명한 것은 이러한 부정적 · 방어적 특성 때문이다. 또한, 소득보장이나 일자리 제공과 같은 경제적 측면의 지원을 우선시하고(부분적), 사회문제를 해결하기 위한 정책을 국가가 주도적으로 수립 · 집행하며(국가주도), 다른 사회구성원들을 대상화하는 점도 근대 복지국가의 특징이었다(대상화). 그러나 더는 물질적 결핍이 인간의 생존을 위협하지 않고 인간의 욕구와 지향이 다양화된 미래 사회에는 이러한 소극적 접근만으로는 부족하다. 더욱이 변화가 초고속으로 진행되는 사회에서 문제에 사후적으로 대응하는 태도는 사회적 위험을 가중할 수 있다. 이런 측면에서 Castells과 Himanen은 미래의 사회보장시스템은 결핍을 최소화하는 것이 아니라 인간의 삶 전반에서 만족과 행복을 최대한 누릴 수 있도록 돕고(긍정적), 문제가 발생하기 이전에 문제를 예방해 좋은 상태를 유지할 수 있는 시스템을 추구하며(선제적), 경제적 측면이 아니라 문화적 · 심리사회적 욕구와 만족을 아우르는 제도설계가 필요하다고 보았다(종합적). 나아가 네트워크 사회에서는 국가가 복지제공자가 되고 국민이 복지대상자가 되는 일방적 · 폐쇄적 전달체계를 지양하고 제도의 설계와 집행에 있어 다양한 사회집단과 구성원이 주체적으로 참여할 수 있는 네트워크 거버넌스 시스템을 구축해야 한다고 제안한다(사회참여). 본 저서에서도 위와 같은 원칙을 염두에 두고, 디지털 시대의 네트워크 국가-시장-시민사회가 함께 협력하여 사회적 난제를 예방하고 해결할 수 있는 의사소통 시스템을 고민해보고자 했다.

그러나 모든 사회가 사회문제를 해결하기 위해 똑같은 방식으로 거버넌스를 구축해야 하는 것은 아니다. Esping-Andersen(1990)의 『복지 자본주의의 3세계, *The Three Worlds of Welfare Capitalism*』에서도 엿볼 수 있듯이, 넓게는 산업자본주의 사회로 분류되는 서구 국가들도 자유주의, 조합주의, 사민주의 복지국가와 같이 각 사회의 역사적 기반과 구조적 특성에 따라 서로 다른 복지체계를 구축해왔다. 마찬가지로 디지털 기술혁신으로 인해 사회가 코페르니쿠스적 전환을 겪고 있지만, 모든 사회가 같은 형태의 네트워크 구조를 구축해나가고 있는 것도 아니며, 당면한 혹독한 난제에 동일하게 반응하는 것도 아니다. 디지털 기술혁신과 사회문제에 대해서 국가마다 취하는 관점과 가치관은 다를 수 있다.

이는 미래 한국사회의 사회보장시스템을 고민할 때도 반드시 고려해야 할 지점이다. 한국도 산업화, 민주화의 역사를 거치며 사회부조, 사회보험, 사회서비스와 같은 복지국가의 정책들을 구축해왔다. 하지만 그렇다고 한국을 Esping-Andersen(1990)의 유형에 따라 자유주의, 보수주의, 사민주의 복지국가로 분류하는 것은 다소 한계가 있다. 서구 복지국가는 내부의 차이에도 불구하고 기본적으로 민주주의와 자본주의의 오랜 역사를 수반하는 반면, 한국과 같은 동아시아 국가는 권위주의 문화와 국가주도의 발전주의 역사가 있다. 따라서 일부 학자들은 서구사회 중심의 복지국가론을 따르기보다 동아시아 국가의 독특성을 반영한 복지체계 진단을 시도해왔다. 예를 들어, '발전주의 복지국가(developmental welfare state)'(Kwon, 2002)나 '생산적 복지 자본주의(productivist welfare capitalism)'(Holliday, 2000) 논의는 한국의 국가복지가 시장경제의 발전을 위해 보조적으로 도입되었던 측면을 강조한다. 한편 한국과 같은 동아시아 국가를 '유교적 복지국가(Confucian welfare states'(Jones, 1993)나 '오이코노믹 복지국가(oikonomic welfare states)'(Jones, 1990)로 정의한 논의에서는 동아시아 국가들의 사회보장체계가 미흡하고 노부모, 자녀의 돌봄을 가정에 전가할 수 있었던 배경으로 유교적 문화를 강조하는 논의도 존재한다.

비슷한 맥락에서 디지털 강국으로 불리는 한국사회도 빠르게 네트워크화되고 있지만, 그 변화 양상이 Castells(2000)과 같은 서구 네트워크 이론가의 진단과는 다를 수 있다. 따라서 한국의 네트워크 사회에 대응하는 의사소통 네트워크를 고민하기에 앞서, 우선 한국 네트워크 사회가 갖는 일반적 특성과 독특성을 추가로 살펴볼 필요가 있다.

이에 본 저서는 다음 3단계로 구성된다. 먼저 Ⅱ장은 디지털 네트워크 사회의 일반론으로 디지털 정보기술혁명으로 인해 기존의 근대적 국가-시장-시민사회가 어떻게 네트워크 사회로 변모하는지를 살펴보고, 이러한 사회구조 변화가 초래하는 사회적 난제들을 짚어본다. Ⅲ장에서는 한국사회에 집중하여 디지털 기술혁신이 국가-시장-시민사회를 어떤 형태의 네트워크 사회로 변화시키는지 진단한다. 덧붙여 Ⅱ장에서 살펴본 사회적 난제와 비교했을 때 디지털 시대의 한국사회가 직면한 위험의 특징들은 무엇인지 서술한다. 이어서 Ⅳ장에서는 한국사회가 디지털 시대의 새로운 사회적 난제들을 해결해가는 과정에서 국가-시장-시민사회가 어떤 의사소통구조를 지향하는 것이 바람직할지를 각국의 실천모델(practice model)들을 참고해 제시한다. 특히 본 저서에서는 디지털 시대의 한국사회가 글로벌 행위자들과의 네트워크 구축보다는 국내 행위자들 사이에서의 활발한 상호작용을 지향하고 정부의 역할이 여전히 강한 자국 중심적 네트워크 사회(nationalistic network society) 형태를 보인다고 진단하고, 한국의 네트워크 특성을 반영하여 사회적 위험에 대응하는 관계 지향적 거버넌스(relational governance) 방안을 제안하고자 한다. 마지막으로 V장에서는 I장부터 IV장까지의 내용을 토대로 디지털 네트워크 사회의 구조와 난제를 재정리하고, 향후 사회복지가 나아가야 할 방향에 대한 소회를 밝히고자 한다.

II. 디지털 네트워크 사회의 구조변화와 난제

Ⅱ. 디지털 네트워크 사회의 구조변화와 난제

1. 디지털 네트워크 시장

1) 디지털 네트워크 시장의 구조변화

산업혁명이란, 과학기술의 혁신이 산업에 접목되면서 사회, 경제, 정치, 문화 전 영역에서 엄청난 변화가 발생하는 사건을 뜻한다. 〈표 II-1〉에서 보듯이, 역사적으로 과학기술의 혁신이 이끈 산업혁명은 시장경제와 노동양식에 지각변동을 가져왔다.

표 Ⅱ-1 산업혁명에 따른 시장의 변화

	1차 산업혁명	2차 산업혁명	3차 산업혁명	4차 산업혁명
시기	18세기	19세기	20세기	21세기
주요산업	면공업, 철공업	전기 · 통신업, 자동차	컴퓨터, 인터넷, 반도체	AI, IoT, 앱, 빅데이터
주요기술	1705 증기기관	1876 전화	1946 ENIAC	2005 IBM 왓슨
	1709 코크스 제철법	1886 가솔린 자동차	1969 ARPANET	2010 Uber 플랫폼
	1769 수력 방적기	1896 무선전신	1981 IBM PC	2014 Google 알파고
	1804 증기기관차	1914 컨베이어벨트	1994 인터넷 대중화	2015 Tesla 오토파일럿
경제변화	공업 · 제조업 등장 지속적 경제성장	대기업 주도 성장 후발 공업국 등장	서비스업 활성화 시장의 글로벌화 진행 벤처기업 등장	플랫폼 경제 등장 시장의 글로벌화 심화
노동이슈	러다이트 운동 산업재해	대규모 실업 노동조합 세력화	노동의 유연화 이주노동자 증가	고용관계 약화 플랫폼 임시노동자 증가 노동자 글로벌화

출처: 1차~3차 산업혁명 송성수(2017: 25) 재편집, 4차 산업혁명 부분 저자 추가.

먼저 증기의 열에너지를 기계의 동력으로 바꾸는 증기기관의 발명은 1차 산업혁명인 공장제 기계공업의 발전을 이끌었다. 방직기, 방적기, 제철설비와 같은 공장의 기계동력은 상품의 대량생산을 가능하게 함으로써, 인류 역사상 유례없는 경제성장을 이끌었다. 이후 2차 산업혁명으로 일컬어지는 전기 · 통신기술과 내연기관의 발전은 기존의 제조업이 더욱 대규모화되는 데 기여했으며, 대중교통의 발전을 통해 후발 공업국의 성장을 이끌었다. 그러나 2차 산업혁명 후반부에는 세계대전과 경제대공황과 같은 중대한 사건들로 인해 대량실업이 양산되기도 했다.

20세기 초중반에는 1 · 2차 산업혁명 때 경험했던 경제의 수직성장이 사실상 종료되면서, 시장 내에 생산구조가 재편되는 현상이 두드러졌다. 그중 하나가 군사정보교류를 위해 고안되었던 컴퓨터와 인터넷 기술을 시장에 도입하여 상품생산과 유통체계를 혁신하는 것이었다. 이처럼 컴퓨터, 인터넷과 같은 IT 기술이 산업에 접목되면서 나타난 혁신을 3차 산업혁명으로 부른다. 특히, 3차 산업혁명 시기에는 주요 생산물이 물리적 상품에서 지식과 정보와 같은 비물질적 상품으로 확대되면서, 산업기반 역시 제조업에서 서비스업으로 옮겨가는 일이 발생했다.

20세기 후반부터는 정보와 지식이 상품가치를 획득하고 핵심재화와 서비스로 유통되는 경제체계의 변화가 더욱 두드러졌다. 이에 이러한 변화를 지식기반경제(Drucker, 1993)나 인지자본주의(Moulier-Boutang, 2011; 조정환, 2011)와 같은 새로운 용어로 칭하며, 기존의 아날로그 산업자본주의와 구분하려는 시도가 등장했다. Castells(2000: 116)은 20세기 후반부에 나타난 새로운 경제체계의 특징으로 생산물이 물리적 제품에서 무형의 정보로 전환되는 정보주의(informationalism), 상품유통시장이 IT 기술을 통해 지역에서 지구 전체로 뻗어나가게 되는 지구화(globalization), 생산이 가속화되는 과정에서 경제 행위자들 사이에 상호작용과 협업이 증가하는 네트워킹(networking) 현상을 꼽았다.

21세기에는 기존의 개인용 컴퓨터와 인터넷과 같은 정보통신기술이 더욱 보편화되고 질적으로 도약하면서, 네트워크 경제가 한 차원 더 진화되었다. 아날로그 시대의 국가 간 경제협력은 다국적 기업이 다른 국가에 공장을 짓거나, 외국인 노동자가 사업장이 있는 국가로 이주하는 물리적 이동이 필요했다면, 디지털 시대의 정보통신기술은 기업이나 노동자가 물리적으로 이동하지 않고도 전 세계의 상품시장이 연결되는 것을 가능하게 했다. Rifkin(2001)은 디지털 경제의 특징으로 상품생산과 거래의 중심이 지리적 공간인 시장(marketplace)에서 사이버스페이스(cyberspace)로 이동하고, 생산-유통-소비가 인터넷망을 통해 촘촘히 연결되는 것을 꼽았다. 2016년 세계경제포럼에서 Schwab(2017)이 제안한 제4차 산업혁명은 정보기술의 고도화에 따른 위와 같은 전환들을 통칭한다.

특히 모바일 앱이나 인터넷 웹사이트를 매개로 상품의 생산과 유통이 이루어지는 플랫폼 경제(platform economy)는 4차 산업혁명기인 21세기 디지털 네트워크 시장의 주된 특징이다. 『플랫폼 자본주의, *Platform Capitalism*』의 저자 Srnicek(2017)은 플랫폼 경제는 단지 일개 신산업 유형이 아니라 자본주의 전체를 구조적으로 재편할 시장의 새로운 체제라고 보았다. Srnicek은 자본주의 시장에서 플랫폼이 확대되는 과정에서 다음 5가지의 플랫폼 유형이 역사적으로 등장하게 되었다고 분석한다.

① Google, Facebook처럼 콘텐츠를 생산하는 이용자들을 모으고 이들을 통해 수집된 빅데이터를 광고주에게 팔아 수익을 얻는 광고 플랫폼(advertising platform); ② Amazon Web Service, Microsoft와 같이 기업과 개인에게 데이터 저장소와 서버를 제공하는 클라우드 플랫폼(cloud platform); ③ 자동차 회사 GE, 엔지니어링 회사 Siemens 등 기존의 전통적 제조업 기업이 스마트공장과 같은 스마트물류 시스템 도입을 통해 변화한 산업 플랫폼(industrial platform); ④ 자동차 대여 플랫폼인 미국의 Zipcar, 한국의 쏘카처럼 기업이 보유한 특정한 자산을 이용자에게 대여해주는 제품 플랫폼(product platform); ⑤ 승차 공유 플랫폼 Uber, 숙박 공유 플랫폼 Airbnb와 같이 특정한 자산이나 생산수단을 기업이 소유하는 것이 아니라 자산을 소유한 이용자들을 적시에 연결해주어 이윤을 창출하는 린 플랫폼(lean platform)이 그것이다. 각각의 플랫폼 유형은 조금씩 다르지만, 플랫폼을 매개로 시장에서의 상품생산, 유통, 소비의 방식을 재구조화한다는 점에서 플랫폼 기업들은 동일한 특성이 있다.

플랫폼을 기반으로 하는 디지털 네트워크 시장의 구조변화는 플랫폼 기업이 거대화되고, 노동자가 분자화되는 특성으로 요약할 수 있다. Bhatt(2016)는 이러한 디지털 플랫폼 시장의 트렌드를 각각 거대조직화(behemoths)와 알갱이화(granularity)라는 이중적 변화로 명명하기도 했다.

(1) 플랫폼 기업의 거대화

디지털 네트워크 시장에서 제일 눈에 띄는 특성은 Amazon, Google, 네이버, 카카오와 같은 디지털 플랫폼이 상품의 핵심적 유통채널로 부상했다는 점이다. 플랫폼은 인터넷이나 모바일앱처럼 디지털 가상공간에서 정보를 집적해 제공하는 포털을 말한다. 본래 플랫폼은 승강장을 뜻하는 단어로 기차와 같은 특정한 매체나 수단을 이용하기 위해 사람들이 모여드는 공간을 의미한다. 인터넷 사이트나 모바일앱과 같은 환경은 무형 공간이지만, 승강장처럼 많은 사람이 타인 혹은 사물과 연결된 특정한 활동을 하고자 모여든다는 점에서 플랫폼의 성격을 가지기 때문에 디지털 플랫폼이라 불리고 있다.

이러한 디지털 플랫폼이 처음부터 경제활동을 목적으로 개발된 것은 아니다. 역사적으로 보면 정보통신기술이 처음부터 시장의 이윤창출을 위해 발명되었던 경우는 드물다. 2차 산업혁명을 이끈 핵심 과학기술로 평가받는 모스부호는 1845년에 발명되었지만 실제 모스부호를 활용한 전신(telegraph)이 시장에서 커뮤니케이션 서비스로 상용화된 것은 그로부터 65년이 지난 1910년이었다(John, 2010). 3차 산업혁명을 이끈 인터넷의 전신인 ARPANET도 1969년 정부, 군사기구, 대학의 연구소가 군사기밀을 공유하기 위해 개발한 커뮤니케이션 채널로 본래 시장기업과 직접적 연결고리는 없었다(Schiller, 1999). 1990년 후반 개인용 컴퓨터에 인터넷을 연결해 사람들이 서로 정보를 공유할 수 있게 만든 월드와이드웹(www: world wide web)이 개발되었을 때도 인터넷 웹사이트는 메일, 게시판, 채팅 같은 비경제적 교류에 먼저 적용되었다(Smith, Kollock & Heywood, 1999). 하지만 사람이 많이 지나다니는 공간에 장터가 서게 되듯이, 디지털 플랫폼에 이용자들이 모여들면서 플랫폼은 사적 네트워크를 벗어나 재화 및 서비스를 유통하는 시장으로 진화해갔다. 특히, Amazon, eBay, Gmarket, 네이버 쇼핑, 인터파크, 11번가는 상품유통에 특화된 플랫폼들이다.

디지털 세대들에게 플랫폼은 가장 보편적인 상품거래 시장이 되었다. 아날로그 시대에는 신발을 사기 위해서 매장에 직접 가야 했지만, 디지털 시대의 구매자들은 네이버, Youtube, Instagram, Facebook 같은 플랫폼 검색을 통해 동일 상품을 가장 싸게 판매하는 업체에서 물건을 구매한다. 문제는 한 장소에 고정된 아날로그 시대의 상점들과 달리 사이버스페이스에 있는 가상시장은 끊임없이 유동한다는 점이다. 디지털 시장에는 수많은 상품 공급자가 자신의 제품을 플랫폼에 업로드하기 때문에 가장 저렴하고 좋은 상품을 판매하는 공급자가 시시때때로 변화한다. 따라서 디지털 시장에서는 제품의 종류와 가격정보를 최대한 많이 파악하고 가장 저렴한 판매처를 찾아내는 것이 합리적 소비를 위해 필수적 사안이 된다. 사이버스페이스에서 이러한 검색창 역할을 담당하는 매개자가 바로 디지털 플랫폼인 것이다. 디지털 플랫폼은 상품의 판매자와 구매자처럼 다양한 이용자 집단들을 연결해 상품거래를 성사시켜주는 유통채널로 기능한다. 이런 맥락에서 Evans와 Schmalensess(2016)는 플랫폼이 판매자와 소비자를 연결하는 시장의 매치메이커(matchmaker)라고 명명했다. Srnicek(2016)은 플랫폼을 디지털 자본주의 시장의 거래에 있어 핵심적인 주체이자, 기존 아날로그 산업경제의 단선적 공급체인을 대체하고 다양한 경제주체들을 연결하는 네트워크 경제의 정수라고 평가하기도 했다.

실제로 최근 들어 공급자와 소비자를 연결하는 플랫폼 기업이 급성장

표 II-2 글로벌 기업의 브랜드 가치 변화(2000년, 2018년)

순위	2000년			2018년		
	기업명	분류	브랜드가치($)	기업명	분류	브랜드가치($)
1	Coca-Cola	음료	725억	Apple	IT(모바일/OS)	2,145억
2	Microsoft	IT(OS)	701억	Google	IT(플랫폼)	1,555억
3	IBM	IT(컴퓨터)	531억	Amazon	IT(플랫폼)	1,007억
4	Intel	IT(컴퓨터)	390억	Microsoft	IT(모바일/OS)	927억
5	NOKIA	IT(통신)	385억	Coca-Cola	음료	663억
6	GE	제조	381억	Samsung	IT(모바일)	598억
7	Ford	자동차	363억	Toyota	자동차	534억
8	Disney	레저	335억	Mercedes-Benz	자동차	486억
9	McDonald's	요식업	278억	Facebook	IT(플랫폼)	451억
10	AT&T	IT(통신)	255억	McDonald's	요식업	434억

출처: Interbrand(2000, 2018).

하고 있다. 플랫폼 기업들은 지능정보사회에 가장 전망이 높은 기업들로써, 2000년과 2018년의 글로벌 기업 브랜드가치를 비교해서 살펴보면 현재 시장경제 내에서 플랫폼 기업의 위치를 짐작할 수 있다. 〈표 II-2〉에서 보듯이 2000년만 해도 IBM, Intel, Microsoft처럼 컴퓨터 하드웨어/소프트웨어 개발회사가 글로벌 경제시장에서 선두를 차지했다. 하지만 2018년에는 Google, Amazon, Facebook과 같은 디지털 플랫폼 기업들이 상위를 점유하고 있다. 이에 Apple, Microsoft, Samsung처럼 기존의 스마트폰, 태블릿PC 제조 기업들도 하드웨어 제조를 넘어 앱 개발을 통해 플랫폼 경제에 뛰어들고 있다.

글로벌 거대기업 외에 스타트업 분야에서도 플랫폼 기업이 대세로 자리 잡고 있다. Fortune은 매해 기업가치가 10억 달러 이상인 전도유망한 스타트업들을 유니콘 기업으로 선정하는데, 〈표 II-3〉과 같이 2016년

표 Ⅱ-3 세계 10대 유니콘 기업(2016년)

순위	기업명	활동분야	분류	가치평가(달러)	설립연도
1	Uber	운수송서비스	플랫폼 기업	620억	2009
2	Xiaomi	통신가전	통신가전	450억	2010
3	Airbnb	숙박서비스	플랫폼 기업	255억	2008
4	Palantir	데이터분석S/W	S/W 개발	205억	2004
5	Didi Kuaidi	운수송서비스	플랫폼 기업	160억	2012
6	Snapchat	소셜미디어	플랫폼 기업	160억	2011
7	China Internet Plus	인터넷서비스	플랫폼 기업	150억	2003
8	Flipkart	이커머스	플랫폼 기업	150억	2007
9	SpaceX	항공우주	항공우주개발	120억	2002
10	Pinterest	소셜미디어	플랫폼 기업	110억	2010

출처: Fortune(2016).

10위권 유니콘 기업 중 7곳이 인터넷 사이트와 모바일앱을 통해 운·수송, 숙박, 전자상거래와 같이 특정한 상품을 거래하는 플랫폼 기업이었다. 유니콘 기업 대부분의 설립 기간이 5년에서 10년 정도로 비교적 짧은 편임에도 불구하고, 기업가치가 기존의 대기업에 버금가는 규모로 평가되고 있어 플랫폼 산업의 발전 속도를 가늠해볼 수 있다.

디지털 플랫폼 기업이 급속도로 성장하여 거대화될 수 있었던 이유는 이른바 네트워크 효과(network effects) 때문이다(Srnicek, 2016). 네트워크 효과란, 특정한 네트워크의 사용자가 증가하면 다른 사용자들도 그 네트워크에 접속했을 때 얻는 가치와 정보가 커지기 때문에 계속해서 해당 네트워크의 사용자가 늘어나게 되는 현상을 말한다. 디지털 플랫폼에서도 접속자가 많아지면 시장의 규모가 커지기 때문에 더 많은 판매자가 자신의 상품정보를 올리게 되고, 다시 구매자들은 상품정보가 많은 플랫폼을 선호하여 해당 플랫폼을 더 많이 이용하게 되는 자기 강화적 네트워크 효과(self-enforcing network effect)가 발생한다.

문제는 네트워크 효과로 점차 거대화된 플랫폼들은 디지털 세계에서 상품의 유통경로를 독점하게 된다는 점이다. 아날로그 경제에서는 소수의 기업이 '상품생산'을 독점하는 것이 문제였다면, 디지털 경제에서는 거대 플랫폼이 '상품유통'을 독점하는 현상이 문제가 되는 것이다. 기존의 주류경제 이론에서 이상적 시장 형태로 여겨지는 완전경쟁시장은 생산자가 많아서 상품의 가격이 경쟁을 통해 결정되는 시장을 뜻하고, 왜곡된 시장으로 평가되는 독점시장은 단수의 생산자가 상품의 가격을 좌우하는 시장을 의미했다. 그런데 디지털 시장에서는 상품생산을 독점하는

그림 Ⅱ-1 사이버 세계에서 플랫폼 기업의 독점 현상

출처: Parkins(The Economist, 2012.12.01.).

기업뿐 아니라, 상품유통을 독점하는 플랫폼 기업이 시장을 왜곡할 수 있다. 플랫폼 기업은 겉보기에는 이용자에게 다양한 상품에 대한 정보를 제공해 가장 저렴한 시장가격으로 물건을 살 수 있도록 도와주지만, 한편으로는 시장에서 유통되는 상품정보와 거래정보의 흐름을 독점하면서 상품거래를 관리하는 주체이기 때문이다. 이에 Bhatt(2016: 133)는 디지털 네트워크 시장에서의 핵심문제는 상품생산의 독점이 아니라, 거래정보의 독점에 있다고 지적했다. 이에 일러스트레이터 David Parkins도 2012년 Economist에 〈그림 II-1〉과 같은 삽화를 게재하며, 디지털 경제에서 일어나는 거대 플랫폼 기업들의 시장 독점을 사이버스페이스의 영토를 점령해나가며 디지털 제국을 형성하는 모습으로 빗대어 풍자하기도 했다.

상품정보의 독점은 플랫폼 기업이 수익을 창출하는 핵심전략이다. 플랫폼 기업의 수익 창출 방식은 기존 기업의 방식과는 매우 다르다. 기존 아날로그 기반 기업은 피고용인의 노동력을 활용해 수익을 창출한다면, 플랫폼 기업은 플랫폼의 가입회원(이용자)의 활동을 기반으로 수익을 창출한다. Brynjolfsson과 McAfee(2014)는 일반기업과 플랫폼 기업의 수익 창출 방식의 차이를 보여주기 위해 Kodak과 Instagram의 예시를 비교했다. 2012년 Instagram이 Facebook에 10억 달러에 인수되었을 때 Instagram의 정식 직원은 15명에 불과했다. 한편, 당시 Kodak은 공장 노동자를 포함해 직접 고용한 직원 수가 약 14만 5,300명에 달했다. 하지만 매출액은 9억 6,500만 달러 수준에 머물렀다. Kodak은 직접 고용한 노동자들을 동원해 필름, 카메라 등의 상품을 생산하는 방식으로 매출을 올렸지만, Instagram은 약 10억 명의 회원들이 온라인 플랫폼에 올린 약 800억 장의 사진을 유통하고, 회원들을 겨냥한 광고나 제휴를 통해 매출을 올렸다. 이처럼 물리적 제품의 생산이 아니라, 이용자들을 연계하고 이들 사이에 정보를 유통함으로써 수익을 얻는 전략이 플랫폼 기업이 갖는 두드러진 특징이다. 플랫폼 기업의 수익은 직접 고용한 노동자의 노동력을 통해서만이 아니라, 플랫폼을 이용하는 회원의 활동을 통해 창출되는 것이다.

특히 이용자들이 플랫폼에서 활동하면서 남긴 정보들은 빅데이터로 결집되어 플랫폼 기업의 마케팅과 새로운 상품생산에 중요한 자원으로 활용되고 있다. 본래 민간기업들은 시장의 동향을 파악하고 고객의 특성에 적합한 상품을 판매하기 위해 고객의 취향, 소비성향과 같은 데이터를 수집하고 분석해왔다. 무엇보다 Google, Facebook, 네이버 같은 플랫폼 기업들은 큰 노력을 들이지 않고도 웹사이트나 모바일앱을 통해 매우 손

그림 Ⅱ-2 21세기 원유인 빅데이터를 추출하는 플랫폼 기업

출처: Parkins(The Economist, 2017.05.06.).

쉽게 이용자들의 접속, 검색, 거래, 위치정보를 수집할 수 있다. 따라서 플랫폼 기업들은 방대한 빅데이터를 활용해 사람들의 소비패턴, 성향, 선호도를 분석해 마케팅에 활용해왔다. 사람들의 욕구를 파악하는 것이 수익 창출의 핵심인 상황에서 빅데이터는 엄청난 상품가치를 지니게 된 것이다. 플랫폼 기업이 추출해 가공하는 빅데이터를 21세기의 원유이자 원자재로 부르는 이유가 여기에 있다(Gartner, 2011). 이처럼 플랫폼 기업들은 사이버스페이스에서 상품의 핵심 유통망이자 빅데이터 정보의 최대 보유자로서 디지털 네트워크 시장을 점유해나가고 있다.

(2) 플랫폼 노동의 분자화

디지털 네트워크 시장에서 상품정보를 독점하는 플랫폼 기업은 점차 거대해지는 반면, 실제 플랫폼을 통해 재화와 서비스를 공급하는 생산자들은 더욱 분자화된다. 플랫폼 경제가 급성장하면서 공장이나 사무실과 같은 공식적 사업장만이 아니라, 플랫폼에 접속해 자신이 가진 재능, 물건, 서비스를 개별적으로 소소하게 판매하는 일반개인들이 증가하기 시작했다. 보통 플랫폼을 통해 상품을 판매하는 사람들을 기존의 아날로그 산업경제 개념을 가져와 '플랫폼 노동자'로 부르기도 한다. 하지만 이들이 일반적인 사업장 노동자와 구별된 특징을 갖는다는 점에서 '플랫폼 경제활동자'나 '플랫폼 자원제공자'로 정의하기도 한다(김수영 외, 2018). 플랫폼 자원제공자들이 플랫폼을 통해 상품을 판매하는 메커니즘은 〈그림 II-3〉과 같다.

먼저 플랫폼 자원제공자들이 다른 사람들에게 팔기 원하는 자원, 즉

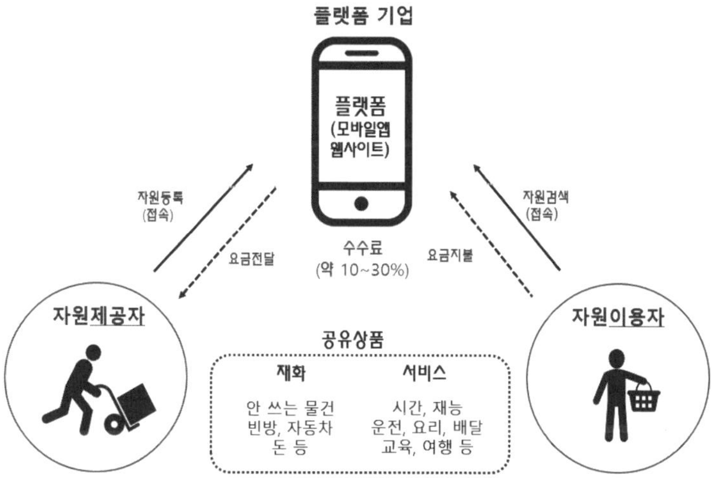

그림 Ⅱ-3 디지털 플랫폼 시장의 상품거래 메커니즘

출처: 저자 작성.

집, 자동차 같은 물리적 재화나 시간, 재능, 요리, 배달 등과 같은 서비스를 플랫폼에 등록하면, 플랫폼 기업은 해당 상품정보를 플랫폼 접속자들이 볼 수 있도록 공개한다. 플랫폼 이용자들은 검색을 통해 자신이 구매하고 싶은 상품정보를 얻고 해당 상품을 플랫폼 결제 시스템을 활용해 구매한다. 플랫폼 기업은 판매금액에서 중개수수료를 뗀 나머지 금액을 플랫폼 자원제공자에게 제공함으로써 수익을 창출한다.

예를 들어, 모바일앱과 웹사이트를 매개로 개별 자원제공자들과 자원이용자들을 연결해 수익을 얻는 대표적인 플랫폼 기업으로 Airbnb와 Uber를 들 수 있다. 2008년 설립된 Airbnb는 빈방을 가진 호스트와 여행객을 연결해주고 있는 숙박 플랫폼이며, Uber는 자가용을 가진 운전자와 승객을 연결해주는 승차 플랫폼이다. 본래 아날로그 숙박업에서 호텔과 같은 숙박업자는 호텔 건물을 소유하고 리셉션니스트, 메이드, 쉐프 같은 노동자를 직접 고용해 사업을 운영한다. 택시와 같은 운송업에서도 운송업체가 대규모로 택시를 보유하고 운전기사를 고용해 영업한다. 그러나 Airbnb나 Uber 같은 플랫폼 기업들은 호텔이나 택시와 같은 자원을 직접 소유하지 않는다. 다만 자신의 빈방이나 자가용을 가지고 숙박이나 승차 서비스를 다른 사람들에게 제공하고자 하는 자원제공자들이 상품을 거래할 수 있도록 연결하는 역할을 하는 것이다. 이러한 중개활동을 통해 2018년 기준 Airbnb의 기업가치는 Marriott 호텔(159억 달러)보다 높은 255억 달러로 평가되었으며, Uber는 General Motors(562억 달러)보다 높은 620억 달러의 기업가치를 기록했다. 플랫폼 기업이 성장하면서 플랫폼을 통해 재화와 서비스를 생산하는 자원제공자들도 점차 늘어나고 있다. 2018년 집계에 따르면, Airbnb에서는 전 세계 191개 국가 35,000개 도시에서 빈방 · 빈집을 제공하는 Airbnb 호스트 약 200만 명이 활동하고 있으며, Uber에서는 전 세계 68개 국가 360개 도시에서 약 40만 명의 자가용 운전자가 Uber 운전자로 승차 서비스를 제공하고 있다.

보통 플랫폼 유형은 〈그림 II-4〉처럼 플랫폼 노동의 수행방식에 따라 지역 기반 플랫폼(local-based platform)과 웹 기반 플랫폼(web-based platform)으로 구분된다(Schmidt, 2017; ILO, 2018). 지역 기반 플랫폼은 모바일앱이나 웹사이트에서 주문을 받지만 경제활동은 오프라인 지역에서 이루어지는 방식으로 운송, 배달, 청소, 심부름 플랫폼이 여기에 속한다. 웹 기반 플랫폼은 IT 개발, 디자인, 편집과 같이 모든 작업이 온라인

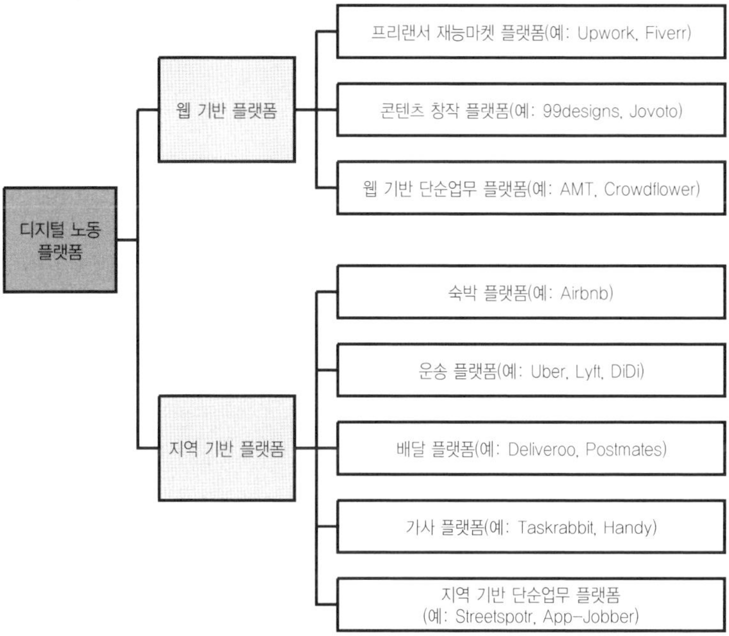

그림 Ⅱ-4 디지털 노동 플랫폼의 유형

출처: Schmidt(2017) 재구성.

에서 수행되기 때문에 경제활동이 특정 지역에 국한되지 않는 플랫폼으로, 프리랜서 플랫폼, 크라우드소싱 플랫폼, 디지털 콘텐츠 플랫폼 등이 여기에 속한다.

현재 플랫폼 경제활동자의 규모를 정확히 파악할 수는 없지만, European Commission(2018)은 〈그림 II-5〉와 같이 2017년 유럽 국가들의 플랫폼 경제활동 참여자 규모를 전체 노동인구 중 약 10% 내외로 추정하고 있다. 학계는 2025년 이후 위와 같은 플랫폼들에서 경제활동을 하며 생계를 유지하는 플랫폼 노동자들이 더욱 급증할 것으로 전망하고 있다(Reich,

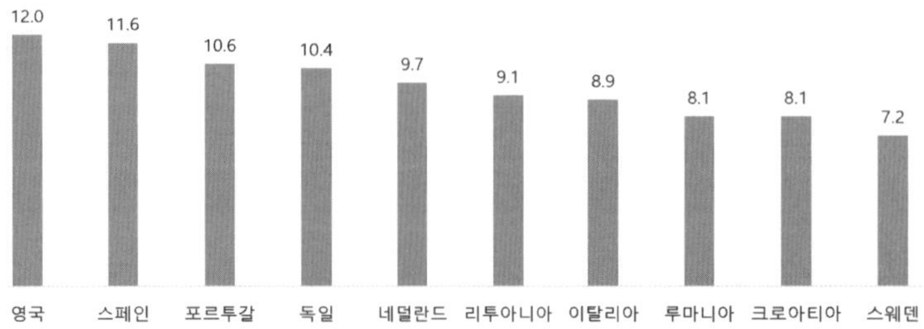

그림 Ⅱ-5 유럽의 플랫폼 노동 참여 경험자 비율

출처: European Commission(2018: 15).

2015; 최병삼 · 김주한, 2011). McKinsey(2016)도 2025년에는 EU의 전체 인구와 맞먹는 약 5.4억 명의 사람들이 플랫폼을 통해 경제활동을 하게 될 것이라 예견했다.

플랫폼을 통한 생산활동의 증가는 노동분업을 더욱 심화시킬 것이다. 역사적으로 기술발전은 노동분업을 촉진해왔다. 산업혁명 이전에는 구두, 가방, 옷을 만드는 장인(master)이 제품 디자인부터 완성과정 모두를 수작업으로 혼자 수행했다면, 근대 산업혁명은 기계와 컨베이어벨트를 중심으로 많은 노동자(worker)들이 작업을 나눠서 수행하게 하는 분업화를 심화시켰다. 노동분업은 생산력 증대를 위한 시장의 전략이었다. Adam Smith(1776)는 『국부론, *The Wealth of Nations*』에서 핀 공장을 사례로 들면서 기계의 도입으로 인한 노동분업이 생산력을 증대한다고 분석했다. 과거에는 한 사람의 장인이 수작업으로 하루에 한 개의 핀을 만들 수 있었다면, 공장제 기계공업하에서는 핀 제조 과정을 18개 공정으로 나누어 10명의 노동자가 분업하면 하루에 4만 8천 개의 핀을 만들 수 있게 된다는 것이다.

그러나 플랫폼 경제는 공장에서 한 명의 노동자가 해오던 일까지 더욱 세분화시키며 해체시킨다. 일의 방식 측면에서 디지털 정보통신기술은 하나의 노동(work)을 아주 작은 업무들(tasks)로 쪼개는 것이 가능하기 때문이다. 예를 들어, 아날로그 시대에 중국집과 같은 음식점은 개별적으로 배달원을 고용하는 경우가 많았다. 그러나 배달앱이 개발되면서 개별 음식점은 배달원을 따로 고용하지 않고, 주문이 있을 때만 건별로 배달앱 기사를 호출할 수 있게 되었다. 과거 한 명의 배달원이 했던 업무가 여러 건의 배달콜이 되어 여러 명의 배달앱 기사에게 쪼개져 배분되고 있는 것이다. 배달원이라는 노동자(worker)가 개별 배달콜을 잡는 업무자(tasker)들로 분해되는, 즉 기존의 노동의 분업을 뛰어넘는 노동의 분해 현상이 발생하는 것이다.

플랫폼 노동의 한 유형인 크라우드워크(crowdwork)는 과거에는 하나의 작업으로 인식돼오던 일이 여러 업무들로 쪼개지는 초분업화(hyper-division of work)를 적나라하게 보여준다. 크라우드워크는 '군중노동'으로 번역되는데, Amazon에서 운영하는 크라우드워크 플랫폼 Amazon Mechanical Turk가 군중노동의 대표적 사례이다. 일례로 Amazon Mechanical Turk에서는 '한 권의 책을 수백 명이 나누어 한 시간 만에 번역하기'처럼 업무발주자가 특정 업무를 요청하면, 이를 분담할 수 있는 전 세계의 수많은 사람이 업무수행자로 참여해 업무를 쪼개서 수행한다. 번역가라는 직업을 가진 한 사람이 책을 번역하는 것이 아니라, 수많은 업무자가 협업하여 책 한 권의 번역을 초단기간에 완성하는 것이다.

이처럼 한 작업을 여러 업무로 쪼개서 수행할 수 있는 디지털 플랫폼

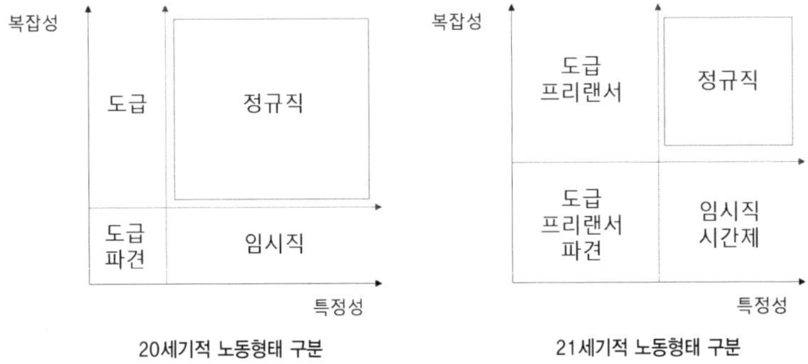

그림 Ⅱ-6 기술발달에 따른 노동형태의 변화

출처: 남성일(2017: 54).

환경에서는 필요할 때마다 주문을 넣어 업무를 단기적으로 맡길 수 있기에 유동적 노동형태가 증가하게 된다. 플랫폼 경제를 통해 일자리가 점차 일시적(temporary), 독립적(independent), 비정형(nonstandard) 업무들로 분화하게 되는 것이다(Standing, 2014). 이런 맥락에서 남성일(2017)은 〈그림 II-6〉과 같이 디지털 기술발달로 인해 21세기 주요 노동형태가 정규직 노동에서 프리랜서, 도급, 시간제 등 다양한 비정형 노동으로 이동하게 된다고 보았다. 업무가 분화되어 생산노동의 복잡성과 유기성이 사라지게 되면, 기업으로서는 생산비용을 절약하고 효율성을 꾀할 수 있는 임시직 노동자를 활용하는 편이 합리적 선택이 되기 때문이다.

2) 디지털 네트워크 시장의 난제

(1) 국가경계를 초월한 기업과 노동자의 관계

디지털 플랫폼 경제에서 플랫폼 기업의 거대조직화와 노동자들의 알갱이화는 기존의 아날로그 산업경제에서 경험하지 못했던 난제들을 발생시킨다. 먼저 디지털 네트워크 시장은 초국가적 생산관계를 확대시킨다. 근대 복지국가는 국민국가 내의 기업과 노동자의 생산관계를 기반으로 발전했다. 복지국가 발전 이론 중 산업화 이론은 복지국가가 산업사회에서 발생하는 필요(needs)를 산업화로 인해 축적된 자원(resources)을 통해 해결하고자 하는 국민국가의 대응책이라고 해석한다(Wilensky & Lebeaux, 1965; Wilensky, 1975). 산업사회에서 생산가능인구가 노동자로 시장에 대규모로 투입되면서 산업재해, 대량실업 등이 발생하고, 상당수의 노동자들이 도시로 이동하면서 도시 빈곤 및 범죄, 주택 부족 현상과 같은 사회문제도 일어나게 된다. 산업사회에서는 생산을 촉진하기 위해 노동력을 안정적으로 공급하는 것이 매우 중요한 사안이었으므로, 국민국가는 노동자인 국민을 삶의 위협으로부터 보호하고 국가경제를 안정화하기 위하여 생산증가로 풍부해진 경제적 자원을 동원해 사회복지 정책들을 도입하기 시작한다는 것이다.

이러한 복지국가의 사회복지정책은 자본주의 시장의 기업들에게도 좋은 거래가 되었다. 기업이 노동자의 노동력을 동원해 상품생산을 하는 과정에서 발생하는 산업재해, 실업, 은퇴, 건강 악화와 같은 문제들을 국가가 제공하는 사회보험으로 해결하면 기업이 노동자의 재생산 비용을 전적으로 감당하지 않아도 되기 때문이다. 이런 맥락에서 기업들도 사회보험료 형태로 복지국가의 운영비 일부를 분담하는 데 합의했던 것이다. 이에 신맑스주의 이론가들은 복지국가를 자본가의 이익을 대변하고 자본주의 시장을 유지하는 체계로 보기도 했다(Offe, 1984; Gough, 1979). 그러나 이와 같은 근대 복지국가는 국민국가의 경제(national economy)라는 지리적 테두리 안에서 자국의 노동자와 기업의 관계를 전제한 체계였다. 최근 자본주의 시장이 글로벌화되고 해외로 생산기반을 옮긴 기업들이 많아지면서 자국의 국민을 위해 복지비용을 부담해야 할 유인이 점차 사라지고 있는 것이 현실이다(Bauman, 2004).

특히 디지털 플랫폼 경제는 생산 공간의 지리적 분산을 더욱 심화시키고 있다. 아날로그 산업화 시대에는 공장, 사무실 등 사업장이 많은 도시로 노동자들이 이주하기 때문에 산업화(industrialization)와 도시화(urbanization)가 짝을 이루며 일어났다. 따라서 도시나 국민국가와 같이 결집된 공간에 소속된 구성원들 간 사회적 합의를 중심으로 사회보장시스템이 구축되는 것이 가능했다. 그러나 IT를 활용해 상품생산과 거래가 가능해진 디지털 경제에서는 노동자가 사업장에 출근하지 않아도 원격으로 일을 할 수 있게 되었다. 재택근무와 원격노동의 증가는 온라인을 활용하는 노동자들이 도시를 벗어나서 교외생활을 택하는 농촌화(ruralization) 현상을 이끌고 있다. 실제 디지털 플랫폼 경제가 활발한 미국에서는 온라인을 통해 업무를 수행하는 플랫폼 노동자들의 상당수가 물가가 높고 생활환경이 열악한 도시보다 교외를 생활공간으로 택하는 추세가 증가하고 있다. 〈그림 II-7〉은 미국의 교외지역, 중소도시, 대도시에서 활동하는 온라인 노동자의 숫자와 숙련도를 비교한 표이다(Braesemann, Lehdonvirta, &

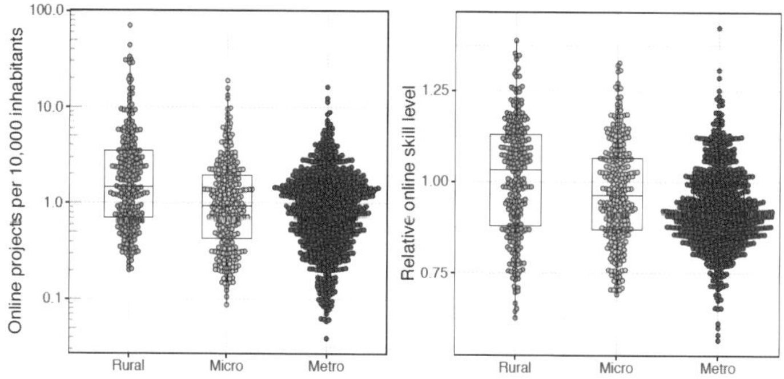

그림 Ⅱ-7 온라인 노동자의 지리적 공간 분포

출처: Braesemann, Lehdonvirta, & Kässi(2020: 10).

Kässi, 2020). 도표에서 알 수 있듯이 온라인 노동자의 절대적인 규모는 도시가 여전히 많지만, 거주인구 1만 명당 온라인 노동자 수를 비교했을 때는 교외지역이 상대적으로 높고 도시에서 멀어질수록 디지털 숙련 노동자의 비율도 높은 것으로 나타났다. 이는 디지털 경제가 확대되면 노동자들의 생산공간이 더욱 분산될 수 있음을 보여주는 단적인 예이다.

노동자의 지리적 분산은 일개 국가를 넘어선다. 디지털 네트워크 경제는 복지국가의 기반이 되는 국민국가-국내기업-자국노동자의 관계로 이루어진 국민경제의 경계를 허물기 때문이다. 아날로그 산업사회에서는 사업장과 노동자가 같은 공간에 존재해야 상품을 생산할 수 있었다. 그런데 디지털 네트워크 경제에서는 기업이 있는 국가와 노동자가 일하는 국가가 아예 다른 경우가 증가하고 있다. 실제 이주노동자가 되어 다른 국가로 거주지를 옮기지 않고도, 정보통신기술의 발달로 타국의 기업에 소속되어 원격으로 일할 수 있게 된 것이다. Aneesh(2006)는 이를 가상이주노동(virtual migration)이라고 명명했다. 특히, 제3세계 국가에는 가상이주노동자들이 많이 포진해 있다. 개발도상국의 IT 고학력자들이 자국보다 상대적으로 높은 임금을 제공하는 서구의 기업에 가상이주노동자로 취업하는 사례가 점차 늘고 있는 것이다(Beerepoot & Lambregtsm 2015;

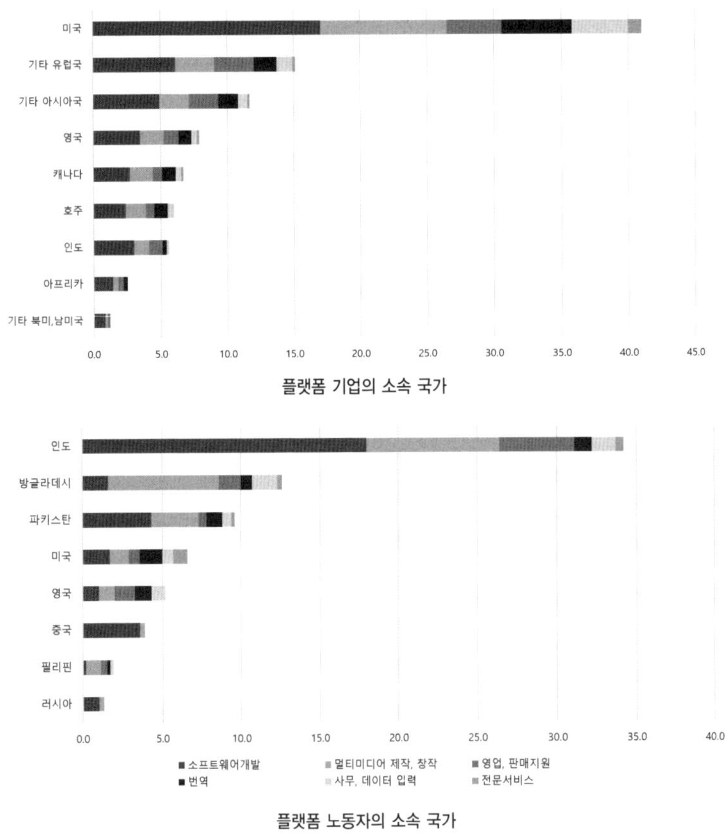

그림 Ⅱ-8 디지털 플랫폼 기업과 노동자의 소속 국가

출처: Oxford Internet Institute & University of Oxford(2020).

Horton, 2011).

옥스퍼드 대학이 집계하는 온라인노동지수(OLI: Online Labour Index)를 보면, 〈그림 II-8〉과 같이 플랫폼 기업이 소속된 국가와 플랫폼에서 경제활동을 하는 노동자가 거주하는 국가가 상당히 불일치한다는 사실을 알 수 있다. Amazon, Google, Upwork, Fiver와 같은 온라인 플랫폼 기업은 미국, 유럽과 같은 서구에 법인을 두고 있는 반면, 해당 플랫폼을 통해 경제활동을 하는 상당수의 노동자는 인도, 파키스탄, 방글라데시와 같은 제3세계에 사는 것이다. 이처럼 기업과 노동자의 소속 국가가 서로 다른 디지털 네트워크 경제에서는 자국의 사업주가 자국의 노동자를 위해 사회보험료를 분담하는 복지국가 시스템의 강제력과 실효성이 감소할 수밖에 없다. 이와 더불어, 기업이 타국의 가상이주노동자의 노동권과 복지권을 어느 정도 보장해야 하는지, 관련 국가들은 어떤 역할을 담당해야 하는지가 쟁점으로 떠오르게 된다.

(2) 고용관계를 벗어난 기업과 노동자의 관계

디지털 네트워크 시장의 발전으로 기존의 사업주-노동자 사이의 고용관계로 설명할 수 없는 생산관계가 등장하고 있다는 점도 난제이다. 4차 산업혁명이 화두가 되면서 학계와 정계에서는 기술혁신이 인간의 노동에 미칠 영향력에 대한 격렬한 논쟁이 이루어져 왔다. 특히 4차 산업혁명이라는 개념이 처음 쟁점이 된 2016년 세계경제포럼에서 4차 산업혁명으로 인해 향후 5년간 약 510만 개의 일자리가 사라질 것이라는 예견이 나오자, 학계에서는 정보통신기술이 인간의 일자리를 줄일지 늘릴지 전망하는 논쟁이 일어났다.

먼저 〈표 II-4〉처럼 4차 산업혁명 관련 일자리 논쟁 초기에는 노동총량불변의 법칙에 따라 기계가 생산현장에 투입되면 그만큼의 인간의 일자리가 줄어든다는 일자리 감소론이 우세했다(Frey & Osborne, 2013; World Economic Forum, 2016). 그러나 곧이어 '인간에게 쉬운 일이 기계에게는 어려울 수 있다'라는 이른바 모라벡의 역설(Moravec's Paradox)을 근거로 창의적이고 예술적인 인간노동을 기계가 완전히 대체하기는 어렵기에 단순 업무만 기계화되고 인간은 창의노동에 종사하게 될 것이라는 일자리 균형론이 대두되었다(McKinsey, 2015; OECD, 2016). 하지만 최근 들어서는 기존의 디스토피아적 관점과 반대 주장도 개진되고 있다. 즉, 자동차 개발로 마부는 없어졌지만, 운전기사라는 직업이 탄생한 것처

표 Ⅱ-4 4차 산업혁명과 일자리 증감 담론

	일자리 감소론	일자리 균형론	일자리 증가론
요지	**노동총량불변의 법칙**: 기계가 인간 노동을 대체하는 양만큼 인간이 일자리를 잃을 것	**모라벡의 역설(Moravec's Paradox)**: 어려운 것은 쉽고 쉬운 것은 어렵다. 인간에게 쉬운 일이 기계에겐 어려워 기계가 인간노동을 완전 대체하기 어려울 것	**신기술의 일자리 창출**: 1, 2, 3차 산업혁명과 같은 기술혁신은 기존의 일자리를 없애는 속도보다 더 빠르게 새로운 시장의 수요를 창출해옴
논객	Frey & Osborne(2013): 향후 20년 내 미국 일자리의 47%, 유럽 일자리의 54%가 컴퓨터, 로봇, AI에 의해 대체	McKinsey(2015): 800개 직업의 2,000가지 작업 분석 결과, 45% 정도만 인공지능 대체가 가능할 것으로 예상	McKinsey(2017): 2030년 전 세계 일자리가 5억 555만~8억 9,000만 개 생성될 것으로 전망
	World Economic Forum (2016): 2020년까지 약 719만 개 일자리 감소, 210만 개 일자리 생성, 총 500만 개의 일자리 감소	OECD(2016): 21개 OECD 가입 국가 대상 조사 결과, 자동화 가능성이 있는 일자리는 평균 9%에 불과	World Economic Forum (2018): '로봇 경제' 출현으로 2025년까지 창출될 일자리는 1억 3,300만 개, 로봇에 의해 대체될 일자리는 7,500만 개로 전망

출처: 저자 작성.

럼 역사적으로 신기술이 등장하면 산업혁명을 통해 새로운 일자리들이 생겨왔다는 것이다. 따라서 4차 산업혁명도 지금은 상상하기 어려운 새로운 직업들을 창출할 것이라는 일자리 증가론이 유력하게 대두되고 있다(McKinsey, 2017; World Economic Forum, 2018). 하지만 2016년 일자리 감소론을 제시했던 세계경제포럼이 2018년에는 일자리가 증가한다는 낙관론을 제시한 것에서도 볼 수 있듯이, 현실에서 기술이 인간의 일자리 양을 얼마나 변화시킬지를 정확히 예측하긴 어렵다.

일자리가 양적으로 줄어들 것인지 늘어날 것인지를 예측하는 작업 못지않게, 디지털 기술이 일의 내용을 질적으로 변화시키고 있다는 점에 주목할 필요가 있다. 역사적으로 기술발전은 인간의 일의 방식을 획기적으로 변화시켜 왔다. 농경사회에서 주된 노동유형인 농사일은 계절의 변화에 따라 이루어졌고, 농산물의 생산은 1년에 몇 번 안 되는 수확기에나 가능했다. 또한, 농가(農家)에서는 집의 마루가 타작마당이 되는 것처럼 농사일을 하는 공간과 쉬는 공간에 엄격한 경계가 없었다. 그러나 산업혁명을 통해 제조업 중심의 산업사회가 도래하면서 노동의 방식과 내용이 완전히 바뀌었다. 사업장으로 불리는 공장이나 사무실에서 일정 기간 고용계약을 맺고 출퇴근을 반복하면서 재화와 서비스를 매일 생산하는 사업장 노동이 산업사회의 전형적 노동유형이 된 것이다. 이에 따라 산업사회의 복지국가도 사업장 노동자를 중심축으로 사회보장체계를 구축해왔다.

디지털 플랫폼 경제가 새로운 경제모델로 등장하면서, 18세기 산업혁명 이후 250여 년 동안 유지되어 오던 사업장 노동이 다시 변혁의 갈림길에 서게 되었다. YouTube나 아프리카TV처럼 동영상 플랫폼에 영상을 업로드해서 수익을 올리는 크리에이터, Uber나 Airbnb와 같은 공유경제 플랫폼을 통해 자신의 자원을 공유하여 수익을 올리는 공유경제 참여자, 배달의민족이나 배달통과 같은 애플리케이션을 통해 배달서비스를 제공하는 배달앱 기사처럼 기존 산업노동자의 프레임으로 설명하기 어려운 새로운 노동집단이 등장한 것이다. 이러한 디지털 노동집단은 기존의 사업장이 아니라 디지털 플랫폼이라는 가상공간을 매개로 활동하며, 특정 사업주와 고용계약을 맺거나 정해진 시간에 사업장으로 출퇴근을 하지 않고, 업무요청이 있을 때만 건별로 업무를 수행하면서 수익을 창출한다. Rifkin(1995)은 『노동의 종말, *The End of Work*』에서 미래의 디지털 사회에서는 인간의 노동이 점차 사라질 것으로 전망했지만, 실제로는 노동이 아예 사라지는 것이 아니라 노동의 형태가 변화하면서 산업사회의 주된 노동형태였던 '고용(employment)'이 점차 사라지는 것이다.

사실 현재 생산관계의 전형적 형태로 여겨지는 고용관계(employment relations)는 산업사회의 구성물이다. Marx(1867)가 지적했듯, 인간은 생산활동에 참여하면서 필연적으로 다른 사람들과 협업하게 되는데, 역사적으로 특정한 생산양식(mode of production)의 발전은 그에 적합한 특정한 생산관계(relations of production)를 탄생시켜왔다. 〈그림 II-9〉는 인류 역사 속에서 생산양식의 변화에 따른 주요 생산관계의 변화를 도식화한 것이다. 먼저 농업경제에서는 토지와 노동력이라는 생산력을 투입해 생산물(농작물)을 산출하는데, 이때 농업경제의 주요 생산관계는 농토를 소유한 지배계급으로서의 지주와 노동력을 제공하는 피지배계급으로

종신세습	기간계약	순간접속
지주와 동거	사업장 출퇴근	자율근무

그림 Ⅱ-9 생산양식에 따른 생산관계의 변화

출처: 저자 작성.

서의 농노 · 소작농으로 이루어졌다. 그러나 산업혁명으로 인해 제조업이 핵심적 생산양식으로 대두되면서 기존의 지주-소작농을 근간으로 한 생산관계에 변화가 일어났다. 공산품이 주요 생산물인 산업사회에 접어들면서 공장, 기계, 공구, 원자재와 같은 인공물인 자본이 상품생산을 위해 반드시 투입해야 하는 핵심적 생산요소로 부상한다. 이에 따라 생산관계도 토지와 자본이라는 핵심적 생산수단을 사유한 자본가(사업장 사업주)와 노동력을 제공하는 노동자의 고용관계로 전환되었다. 농업사회의 생산양식 속에서 성립된 생산관계인 지주-소작농의 주종관계가 근대 산업자본주의라는 새로운 생산양식의 등장으로 인해 자본가-노동자의 고용관계로 변환된 것이다.

디지털 플랫폼 경제의 성장은 기존의 고용관계를 다시 한 번 무너뜨리고 있다. 플랫폼 경제활동자는 플랫폼 기업과 일정 기간 노동력을 제공한다는 고용계약을 맺는 것이 아니라, 플랫폼 기업의 앱이나 웹페이지에 가입해 서비스를 이용하는 회원으로 불린다. 플랫폼 기업과 경제활동자의 관계는 기존의 종속적 고용관계가 아닌 독립적 가입관계 형태를 취하는 것이다. 한 사업장의 고용관계에 종속되지 않고 자신이 원할 때 원하는 장소에서 일하면서 경제적 수익을 창출할 수 있다는 점에서 플랫폼 경제활동을 긍정적으로 평가하는 견해도 존재한다. 실업률이 높은 후기 산업사회에서 플랫폼을 통한 경제활동은 인간에게 대안적 일자리를 제공한다고 보는 것이다. 특히 가사노동을 해야 하는 여성, 몸이 불편한 장애인이나 노인, 더 많은 여가를 원하는 청년들에게 플랫폼 노동은 매력적 노동형태이며(Vashistha et al., 2018; Pesole et al., 2018), 기술을 연마하고 경력을 쌓을 기회를 제공해 향후 일반기업에 취업할 수 있게 되어 고용가능성(employability)을 높이게 된다는 연구결과도 존재한다(Barnes et al., 2015).

그러나 한편으로는 고용관계 틀로 설명할 수 없는 플랫폼 기업과 플랫폼 경제활동자의 관계설정을 두고 세계적으로 격렬한 논쟁이 벌어지고 있기도 하다. 언론에서는 플랫폼 경제활동자를 주로 플랫폼 노동자(platform worker)나 긱 워커(gig worker)로 일컫고 있지만(Forbes, 2018. 08.31. The Guadian, 2020.03.21.), 법적으로는 고용계약(employment contracts)을 통해 사업장에 종속된 노동자(employees)와는 다른 측면이 있기에 독립계약자(independent contractors), 소상공인(micro-entrepreneur),

프리랜서(freelancer)로 분류해야 한다는 주장도 있다(Eurofound, 2018). 플랫폼 경제활동자의 지위 논쟁은 복지국가 맥락에서도 매우 중요하다. 현재 복지국가의 사회보험들이 사업장 노동자를 중심으로 구축되어 있기에, 플랫폼 경제활동자가 플랫폼 기업에 종속된 노동자로 정의될 수 있는지에 따라 이들이 국가나 기업으로부터 받을 수 있는 복지혜택이 달라질 수밖에 없기 때문이다.

따라서 플랫폼 경제활동자들의 노동자성을 인정할 수 있을지가 법적 · 정책적 이슈로 언급되고 있다. 일례로 2015년부터 Uber 운전자들은 미국 캘리포니아주를 시작으로 여러 주법원과 연방법원에 'Uber가 운전자들을 소속 노동자로 간주하여, 의료보험, 실업급여, 최저임금, 기타 복리후생 등을 보장해야 한다'는 내용의 단체소송을 제기해오고 있다. Hall과 Krueger(2018)가 Uber 운전자 601명을 대상으로 실시한 설문에 따르면, 승차공유 플랫폼 Uber를 통해 운전서비스를 제공하는 자가용 운전자 중 20%가 35~50시간 이상, 30%가 16~34시간, 50%가 주당 1~15시간 동안 운전하고 있는 것으로 나타났다. 약 50%가 20시간에 이르는 운전 노동을 하고 있지만, 공식적으로는 인터넷 플랫폼의 이용자일 뿐 플랫폼 기업에 고용된 신분은 아니기에 기업으로부터 노동자에게 주어지는 사회보험 및 복지혜택을 전혀 받지 못했던 것이다. 이러한 문제는 Uber 외에도 승차 공유 플랫폼 Lyft나 가사서비스 플랫폼 Homejoy 등 다른 플랫폼 기업들에서도 비슷하게 나타난 갈등이다. 플랫폼 노동자의 근로자성 논쟁은 현재도 계속 진행 중이며 판결도 천차만별로 이루어지고 있어 쉽게 합의에 이르지 못하고 있다. 미국 뉴욕주 실업보험항소위원회(Unemployment Insurance Appeal Board)는 Uber가 운전자들에게 실업급여를 줄 의무가 있다고 판결했으며, 노스캐롤라이나주 연방지방법원은 공정노동기준법(Fair Labor Standard Act)에 따라 운전자들이 일정한 조건을 충족하면 Uber에 최저임금, 초과근무 수당을 요구할 수 있다고 조건부로 권리를 인정했다. 반면 미국 연방 제9순회 항소법원은 플랫폼 경제활동자가 기업과 혜택에 대한 개별적 협상은 가능하지만, 그렇다고 피고용 노동자로 인정할 수는 없다고 Uber 운전자들의 단체소송을 기각했다.

미국보다 상대적으로 노동권에 관대한 영국은 플랫폼 자원제공자의 근로자성을 인정하는 편이다. 2016년 Uber 운전자 2명이 영국 런던 중앙노동법원에 'Uber가 유급휴가, 병가, 최저임금을 보장할 의무가 있다'는 소송을 제기했는데, 2016년 1심과 2017년 2심 항소심에서 모두 운전자가 승소했다. 이에 Uber는 유급휴가, 병가, 최저임금 보장을 위해서는 운전자들의 근무시간을 관리해야 하는데, 이는 운전자가 자기 시간을 자율적으로 관리할 수 있는 '개인적 유연성(personal flexibility)'을 해친다며 판결에 반기를 들기도 했다. 현재까지 Uber, Airbnb와 같은 글로벌 플랫폼 기업들은 자신은 상품거래를 매개하는 중개업자이며, 플랫폼 경제활동자들은 기업에 직접 고용된 피고용자가 아니라 플랫폼에 가입된 회원일 뿐이라는 입장을 견지하고 있다(Rogers, 2016). 향후 네트워크 경제가 활성화되고 거대한 플랫폼 기업을 통해 자신의 상품을 판매하는 자원제공자가 급성장하게 되면, 플랫폼 기업과 자원제공자의 관계에 대한 논쟁은 더욱 뜨거워질 것으로 보인다.

2. 디지털 네트워크 국가

1) 디지털 네트워크 국가의 구조변화

근대시대의 가장 일반적인 국가형태는 국민국가(national state)이다. 국민국가는 국민(혹은 민족) 공동체를 기초로 하는 국가로, 민족국가로 번역되기도 한다. 국민(nation)과 국가(state)의 합성어로 이루어진 국민국가는 국민의 관점에서는 사회구성원이 공동의 정체성을 토대로 한 사회집단을 뜻하며, 국가의 관점에서는 일정한 영토를 통제하고 방어하며 복리를 추구하는 통치기구로 정의된다. 국민국가는 국내적으로는 국민이 부여한 통치력(주권)을 발휘해 자국의 기업과 노동자 사이의 관계를 조율하고, 국제적으로는 해외기업과 타국으로부터 자국민의 이익을 방어하는 역할을 담당해 왔다. 이런 맥락에서 Poulantzas(1978: 10)는 근대 국민국가를 시 · 공간을 조직화하고 독점화하면서 국민과 자본주의 시장을 조정하고 보호하는 최상위의 권력체라고 정의했다.

국민국가는 근대 복지국가의 정치적 근간이기도 했다. 복지국가는 산업화와 도시화가 진전되면서 발생하는 문제들, 예를 들어 산업재해, 실업, 빈곤, 은퇴와 같은 사회위험(social risks)에 대한 국민국가의 반응이었다. 복지국가는 근대 자본주의 사회에서 필연적으로 발생할 수밖에 없는 사회위험을 해결 · 완화하기 위한 국민국가 내의 노사정 협상의 결과였다.

그러나 디지털 정보통신기술은 근대적 국민국가를 이른바 네트워크 국가로 재편시키고 있다. 현재 국민국가는 다음 두 방향의 네트워크적 권력 재편을 경험하고 있다. 먼저 국외적으로는 일국을 넘어 초국가적 거버넌스 네트워크에 참여하면서 기존 국민국가의 절대적 권한에 제약을 받는 경험을 하는 한편, 국내적으로는 정보 네트워크 구축을 통해 전자정부로 탈바꿈하고 있다. 초국가적 거버넌스와 전자정부의 정보시스템은 기존 복지국가의 기반이 된 국민국가에 상반된 영향을 미친다. 먼저 초국가적 거버넌스는 기존의 단일한 복지국가가 해결하기 어려운 글로벌 위험에 대한 대안적 행위자로 부상하고 있으며, 전자정부의 정보시스템은 기존 복지국가의 국민에 대한 서비스 제공과 개입을 강화한다.

(1) 초국가적 거버넌스의 확대

국민국가를 둘러싼 최근의 구조변화로는 글로벌 사회위험에 대응하는 초국가적 거버넌스의 강화를 꼽을 수 있다. 아날로그 산업사회에서 주로 화두가 되었던 사회위험이란 실업, 빈곤, 산업재해, 은퇴처럼 국민국가의 복지정책을 통해 어느 정도 조정이 가능한 문제들이었다. 그러나 Beck(1986)이 『위험사회, *Risk Society*』에서 진단하듯이, 산업화가 가속화되면서 사회적 위험의 파장이 국경을 넘는 경향이 뚜렷하게 나타나고 있다. 일례로, 체르노빌 원전사건과 같은 대규모 원전사고는 당시 러시아(現 우크라이나) 외에 인근 국가의 사회경제적 상황에 큰 타격을 줬고, 방사성 물질로 인한 여파와 후유증은 세대를 초월해서 지속되고 있다. 대기의 산성화, 스모그, 미세먼지, 이산화탄소 방출, 플라스틱 과다 배출로 인한 환경문제도 특정 국가에서만 관찰되는 것이 아니라, 아시아, 유럽, 전미 대륙을 초월해 보편적으로 나타나는 현상이다. 무엇보다 브라질의 빌라 파리

시(Villa Parisi)나 인도 보팔의 독극물 유출사고처럼, 유해산업의 본거지가 선진국에서 개도국, 저개발국으로 옮겨가게 되면서 환경, 보건, 경제 분야 전반에 걸쳐 지구적 차원의 불평등이 심화되는 상황이다.

이에 Beck(2009)은 『글로벌 위험사회, *World at Risk*』에서 사회위험의 지구화(globalization)에 관한 논의를 더욱 진전시키기도 했다. Beck은 3대 글로벌 위험을 테러리즘, 세계금융문제, 환경문제로 꼽으면서 첨단과학기술을 글로벌 사회위험을 심화시키는 핵심적 요인으로 지목한다. 과학기술은 글로벌 위험을 예측하는 성공적 도구로 활용되기도 하지만, 테러리스트가 국제적으로 소통하는 채널을 제공하기도 하고, 실시간 금융거래를 가능하게 해 금융경제가 세계화되는 데 이바지했을 뿐만 아니라, 화학약품, 미세 플라스틱, 자동차 매연, GMO 부작용과 같은 인공물로 인한 환경위험을 가중하기 때문이다. 이러한 글로벌 위험은 빈곤이나 실업 같은 기존의 사회적 위험처럼 특정한 지역이나 집단에게만 영향을 미치는 것이 아니라 지역과 계층을 뛰어넘어 나타난다. 이런 맥락에서 Beck(2009)은 글로벌 위험이 모두가 동일하게 경험하는 보편적 위험이기에 이를 해결하기 위해 초국가적 연대와 활동을 촉구하는 세계주의(cosmopolitanism)가 강화될 것으로 전망했다. 글로벌 위험사회에 대처하기 위해서는 새로운 글로벌 권력의 범국가 정치(grand politics) 출현이 불가피하다는 것이다.

이는 UN, EU, OECD, IMF, World Bank, WTO 등 국가 간 협의기구나 국제기구처럼 국가의 범위를 넘어선 초국가적 권위구조가 국제사회에 중요한 행위자로 부상하게 된 배경이기도 하다(Spruyt, 1994). 사실 현재 글로벌 거버넌스의 기반이 되는 UN(1945년), World Bank(1946년),

IMF(1944년), GATT(1947년)와 같은 국제기구는 2차 세계대전 이후 전후 사회를 재건하고 경제사회적 비극이 반복되는 것을 예방할 목적으로 대거 결성되었다. 당시 가입국은 주로 서구 선진국 중심이었지만, 20세기 후반부터 신흥국가들이 부상하고, 인구변화나 기후문제처럼 초국가적 협의와 문제해결이 필요하게 되면서 글로벌 거버넌스에 참여하는 국가의 범위가 점차 증가하게 되었다(Boughton & Bradford, 2007).

'네트워크 사회'를 개념화한 Castells(2011)은 국민국가를 넘어선 위와 같은 글로벌 권력체를 네트워크 국가(network state)라는 개념으로 설명한다. 네트워크 사회에서 국민국가는 혼자서는 무력할 수밖에 없으며, 다수의 원천에 기인하는 법적 집행력을 지닌 초국가적 연합체가 국가 이상의 권위와 세력을 발휘하면서 기존의 국가 중심 정치이론을 대체하게 된다는 것이다. 그러나 Castells(2008)은 세계화가 진전될수록 사회적 위험이 제기되는 글로벌 공간(global space)과 이에 대응해야 하는 국가적 공간(national space) 사이에 간극이 커지게 되면서, 일국 정부는 자국 정책만으로는 사회적 위험을 해결하기 어려운 4가지 정치적 위기(political crises)에 직면하게 된다고 보았다. 즉, ① 단일정부가 금융시장규제, 지구온난화, 반테러리즘과 같은 사회적 위험들을 효율적으로 대처할 수 없게 되는 효율성의 위기(crisis of efficiency); ② 국민국가의 대의민주주의에 따라 투표 선출된 정치인이 자국민 의사만이 아니라 글로벌 사회의 요구에 부응해야 하는 상황에 처하게 되면서 대의제의 가치가 쇠퇴하는 정당성의 위기(crisis of legitimacy); ③ 글로벌 초국가적 네트워크의 정치적 의사결정과 자국의 상황 또는 문화적 맥락이 서로 불일치할 때 국민들이 겪게 되는 정체성의 위기(crisis identity); ④ 시장 세력이 주도하는 세계화 과정에서 국가 간, 국가 내 사회집단 간 불평등이 심화하지만, 국가 기관의 조정 메커니즘의 역량은 감소되면서 기존의 복지국가 전략으로 불평등을 완화하기 어려운 공정성의 위기(crisis of equity)가 그것이다.

실제 국민국가는 이러한 정치적 위기에 대응하기 위해 다양한 방식으로 정치적 네트워크를 구축해왔다(Castells, 2008). ① NAFTA, APEC, ASEAN과 같이 특정한 당면 문제를 공동으로 해결하기 위하여 인근의 주권국가들이 합의체를 구축하는 방식; ② UN, IMF, World Bank, ILO와 같이 일련의 글로벌 사회문제들을 상시적이고 전문적으로 해결하기 위한 국제기구를 결성하는 방식; ③ 중앙정부를 넘어 지방정부와 시민사회로 권력을 이양한 국가 내 거버넌스 형성이 그것이다. Castells은 사회문제를 주도적으로 해결하는 정치적 권력체가 기존의 국민국가의 정부(government)에서 네트워크 국가(network state)의 글로벌 거버넌스(global governance)로 이동하고 있다고 보았다. 한국의 국제정치학자들도 세계정치가 더는 전통적 국가 행위자의 독무대가 아니라 초국적 행위자와 기구가 복합적으로 관여하는 네트워크의 장으로 변모하고 있다고 진단하며, 이른바 네트워크 국가이론을 제안하고 있다(김상배, 2008; 장혜영 외, 2015). 비슷한 맥락에서 Held(1991)는 초국가적 권위구조의 등장과 주권국가의 권력 약화를 오늘날 국제질서의 특징으로 꼽았다. 네트워크 시대의 국가는 근대 국민국가처럼 단일한 주권을 행사하는 불가침의 주체로 존재하는 것이 아니라, 복잡한 국제적 제휴와 타협이 일어나는 초국가적 권력 블록(power block) 내의 한 행위자로 재규정된다는 것이다. 그러나 초국가적 거버넌스는 아날로그 시대부터 지속하여 온 정치적 연합체라고 할 수 있다. 디지털 정보혁신이 몰고 온 국가 차원의 새로운 구조변화로 더욱 주목할 지점은 전자정부의 발전이다.

(2) 전자정부의 고도화

전자정부의 도입은 관료제가 갖는 부작용을 개선하고자 하는 정부 노력의 일환이었다. Weber(1978: 901)는 국가를 "독점적 강압력, 통일적 권위, 그리고 제반 법률적 · 행정적 장치를 기초로 일정한 영토와 그 영토 내의 국민을 배타적으로 지배하는 정치적 조직"으로 정의한다. 이러한 국가의 통치체계는 역사적으로 변해왔는데, 특히 기술의 발전은 국가의 조직형태에 상당한 영향을 미쳐왔다. 일례로 농경기술에 기반한 전근대 농업사회에서는 토지와 생산물을 독점적으로 관리하기 위해 신분과 재산을 세습하는 군주제(monarchy)가 발전했다. 군주제 사회에서는 왕 또는 소수의 귀족이 권력을 전유하고 국정을 사적 업무처럼 처리하기 때문에, 근본적으로 국가의 통치가 예측 불가능하고 일관성이 떨어질 수밖에 없었다.

그러나 방적기와 증기기관 같은 동력 기계의 발명으로 시작된 산업혁명은 관료제(bureaucracy)라는 근대 국가 통치체제의 형성에 결정적 영향을 미쳤다. 공장제 기계공업과 대량생산을 통해 부를 축적한 자본가들이 등장하면서 신분제 사회에도 변화가 일어난 것이다. 특히 자본주의 경제의 효율성이 강조될수록 이에 조응하는 국가행정 역시 효율성과 합리성을 추구하는 인식이 높아졌다. 근대적 관료제는 이러한 배경하에 분업,

표준화, 효율성, 합리성의 가치를 추구하는 국가의 새로운 권력체계로 등장했다(Weber, 1978). 관료제에서 관료는 군주처럼 독단적 결정권을 갖지 않고 법적으로 규정된 관할 영역에서 권한을 부여받고 공무를 수행한다. 또한, 업무의 효율성을 위해 조직의 위계서열에 따른 관리 감독을 받고, 임의적 판단을 막기 위해 공식서류와 지침에 근거해 업무를 수행하는 것을 특징으로 한다. 하지만 관료제가 심화할수록 관료주의의 역기능도 비판의 대상이 되어왔다(Hage, 1965; Merton, 1968). 관료들이 지나치게 지침을 고수하면서 형식주의(red tape)에 얽매이게 되고, 변화하는 환경과 국민의 요구에 신속하고 유연하게 대처하기 어렵다는 이유에서였다.

전자정부는 관료제의 병폐를 개선하고자 하는 시도와 맞물려 도입되었다. 특히 20세기 중후반 컴퓨터와 인터넷이 보편화되면서, IT 기술을 이용해 관료들이 행정업무에 유연하고 신속하게 대처할 수 있도록 한다는 것이 초기 전자정부의 취지였다. 즉, 위계적이고 복잡한 행정절차를 간소화하고 형식주의와 문서작업을 줄임으로써 공공행정의 실효성을 높인다는 것이다(Sprecher, 2000; Tolbert & Mossberger, 2006). 또한, 관료에 의해 독점되었던 공공정보를 시민에게 공개함으로써 행정절차를 더욱 민주화할 수 있다는 기대도 있었다. 전자정부를 통해 시민과 정부의 거리가 좁혀지면 시민의 요구에 정부가 더욱 민감하게 반응할 수 있을 것이라 본 것이다(Falk et al., 2017: 16). 이런 맥락에서 Coursey와 Norris(2008: 525)는 전자정부가 "시민과 정부의 상호작용을 확대하고, 행정업무의 효율성과 투명성을 높이며, 시민들의 국가행정에 대한 참여(e-participation)와 민주주의(e-democracy)를 진작시키는 효과"를 갖는다고 긍정적으로 평가했다. 이런 면에서 전자정부는 기존 관료제(bureaucracy)와 대비해 사이버크라시(cybercracy)라는 별명을 획득하기도 했다.

디지털 기술을 통해 관료제의 역기능을 줄이려는 전자정부는 2000년 전후로 각국 정부에 의해 활발히 추진되었다. 예를 들어, 미국은 1997년 Access America를 발표하고, 2000년 모든 공공기관의 정보를 온라인에 공개하는 공공행정 정보포털 FirstGov를 개설했으며, 프랑스는 1998년 정보사회를 위한 국가 활동 계획(Plan d'action gouvernemental pour la société de l'information)을 수립하고 공공서비스의 행정창구를 온라인으로 확대했다. 이후 2000년 영국의 eGovernment, 2000년 싱가포르의 eGovernment Action Plan, 2001년 남아프리카공화국의 eGovernment Strategy, 2003년 인도의 National e-Governance Plan에서 볼 수 있듯이, 전자정부는 서구를 넘어 전 세계 정부 개혁의 트렌드로 자리매김해 왔다(Falk et al., 2017: 6).

2000년 초기 전자정부가 공공기관에 흩어져 있던 공공데이터와 공공서비스 전달체계를 사이버스페이스로 옮기는 온라인화로 요약된다면, 2010년 중반부터는 인공지능, 무인화, 자동화 기술을 전자정부에 접목하는 시도가 이루어지고 있다. 즉, 규격화되고 표준화되어 있는 행정업무는 관료가 아닌 인공지능 알고리듬을 통해 처리하는 자동화 방식이나 공공정보의 빅데이터를 통해 복지서비스가 필요한 대상자 집단을 사전 예측하는 기술 등이 실험되고 있다.

UN은 2003년 회원국의 전자정부 개발현황을 개괄해왔는데, 2010년부터는 2년에 한 번씩 전자정부발전지수(EGDI, E-Government Development

Index)를 조사해 발표하고 있다. 2012년부터 2020년까지 UN이 발표한 전자정부발전지수 순위에 따르면, 상위 10개국으로는 북유럽 국가(덴마크, 스웨덴, 노르웨이, 핀란드)와 영미권 국가(영국, 미국, 호주, 뉴질랜드)가 주로 속해 있으며, 아시아 국가는 일본, 싱가포르, 한국이 속해 있다. 특히, 한국은 2012년부터 2020년까지 3위권 안에 드는 전자정부 강국이다.

전자정부발전지수에서 2018년, 2020년 1위를 달성한 덴마크는 5개년 디지털 전략의 수립을 통해 공공행정업무, 공적 커뮤니케이션, 전자서비스로 범위를 넓혀가며 전자정부를 진화시켜 왔다. 특히 2010년에는 15세 이상의 국민에게 발급되는 NemID를 도입했다. Easy ID라는 뜻의 NemID는 국민은 디지털 공간에서 신분을 증명할 수 있는 ID로 인터넷 뱅킹, 정부 웹사이트, e-Books, 세금납부 등 공공 · 민간기관 행정업무를 처리할 때 자신의 신분을 증명할 수 있다. 디지털 ID는 한국의 주민등록번호처럼 일원화된 국민등록번호가 없는 덴마크에서 신분을 통합적이고 유기적으로 증명할 수 있는 장점이 있다. 또한, 한국의 주민등록번호는 유출시 프라이버시를 침해할 수 있고 국가의 사회통제 기제로 작용할 수 있다는 위험성이 있지만, NemID 같은 가상 ID는 개인정보 유출시 다시 새로운 ID로 변경할 수 있는 유동성을 가지고 있어 프라이버시와 통제문제에서 상대적으로 자유로운 측면도 있다. 덴마크 정부는 시민과의 커뮤니케이션을 더욱 원활히 하기 위해 2014년 디지털 우편(digital post)에 관한 법을 제정하기도 했다. 15세 이상 성인은 병원서류, 연금 및 각종 수당 산정 내역, 장학금, 양육시설 위치, 납세 관련 자료 등을 디지털 우편을 통해 받아볼 수 있다.

표 Ⅱ-5 전자정부발전지수 순위(2012년~2020년)

순위	2012	2014	2016	2018	2020
1	한국 0.9283	한국 0.9462	영국 0.9193	덴마크 0.9150	덴마크 0.9758
2	네덜란드 0.9125	호주 0.9103	호주 0.9143	호주 0.9053	한국 0.9560
3	영국 0.8960	싱가포르 0.9076	한국 0.8915	한국 0.9010	에스토니아 0.9473
4	덴마크 0.8889	프랑스 0.8938	싱가포르 0.8828	영국 0.8999	핀란드 0.9452
5	미국 0.8687	네덜란드 0.8897	핀란드 0.8817	스웨덴 0.8882	호주 0.9432
6	프랑스 0.8635	일본 0.8874	스웨덴 0.8704	핀란드 0.8815	스웨덴 0.9365
7	스웨덴 0.8599	미국 0.8748	네덜란드 0.8659	싱가포르 0.8812	영국 0.9358
8	노르웨이 0.8593	영국 0.8695	뉴질랜드 0.8653	뉴질랜드 0.8806	뉴질랜드 0.9339
9	핀란드 0.8505	뉴질랜드 0.8644	덴마크 0.8510	프랑스 0.8790	미국 0.9297
10	싱가포르 0.8474	핀란드 0.8449	프랑스 0.8456	일본 0.8783	네덜란드 0.9228

출처: UN(2020).

2016년 전자정부발전지수 1위를 차지한 영국은 2011년부터 전자정부 사업을 본격적으로 추진했다. 2011년 영국 정부는 국무조정실 산하에 전자정부 사업을 총괄하는 정부디지털서비스(Government Digital Service)를 설치하고, 정부 클라우드 구축, IT를 활용한 친환경 정부, 정부의 IT 활용능력 파악, 공공서비스 접근성 증대라는 4가지 중점사업을 기획했다. 또한, 2012년부터 열린 정부 국가실행계획(Open Government Partnership National Action)을 발표하고 전자청원(ePetition), 디지털 기록화, 건강정보 표준화 정보공유 웹사이트 개발 등의 전자정부 사업을 추진해왔으며,

정부포털(gov.uk), 공공데이터 검색사이트(data.gov.uk), 온라인 신원확인 시스템(gov.uk/verify), 중소기업의 기술 및 인력조달을 돕는 클라우드 기반 서비스(digitalmarketplace.service.gov.uk) 같은 다양한 공공서비스 웹사이트를 개설 · 운영해오고 있다.

[참고] 국민국가를 넘어선 디지털 국가를 꿈꾸는 에스토니아

2020년 UN 전자정부발전지수 순위에서 3위로 급부상한 에스토니아는 디지털 네트워크 국가를 적극적으로 표방하며 이를 실현하는 전자정부를 구축해나가고 있다는 점에서 흥미로운 사례이다. 에스토니아는 인구 130만의 작은 국가임에도 불구하고, 세계 화상전화업체 스카이프(Skype)와 해외송금업체 트랜스퍼와이즈(Transferwise)라는 굵직한 IT기업이 나온 디지털 기술의 선두국가이다. 에스토니아 정부는 세계에서 처음으로 2005년 총선에 전자투표를 도입했었고, 블록체인 기반 전자서명 기술도 최초로 개발하여 공공서비스에 적용하기도 했다. 그중 에스토니아 전자정부가 가장 주력해온 사업은 공공서비스의 디지털화이다. 에스토니아 정부는 블록체인 기반으로 국가 디지털 허브인 'X-로드'를 구축하고, 모든 공공서비스가 해당 허브 내의 주민 ID카드로 해결될 수 있게 통합 크라우드 네트워크를 구축했다. 이를 통해 세금납부 및 환급, 여권발급과 같은 공공서비스뿐만 아니라, 민간보험가입, 기차탑승, 병원처방전 발급과 같은 민간서비스를 포함해 총 2,000가지 업무처리가 가능하다. X-로드는 '서비스로서의 국가(Country as a Service)'로 변화를 꾀하는 에스토니아의 실험적 의지가 담긴 사업이라고 할 수 있다.

특히 디지털 네트워크 국가의 발전양상과 관련해 에스토니아의 미래를 주목할 필요가 있는데, 이는 에스토니아 전자정부가 다른 국가의 전자정부와 달리 2014년부터 전자영주권(e-residency)을 도입했다는 점이다. 블록체인 기반으로 운영 중인 전자영주권 시스템은 100유로만 있으면, 대한민국 국민도 에스토니아의 디지털 시민으로 가입할 수 있다. 전자영주권자가 되면 에스토니아에서 회사도 창업할 수 있고, 은행계좌도 개설할 수 있으며, 세금도 납부할 수 있다. 전자영주권은 해외의 우수 인재를 에스토니아 국민으로 유입시켜 국가 경쟁력을 높이려는 시도이다. 실제 2017년 기준으로 약 13,000개의 전자영주권 아이디카드가 발급되었다. 에스토니아 전자정부는 영토를 기반으로 하는 국민국가를 넘어서 새로운 디지털 국가(New Digital Nation)를 건립하는 것을 최종목표로 설정하고 있는데, 이는 디지털 정보통신기술을 통해 국가의 개념이 급진적으로 바뀔 수 있음을 시사한다.

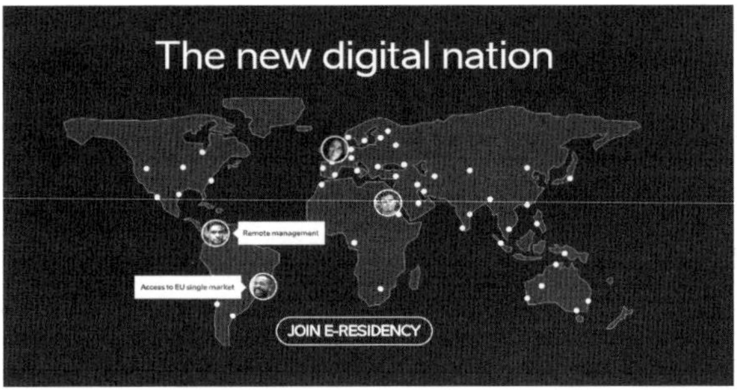

출처: 에스토니아 전자정부 홈페이지.

사회복지분야는 전자정부의 정보시스템이 가장 적극적으로 활용되는 영역 중 하나이다. 근대 국가는 세금징수, 치안유지, 복지제공을 위해 국민의 정보를 수집하고 관리해왔는데, 특히 복지국가가 발달하면서 수급자의 자산, 가족정보, 수급이력정보를 관리하는 것이 공공행정의 중요한 부분을 차지하게 되었다. 현재 전자정부 정보시스템은 복지국가가 수급자의 개인정보를 관리하고 처리하는 중요한 도구가 되고 있다.

먼저 복지국가가 복지수급자의 개인정보를 관리하는 방식은 크게 4단계로 진화했다고 볼 수 있다. ① 개별 공공기관이 복지수급자의 개인정보를 각자 수집하고 관리하는 데이터 집적(data storing) → ② 사회보장번호, 주민등록번호와 같은 개인식별정보(personally identifiable information)를 매개로 개별 기관에 집적되어 있던 복지수급자의 개인정보들을 연계해서 관리하는 데이터 매칭(data matching) → ③ 통합된 복지수급자의 개인정보를 빅데이터화한 뒤 분석해 특정 수급자 집단과 개인의 특성을 포착하고 행동을 예측하는 데이터 마이닝(data mining) → ④ 홍채, 지문, 성문(voice print) 등의 생체정보를 복지수급자의 행정정보와 융합해 관리를 고도화하는 생체인식(biometrics) 단계가 그것이다.

이 중 1단계 데이터 집적은 아날로그 시대에 개별 공공기관이 문서작업(paper work)을 통해 수급자의 개인정보를 관리하는 전통적 방식이라면, 2단계부터는 컴퓨터, 인터넷, 빅데이터 처리기술 같은 디지털 정보통신기술을 활용한 정보관리방식이라고 할 수 있다. 예를 들어, 1970~80년대부터 컴퓨터의 사용이 보편화되었던 미국에서는 컴퓨터 매칭 시스템을 공공복지행정에 대대적으로 도입했다. 특히 당시는 서구에서 신자유주의적 복지개혁이 활발했던 시기였기에, 데이터 매칭 프로그램은 복지재정 감축을 위해 활용되었다. 미국 보건복지부(Department of Health and Human Services), 사회보장국(Social Security Administration), 주택도시개발부(Department of Housing and Urban Development)는 1981년부터 AFDC(現 TANF), SSI, Housing Rental Assistance의 수급자를 선정하는 과정에서 각 행정기관의 신고소득, 개인의 가구특성, 주거지 등에 대한 행정정보를 대조해왔다. 이 같은 데이터 매칭은 부정수급자를 가려내고, 복지서비스 제공에 형평성을 기하며, 복지 행정의 정확도를 높이고, 불필요한 복지재정을 절감하려는 목적으로 시행되었다(Kusserow, 1984).

전자정부가 성숙기에 접어들면서부터 국가는 부정수급자를 가려내는 수준을 넘어 아직 포착되지 않은 특정 집단의 특성을 파악하고 예측하기 위해 빅데이터를 활용하는 데이터 마이닝(data mining) 방식을 적극적으로 도입하고 있다. 일례로 2000년대 중반 독일 연방노동청은 데이터 마이닝 기법을 토대로 실업문제를 예방적으로 대응했다. 취업희망자의 빅데이터를 통해 개별적인 성향과 패턴을 예측하여 적합한 직무와 기업을 연계하는 취업프로그램을 운영한 것이다. 독일은 이 프로그램을 통해 2003년 440만 명의 실업자 수를 2010년 320만 명으로 줄여 실업문제에 대응한 바 있다(McKinsey, 2011: 59). 2010년 미국 교육부는 고등학교 이후 교육에 필요한 비용을 저금리로 대출해주는 학자금 대출프로그램인 연방직접대출프로그램(Federal Direct Loan Program)을 도입했다(Bagwell & Jackson, 2016: 16). 주목할 점은 대출프로그램의 수급자를 선정 · 관리하는 데 있어 빅데이터 분석을 적극적으로 활용하고 있다는 점이다. 교육부는 학생들의 역량(capacity), 자본력(capital), 성품(character), 친척 관계(collateral condition)와 같은 개인정보 빅데이터를 분석해 대출금을 성실히 상환할 것으로 예상되는 집단과 그렇지 않으리라고 예상되는 집단을 나누고, 대출금과 조건을 선별적으로 조정하고 있다. McKinsey(2011)는 공공영역에서 국민의 빅데이터를 적극적으로 활용함으로써 정책수립 및 시행이 더 효과적으로 이뤄지게 될 것이라고 전망했다.

최근 공공복지행정에서 전자정부 시스템은 빅데이터 분석을 넘어 국민에 대한 정보집적과 관리를 위해 생체인식기술을 활용하는 단계로 나아가고 있다. 예를 들어, 2012년 남아프리카공화국 SASSA(South African Social Security Agency)는 남아공의 IT 기업 NET1(Net1 UEPS Technologies)의 기술개발을 통해 지문, 음성인식 등으로 사회보장수급자의 신원을 확인하는 생체인식시스템(Biometric Identification Scheme)을 도입했다. SASSA는 남아공의 9개 행정구역의 수급자에게 사회복지급여의 금융거래가 가능한 생체 보안 EMV/UEPS 직불 칩카드를 발행하고 있다. 남아공에서 사회복지급여를 받기 위해서는 정부에 자신의 사진, 지문, 음성파일과 같은 인체정보를 제출해야 하는데, 현재 생체인식시스템에 등록된 정보는 남아공 전체인구의 약 40%(1,900만 명)에 이를 만큼 방대하다(Donovan, 2015). 생체인식시스템은 양도 불가능한 신체상의 특징으로 개별 수급자를 식별하기 때문에, 복지급여의 부정 · 중복수급과 일선 공무원의 재량으로 인한 부패를 막는 데 이바지했다는 평가를 받았다. 또한, 남아공의 다양한 언어와 방언의 장벽을 넘어서 활용 가능하다는 점도 이점으로 여겨졌다. 특히, 아파르트헤이트(Apartheid)의 역사로 인해 분열과 불신이 잔존하는 남아공 사회에 객관적이고 투명하며 표준화된 행정시스템을 도입했다는 차원에서 정부, 학계, 시민사회 모두에게 환영받기도 했다. 실제 남아공 정부는 생체인식시스템을 통해 2015년 기준 65만 명의 부정수급자를 적발해 약 2억 달러의 재정을 절감했을 뿐만 아니라, 행정비용도 건당 3.02달러에서 1.65달러로 줄이는 효과를 얻기도 했다. 이처럼 공공복지행정에도 수급자 자격심사와 급여지급을 위해 개인정보수집과 관리를 효율화하는 정보통신기술이 속속 접목되는 상황이다.

2) 디지털 네트워크 국가의 난제

(1) 복지국가의 위기와 재편

디지털 네트워크 국가는 다음 두 가지 측면의 난제를 발생시키다. 첫째, 글로벌 거버넌스 세력의 확대로 복지국가의 힘과 정당성이 약화된다는 점이다. 복지국가의 경제적 맥락을 중시하는 산업화 이론(Wilensky & Lebeaux, 1965; Wilensky, 1975)이나 네오마르크스주의의 분석(O'Connor, 1973; Offe, 1984)에 따르면, 복지국가는 빈곤, 실업, 은퇴, 불평등과 같은 산업화와 자본주의 시장경제의 활성화로 인해 발생한 다양한 사회적 문제들을 효율적으로 해결하고자 하는 필요성에 의해 등장했다. 그러나 국가중심이론(Evans et al., 1985; Skocpol & Amenta, 1986)과 권력자원이론(Korpi, 1989)이 강조하는 바처럼, 근대 국가의 정치적 권력이 없이는 사업주의 보험료 분담을 강제하는 사회보험과 같은 복지제도를 도입하고 실행하는 것은 거의 불가능했다.

하지만 최근 자본주의 시장이 세계화되고 초국가적 기구들의 영향력이 커지면서, 상대적으로 국가권력이 시장권력을 조정하거나 제어할 수 있는 통제력이 약화되고 있다. Mishra(1999)의 지적처럼, 금융자본의 세계화와 노동의 유연화를 표방하는 IMF와 같은 국제경제기구의 권고는 복지국가의 기반을 흔들 수 있다. 케인즈주의적 복지국가는 완전고용과 유효수요 창출을 위한 국민국가의 경제조절기능을 전제로 한다. 그러나 경제 세계화로 인해 국가 차원에서 완전고용을 지향하는 노동정책을 기획하기 어렵게 되었다. 글로벌 시장의 환경변화에 따라 대량실업이 발생하기도 하면서, 국제적 경기 동향에 따라 고용정책이 좌우될 수밖에 없게 된 것이다. 특히 1970~80년대 이후, 오일쇼크와 세계적 경기침체가 맞물리면서 작은 정부와 시장 자유화를 표방하는 신자유주의 기조에 따라 복지지출을 축소하는 시도들이 단행되었다. Hicks와 Zorn(2005)이 1978년부터 1994년까지 18개국에서 일어난 복지축소에 영향을 미친 요인을 분석한 결과, 경제 자유화, 무역 개방, GDP 둔화, GDP 대비 인구증가율이 복지축소에 영향을 미친 요인으로 나타났다. 경제 세계화가 복지국가에 위기를 가져오는 주요 인자로 작용한 것이다.

이주노동자의 증가도 복지국가의 기반을 약화하는 경향이 있다. 이주노동자들은 노동시장에서 주변부 노동력으로 취급되기 때문에, 기존 복지국가의 사회보장정책 내에 온전히 포괄되기 어렵다(Ryner, 2000). 이주노동자들은 자국민이 아닌 외국인이고, 고용계약 기간이 한시적이며, 거주지가 유동적이다. 따라서 노동자로서 국내 생산경제에 이바지하더라도 자국민에게 부여되는 사회보장급여를 받기가 어려웠다. 더욱이 불법체류나 난민 문제가 얽혀 있는 이주노동자는 신분의 불안정성으로 인해 임금체불, 노동력 착취와 같은 노동자로서 기본적 권리도 주장할 수 없는 처지에 봉착하기도 한다. 특히 앞서 네트워크 시장에서 살펴보았듯이, 글로벌 플랫폼 경제의 등장도 국내 사업주와 자국 노동자의 책임 분담으로 이루어진 복지국가의 조건을 침식시킨다. 글로벌 플랫폼 노동자들은 가상세계에서 전 세계의 고객을 상대로 경제활동을 하는 가상이주노동자라고 할 수 있는데, 문제가 발생했을 때 글로벌 플랫폼 기업이 등록된 국가에 노동권과 복지권을 요구할지, 노동자 자신이 거주하는 국가에 권리를 요구할지, 자신에게 일감을 맡긴 고객의 거주 국가를 상대로 권리를 요구할지가 애매해진다.

또한, 복지국가의 사회보장체계로는 기후변화, 환경오염, 전염병처럼 지역을 초월해 인간에게 장기적으로 심각한 영향을 미치는 신사회 위험을 충분히 대비하기 어렵다(Gough, 2010). 기후변화와 환경오염은 홍수, 산불, 온난화, 해수면 상승과 같은 직접적 위험(direct risks)과 직접적 위험으로 인해 주거와 일자리를 잃는 등의 간접적 위험(indirect risks)을 발생시킨다. 그러나 현재 복지국가의 정책은 자국 영토에 소속된 주민을 주요 대상으로 하고 있어서 글로벌한 신사회 위험에 취약하다. 그뿐만 아니라 복지국가는 근대사회의 인본주의적 근간으로 인해 빈곤, 실업, 은퇴, 질병과 같은 인간이 겪게 되는 피해에 대한 사회안전망을 구축하는 데 초점을 맞추어 왔으며, 기술발전과 산업발전이 자연에 미치는 악영향에 대해서는 거의 관심을 가지지 못했다. 글로벌 이슈와 위험이 증가하는 네트워크 사회에서는 현재의 국가 중심적 복지체계가 적합하지 못한 측면이 늘어나고 있는 것이다.

(2) 전자정부의 데이터감시 심화

디지털 네트워크 국가의 부상이 국민국가의 권한을 약화하는 힘으로만 작용하는 것은 아니다. 오히려 디지털 정보통신기술을 통해 국민에 대한 감시와 통제가 심해지면서 국가의 힘이 강화되는 측면도 있다. 지금까지 국가가 국민에게 배타적인 지배력을 행사할 수 있었던 이유는 국가가 국민의 안보, 치안, 복지를 보장해주기 때문이었다. 국가는 국민의 기본적 안녕과 복지를 보장하는 대신에 국민의 거주지, 가족관계, 자산 등 징병·징세에 필요한 개인정보를 수집하고 관리하는 통치력을 발휘해왔다(Giddens, 1985).

실제 근대 복지국가의 사회보장제도는 국민에 대한 개인정보수집의 집약체가 되어 왔다. 복지국가는 소득보장, 의료, 교육, 주거, 고용서비스를 제공하기 위해 국민의 개인정보를 수집하고 관리해왔다. 개별 국민에 대한 복지국가의 개입은 기본적으로 국민의 복지와 안녕을 목표로 하는 것이지만, 다른 한편으로는 국민의 자유를 일정 수준 제한하고 통제하는 측면도 존재했다. 이런 이유로 사회복지의 사회적 돌봄(social care) 기능 뒤에서 작동하는 사회적 통제(social control) 기능이 복지국가의 속성으로 자주 거론됐다(Raynor, 1985; Garland, 1985).

특히 국민과 복지대상자의 개인정보를 대규모로 집적하고 관리하는 전자정부의 정보시스템은 국민에 대한 데이터감시(dataveillance)를 강화한다. 데이터감시란, "정보시스템을 활용해 어떤 개인이나 특정 집단에 속한 사람들의 데이터를 지속적으로 모니터링하고 감별하는 활동"을 말한다(Clarke, 1988: 499). 특히 데이터감시를 최초로 개념화한 Clarke(1994)는 복지국가가 전자정부 시스템을 활용해 시민의 개인정보를 집적하고 관리하는 방식을 데이터감시의 가장 대표적인 예로 꼽았다.

데이터 매칭, 빅데이터 분석, 생체인식 등을 통한 복지국가의 정보관리는 부정수급자를 막고, 행정비용을 절감하며, 공무원의 부정부패를 미리

방지할 뿐만 아니라, 사각지대 발굴처럼 특정 집단의 욕구를 예측하고 지원하는 데 이바지했다. 하지만 디지털 데이터감시는 다음과 같은 부작용을 초래한다.

첫째, 데이터감시로 인해 국가에 의한 개인의 프라이버시 침해가 심화된다는 점이다. 국가는 개인정보를 취합해야 하는 필요와 국민의 사생활을 보호해야 하는 의무 사이에서 균형을 이루고자 노력해 왔다. 아날로그 근대사회의 프라이버시 개념은 이러한 노력의 결과물이었다. 근대 국가는 국민의 정보를 집적하면서도, 프라이버시권을 '개인의 사생활이나 사적 공간을 남에게 침해당하지 않을 권리'(Lyon, 1994), '개인에 대한 타인의 접근을 제한할 수 있는 권리'(Gavison, 1975), '자신의 신체와 마음을 지배하는 주체로서 외부의 간섭을 받지 않고 자기 이익을 추구할 권리'(Mill, 1859)로 개념화하고 외부로부터 개인에 대한 최소한의 보호막치기(cocooning)를 수행해왔다.

하지만 전자정부의 정보시스템은 비록 물리적으로 개인의 일상공간을 침해하지는 않지만, 보이지 않게 개인의 삶의 영역에 침투하면서 프라이버시를 침범할 수 있다. 비록 물리적으로 가정을 직접 방문하거나 개인을 탐문조사하지는 않지만, 디지털 전자정부는 소득, 위치, 금융거래에 대한 데이터감시를 통해 국민 개인의 일상정보를 상시로 스크리닝하고 있기 때문이다. Foucault(1975)는 권력은 "스스로를 비가시화하고 모든 타자를 가시화"하는 전략들을 개발하면서 통치력을 진화시킨다고 지적했는데, 전자정부는 일상에서는 잘 보이지 않는 정보시스템을 통한 비가시적 모니터링으로 국가의 통치력을 공고히 하는 것이다. 이런 맥락에서 Rose와

Miller(2010)는 현대사회에서 국가가 구사하는 통치성을 '원거리 통치(governing at a distance)'라고 명명하기도 했다.

둘째, 전자정부의 데이터감시는 특정 집단을 사회적으로 범주화(social sorting)하는 부작용이 있다. 개인정보가 집적되고 빅데이터 분석에 활용되기 시작하면, 개인정보는 개인 차원에 머무르지 않고 특정한 방식으로 처리되어 인간의 행위, 지향, 상황, 인식을 통계적으로 범주화하는 데 사용되게 된다(Lyon, 1994). 유전공학, 생체공학, 비디오 감시기술과 같은 새로운 첨단감시시스템은 단순히 프라이버시 침해를 일으키는 데 그치지 않는다. 이 시스템은 위험의 사정과 관리를 목적으로 하기에, 개인을 위험도에 따라 정렬하고 분류하고 계층화한다. 예를 들어, 빅데이터 활용 사례로 소개한 미국의 연방직접대출프로그램은 대출자를 모범 상환 집단과 불량 상환 집단으로 분류해서 차등적으로 대우한다. 문제는 이러한 범주화가 특정 집단을 낙인찍고 배제하는 효과를 지닌다는 점이다. 빅데이터 분석은 해당 집단에 속한 개인의 상태와 불일치할 수 있는 통계적 예측임에도 불구하고, 해당 특성을 가진 개인은 부정수급자나 불량한 대출자로 간주될 우려가 있는 것이다. 이런 면에서 Bagwell과 Jackson(2016: 31)은 빅데이터를 통한 정책대상의 분류가 오히려 국민의 인권과 복지를 강화하는 것이 아니라 국민의 존엄성을 침해할 가능성을 내포한다고 비판하기도 했다.

사실 전자정부가 끊임없이 국민의 개인정보를 모으고 분석하며 이에 대해 지속해서 모니터링을 실시한다고 해서, 국가와 국민 사이의 신뢰가 쌓이고 투명성이 확보되는 것은 아니다. 전자정부가 고도화될수록 정부

관료는 국민과 직접 대면해 휴먼서비스를 제공하기보다 정보시스템에 입력된 데이터를 토대로 업무를 처리하는 일이 많아질 수밖에 없다. 하지만 Lewis와 Weigert(1985: 970)가 명쾌하게 지적했듯, "우리가 상대방에 대해 아무리 많은 지식과 정보를 수집하더라도, 그 지식과 정보 자체로는 신뢰를 쌓을 수 없다. 신뢰는 행위자들이 상대방을 신뢰하기 위해 더는 어떠한 증거나 논리적 이유가 필요하지 않을 때 비로소 실현되기 때문이다." 오히려 정보가 쌓이고 포화하면 할수록 국가와 국민 사이의 신뢰 관계가 깨질 수도 있는 것이다. Luhmann(1979)의 표현을 빌려 말하면, 전자정부 구축을 통해 공공행정에 대한 '시스템적 신뢰'는 구축될 수 있어도 '인간적 신뢰'를 쌓는 일은 불가능하게 될 수 있다.

셋째, 국가의 공공행정정보가 시장화되는 경향도 주의를 기울여야 할 문제이다. 국가는 정치적 지배력을 발휘해 국민의 정보를 일괄적으로 모으고 처리한다. 정부가 강제력을 동원해 집적한 개인정보는 민간기업이 보유한 고객정보보다 훨씬 정확하고 구체적이다. 플랫폼이나 통신사는 고객의 표면적인 소비행태나 거래정보만을 가지고 있지만, 공공기관은 개인의 거주지, 소득, 지출, 가족관계, 학력 등 수많은 정보를 보유하고 있기 때문이다. 따라서 정부가 가진 빅데이터는 시장이 보유한 빅데이터보다 더욱 큰 파급력과 가치를 지닐 수밖에 없다. 2013년 Financial Times는 〈그림 II-10〉의 왼쪽 그림처럼 개인정보의 가격을 측정하는 웹페이지를 게시했는데, 이 페이지에서는 인구학적 정보, 가족, 소득, 활동, 소비에 대한 정보항목이 추가될수록 개인정보의 가치가 급증하는 것을 수치화해 보여준다. 따라서 국민의 인구학적 정보, 가족, 소득정보처럼 체계적

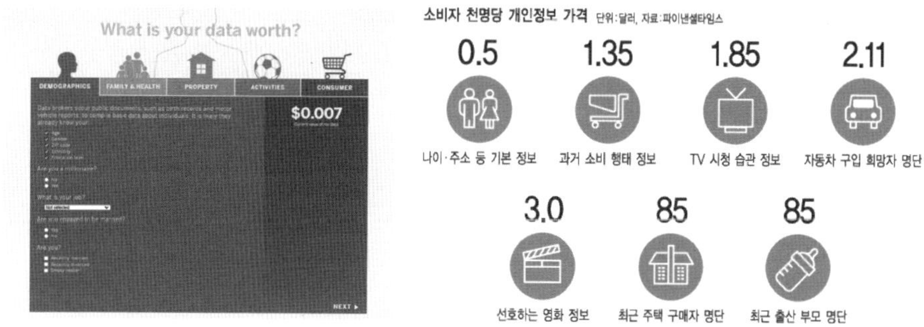

그림 Ⅱ-10 개인정보의 시장가치

출처: (좌) Financial Times(2013.06.12.), (우) 경향신문(2013.06.13.).

으로 수집된 공공행정정보는 Google, 네이버가 네티즌에게 수집하는 검색, 거래정보와 비교하면 가치가 월등히 높을 수밖에 없다.

문제는 정부-기업-시민사회가 정보망으로 연결된 네트워크 사회가 도래하면서, 국가가 배타적으로 보유해왔던 빅데이터 정보를 민간기업이나 연구기관도 활용하도록 개방해야 한다는 사회적 요구가 커지고 있다는 점이다(McKinsey, 2011). 예를 들어, 병원이나 약국의 건강보험 청구정보를 분석해 의약품 개발에 활용하는 방안처럼, 정확한 공공정보를 시장이 사용할 수 있도록 공개하면 상당한 경제적 가치를 창출할 수 있다는 것이다. 미국은 의료 및 공공행정 빅데이터를 활용하면 6,000억 달러 이상의 가치가 창출될 것으로 전망하고 있으며, 영국도 공공부문 빅데이터 공개 시 연간 약 160~330억 파운드의 가치가 창출될 것으로 추산하고 있다. 이러한 이유로 EU와 미국의 전자정부는 보유한 공공 빅데이터를 민간영역이 활용할 수 있는 방안들을 모색해 나가고 있다(공공데이터전략위원회, 2013).

표 Ⅱ-6 정부 빅데이터의 경제적 활용

파급 효과	기관/국가
경제적 파급효과: 연 24조 원, 고용창출: 연 15만 명	KAIST('12)
공공데이터 개방 직접효과(EU 27개국): 연 400억 유로(약 60조 원)	EU('11)
일자리창출: 약 6만 개, 잠재가치 예상: 약 150억 파운드(약 25조 원)	영국 정부
기상데이터 활용: 4,000개 일자리 창출, GPS 데이터 가치: 900억 달러(약 97조 원)	미국 정부

출처: 관계부처합동(2013: 1).

그러나 한편으로는 공공데이터가 시장경제로 흡수되고 활용되는 현상을 공공데이터의 신자유주의화라고 비판하는 입장도 있다(Ajana, 2012). 네트워크 사회에서 정보의 공유는 바람직한 측면도 있고 불가피한 측면도 있다. 하지만 정보공유가 특정한 방향으로 편향되어 이루어지는 점은 비판받아야 한다. 공공데이터는 국가와 국민의 계약 관계 속에서 국민의 동의를 얻어 수집 · 관리하는 공공재이다. 그러나 국민이 제공한 데이터가 공공영역을 넘어서 민간영역에까지 공유되는 추세에 대해 정작 데이터의 최초 생산자인 국민은 잘 모르는 경우가 많다. 또한, 개별 국민은 국가가 자신에 대해 어떤 정보를 얼마나 많이 보유하고 어떻게 활용하고 있는지를 충분히 인지하지 못하고 있다. 국민에 대한 데이터감시와 정보배제는 향후 전자정부가 고도화될수록 더욱 문제가 될 것으로 보인다.

3. 디지털 네트워크 시민사회

1) 디지털 네트워크 시민사회의 구조변화

(1) 조직 중심에서 네트워크 중심으로

디지털 정보기술혁명은 시민사회의 지형도를 조직(organization) 중심에서 네트워크(network) 중심으로 변화시킨다. 근대사회에서 시민사회조직(civil society organization)은 정치권력인 정부와 경제권력인 시장기업에 대응해 시민의 목소리를 대변하는 의사소통행위자의 역할을 담당해왔다(Habermas, 1981). 특히 노동조합(trade union), 자발적 결사체(voluntary association)와 같은 대표적 시민사회조직은 계급적, 이념적, 지리적 측면에서 동질감을 느끼는 집단 구성원들이 강한 결속력을 바탕으로 공동의 목표를 향해 조직적으로 활동해 왔다.

근대사회에 복지국가가 도입되고 확대될 수 있었던 데에도 노동조합과 이익집단과 같은 단결된 시민사회조직이 큰 역할을 담당했다. Flora와 Alber(1981: 41)의 설명처럼, 산업화와 도시화로 인해 산업노동자들이 사업장이 있는 도시로 모이게 되면서 이들 사이에 정보교류와 협력이 증대되었다. 노동자집단의 공간집중은 노동자들이 자기 계급의 이익을 대변하기 위한 조직화와 정치세력화를 가능하게 했다. 노동조합의 지지를 기반으로 창당된 사회민주당(노동당)은 자본가계급의 이익을 대변하는 보수정당과 집권 다툼을 벌이면서 노동자계급의 복지와 이익을 대변하고 복지국가의 발전에 이바지해왔다(Korpi, 1989; Esping-Andersen, 1990). 이익집단정치이론은 노동조합만이 아니라 시민사회 내의 다양한 자발적

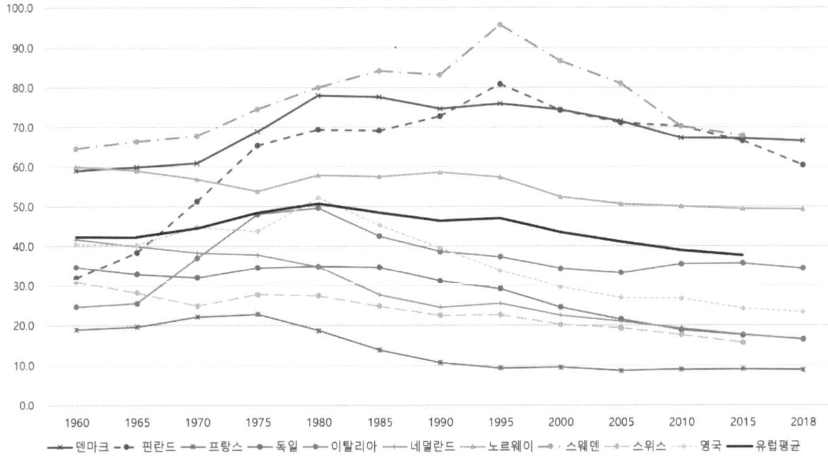

그림 Ⅱ-11 유럽의 노동조합 조직률 추이

출처: ICTWSS(2019.12.31.).

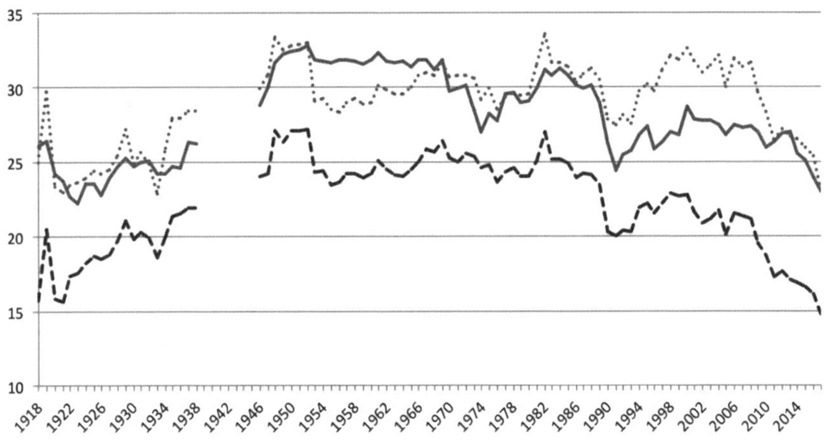

그림 Ⅱ-12 세계 노동당의 투표 점유율 추이

참고: 총 31개국 대상으로 1개년 단위 집계.
총 투표 점유율-노동당(사민당계열)에 대한 총 투표수.
평균 투표 점유율-노동당(사민당계열)에 대한 평균 투표수.
유권자 총 점유율-총유권자수/노동당(사민당계열) 총 투표수.
출처: Benedetto, Hix, & Mastrorocco(2019: 4).

결사체 활동을 복지국가의 유지와 확대에 있어 가장 결정적인 요인으로 주목한다. 현대사회에서 문화, 종교, 언어, 인종, 나이, 세대와 같이 귀속적 차이에 따라 공통된 자기이해를 갖는 사회집단들이 형성되고 이들이 형성한 이익집단들이 복지국가의 정책형성에 큰 영향력을 행사해왔기 때문이다(Pampel & Williamson, 1989). 이처럼 근대 시민사회조직들은 구성원들의 결집된 힘을 행사함으로써 복지국가의 발전에 이바지해왔다.

그러나 1970~80년대 신자유주의의 확산과 노동 유연화, 자본주의 시장의 세계화로 인해 임시직 · 비정규직 노동자나 이주노동자가 급증하면서 사업장 노동자들의 장기적 결속력이 약화되기 시작했다. 이는 노동자 집단이 시장과 국가에 대응하는 강력한 주체로 세력화하는 것을 어렵게 만들었다. 〈그림 II-11〉에서 보는 바처럼, 높은 노동조합 조직률을 자랑했던 유럽 복지국가들에서 1990년대 이후 노동조합 조직률이 급격히 떨어지는 추세가 나타나고 있으며, 이에 따라 〈그림 II-12〉에서처럼 노동자 계급을 대표하는 노동당(사민당)의 투표 점유율도 눈에 띄게 감소해왔다.

특히 1990년대 이후 발전한 디지털 정보통신기술은 조직 기반의 시민사회 활동에 더욱 큰 균열을 내었다. 온라인 노동 연구자 Lehdonvirta (2016: 65)는 디지털 시대에서는 노동자들이 아날로그 산업사회에서처럼 공장이나 사무실과 같은 고정사업장(permanent placement)에서 함께 일할 필요가 없게 되면서 노동자들의 물리적 분산이 심화되고 있다고 진단한다. 특히 가상공간을 토대로 하는 디지털 경제의 특성으로 인해 산업노동자들이 밀집된 공장에서 함께 연대하면서 가질 수 있었던 조직적 정체성(organizational identity)은 종말을 고했다고 분석하기도 했다.

하지만 그렇다고 디지털 공간에서 활동하는 온라인 노동자들이 서로 정보교류나 의사소통을 전혀 하지 않은 채 단절된 상태로 노동하는 것은 아니다. 비록 거리행진, 장외투쟁, 피켓시위와 같이 물리적 공간에서 가시화된 활동을 하는 것은 어렵게 되었지만, 사이버스페이스라는 가상공간에서 의사소통 네트워크를 형성하면서 다른 형태로 정보교류와 협력활동을 하고 있기 때문이다. 일례로 Yin 외(2016)는 〈그림 II-13〉처럼 온라인 플랫폼 노동의 대표적 사례로 꼽히는 Amazon Mechanical Turk 노동자들이 인터넷 SNS를 통해 자생적으로 수많은 네트워크를 형성하면서 소통하고 있음을 드러냈다. Amazon이 운영하는 Amazon Mechanical Turk는 소위 터커(turker)로 불리는 노동자들이 하나의 작업을 나누어 수

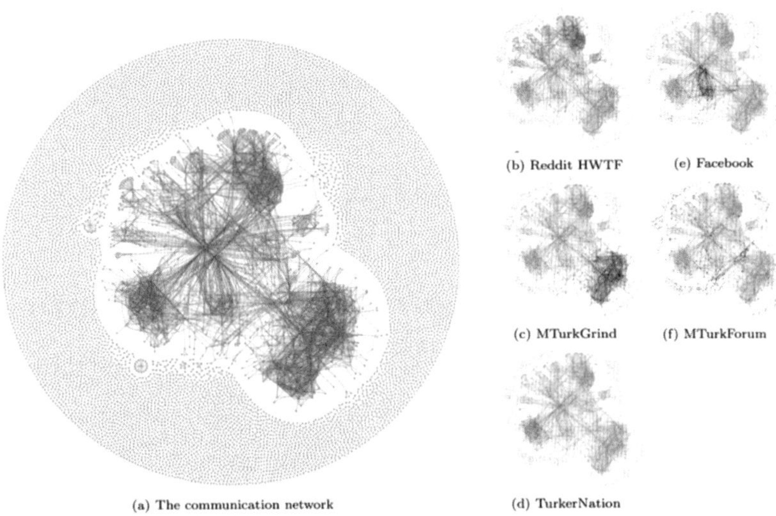

그림 II-13 Amazon Mechanical Turk 노동자의 디지털 네트워크

출처: Yin et al.(2016: 1297).

행함으로써 신속하게 작업을 마칠 수 있도록 업무주문자와 터커들을 연결하는 크라우드워크 플랫폼이다. 2016년 기준으로 Amazon Mechanical Turk에는 하루 약 30여 개의 업무가 요청되고 있으며, 약 75만 명의 터커들이 일감 검색을 위해 Amazon Mechanical Turk를 방문한다. 75만 명의 터커들은 온라인 플랫폼 노동자로서 전 세계에 산재한다. 때문에 사실상 물리적 노동조합을 조직하는 것은 매우 어렵다. 하지만 이들은 변화된 디지털 노동환경에 맞춰 Facebook과 같이 이미 존재하는 SNS나, MTurk-Grind, TurkerNation, MTurkForum 등 자체적 인터넷 공동체를 형성하며 활발하게 서로의 노동정보를 공유하고 연대활동을 펼치고 있다.

노동자집단만이 아니라 다양한 사회집단들도 디지털 네트워크화되고 있다. 이른바 네티즌으로 불리는 디지털 네트워크 공간의 시민들은 Facebook, Instagram, 카카오톡과 같은 SNS나 온라인 블로그, 카페 등의 디지털 공간을 활용해 활발하게 의사소통을 시작했다. 디지털 통신기술로 인해 시민사회의 기반이 사이버스페이스로 점차 이동하고 있는 것이다(Papacharissi, 2004).

Beniger(1986)는 사이버 공동체가 기존의 시민사회가 갖는 유기적 공동체(organic community)로서의 이미지를 변화시킬 것으로 예견했다. 온라인 공동체나 SNS에서의 네티즌의 상호작용은 기존의 시민사회조직과 달리 매우 유동적이고 순간적이다. 디지털 커뮤니티는 물리적 공간을 공유한다기보다는 특정 분야에 대한 공통된 관심사나 시사적 쟁점에 대한 의견교류를 위해 인터넷으로 연결된 사람들의 네트워크이다(Kollock & Smith, 1996). 이에 민경배(2002)는 네티즌들 사이의 교류는 '조직적 연대'

라기보다는 '의미의 연결망'이라는 성격을 강하게 갖고 있다고 진단했다. Ohler(2010: 40)도 네트워크 시민사회는 물리적 공간이나 특정 집단에 대한 소속감과 헌신에 기반을 둔 공동체가 아니라, '감성적 교감을 중심으로 형성된 정보 유동체'라고 정의했다.

디지털 네트워크 시민사회는 아날로그 시민사회의 의사소통구조보다는 더욱 다채로운 소통과 의견 개진이 가능한 대안적 공론장을 열어주기도 한다. 예를 들어, 근대 아날로그 시민사회에서는 신문이나 방송과 같은 매스미디어가 여론을 주도하는 매체로 기능해왔다. 구텐베르크의 활자 인쇄술 발명으로 시작된 신문은 시민혁명을 가능하게 했을 뿐만 아니라, 대중민주주의를 공공화하는 데 이바지했다. 신문과 TV와 같은 매스미디어는 기본적으로 일대다의 중앙 집중적 의사소통구조를 띠고 있으며, 정보생산과 교류도 보편성과 대중성에 근거해 이루어졌다. 주요이슈를 선정하고 여론의 방향을 결정하는 게이트키핑 과정은 소수의 언론인에 의해 이루어지고, 일반시민이 사회적 발언을 할 기회는 사실상 거의 없었다.

그러나 인터넷이나 SNS와 같은 뉴미디어는 기존의 매스미디어로는 불가능한 동료 간 소통(peer to peer communication), 즉 개인이 직접 여론을 만들어가고 확산시키는 것을 가능하게 했다. 네트워크 공론장에서는 여론으로 불리는 주류적 관점 외에도 주변부의 이야기들도 주목을 받을 가능성이 열린 것이다. 전문 언론인만이 아니라 일반시민도 쉽게 정보를 생산하고 공유할 수 있게 되면서, 기성 매체가 보도하기 꺼리는 금기 사안이나 소수의견이 목소리를 얻게 되었다.

이에 Boncheck(1998)는 매스미디어의 폐쇄적인 브로드캐스트(broad-cast) 구조와 뉴미디어의 다중적인 넷캐스트(netcast) 구조 속에서 사회적 이슈가 소통되는 구조를 〈그림 II-14〉처럼 도식화하기도 했다. 그림에서 보는 바처럼, 아날로그 시대의 브로드캐스트 구조에서는 사회적 이슈에 대한 행위자들 사이의 정보교류 빈도가 매우 낮을 뿐만 아니라, 정부, 기관, 언론매체가 전달하는 정보를 시민사회의 행위자인 사회운동가나 공중이 일방적으로 수용하는 형태를 띤다. 반면 넷캐스트 구조에서는 행위자들 사이의 정보교류 빈도가 매우 높을 뿐만 아니라, 시민사회의 일반 행위자들도 정부, 기관, 언론매체와 함께 인터넷이나 SNS과 같은 네트워크 소통 채널을 통해 쌍방향으로 정보를 생산하고 전달하는 적극적 정보 행위자가 된다.

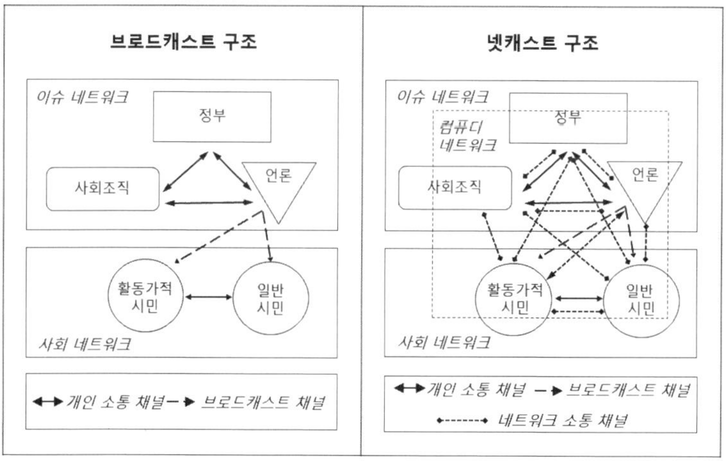

그림 II-14 브로드캐스트와 넷캐스트의 의사소통구조

출처: Boncheck(1998: 7).

이러한 네트워크 시민사회의 의사소통구조에서는 사회정책의 이슈가 형성되는 과정을 조금 더 민주적으로 변화시킬 수 있다. 앞서 제시한 Flora와 Alber(1981: 42)의 〈그림 I-1〉을 통해 살펴보았듯, 시민사회의 커뮤니케이션을 통해 결집된 여론은 민주주의 국가에서 정책형성에 중요한 추동력으로 작용해왔다. 그러나 〈그림 II-15〉의 왼쪽처럼, 아날로그 사회에서는 사회문제가 제기되고 정책적 의제로 이슈화될 때 의사소통 행위자들 사이에 여전히 위계적 구조가 존재해왔다(송근원 · 김태성, 2002: 48). 즉, 정책이슈에 대한 논쟁에 모든 시민이 참여하는 구조라기보다는 정책 논쟁을 직접 주도하면서 여론을 이끌어나가는 전문적 정책 논객의 위시하에 정책의 직접적 이해당사자인 동일시집단, 해당 이슈에 관심을 가지는 관심집단, 정치적 사안에 대해 일반적인 관심을 가지는 관심공중, 나아가 해당 이슈에 관심이 없는 일반 공중 순으로 점차 정보가 확산되는 동심원적 의사소통구조를 가져왔다(Cobb & Elder, 1983: 110).

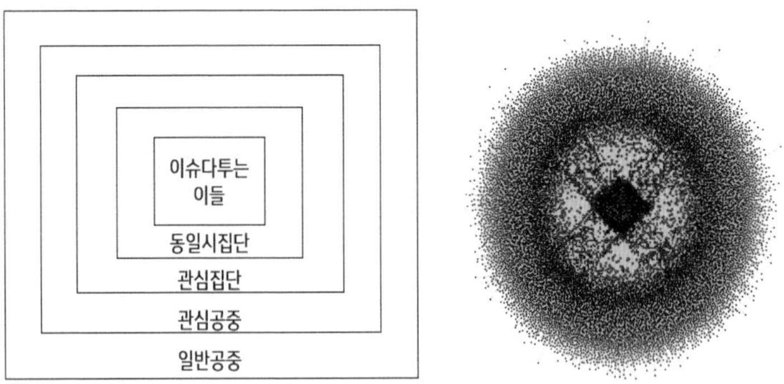

그림 II-15 아날로그 시대와 디지털 시대의 정책이슈 형성구조

출처: (좌) 송근원 · 김태성(2002: 48), (우) 노법래(2018: 9).

그러나 디지털 시대의 네트워크 의사소통구조에서는 정책 담론의 생산과정에서 위계적 구조가 상당히 허물어진다. 예를 들어, 〈그림 II-15〉의 오른쪽은 노법래(2018)가 2017년 12월부터 2018년 3월까지 4개월 동안 Twitter에서 복지정책의 이슈가 트윗-리트윗되는 연결망을 분석한 것이다. 그림에서처럼 디지털 네트워크에도 정책에 대해 핵심논객은 존재한다. 그러나 정책 이슈를 형성하는 대상은 더 폭넓게 분산되어 있고, 의사소통 행위자 간의 위계적 경계도 분명하지 않다. 무엇보다 일반 트위터들 사이에서도 의사소통의 교류가 활발하게 이루어지고 있음을 확인할 수 있다. 이는 핵심논객에 의해 정책 담론이 생산되고 일방적으로 시민들에게 전달되었던 아날로그 정책 이슈 형성구조와 달리, 일반 대중들 사이에서도 정책 담론이 형성되고 확산될 수 있음을 보여준다.

이러한 디지털 네트워크 내에서의 정책이슈 형성구조는 참여민주주의의 확산에 이바지할 여지가 있다(Mossberger et al., 2007). 인터넷은 개별 네티즌에게 온라인 뉴스만이 아니라 채팅방, 이메일, 블로그, SNS처럼 정치참여의 다양한 경로들을 제공하기 때문이다. 디지털 네트워크가 웹민주주의(webocracy)로 불리는 이유가 여기에 있다(Castells, 2012). 네티즌들은 디지털 매체를 활용해 사회적 이슈에 대한 개인의 의견을 활발하게 개진하고 때로는 직접 행동에 나서기도 한다. 네티즌은 사회적 이슈를 제기하고 정책대안을 제시하는 과정에서 정부의 결정을 기다리는 소극적이고 연약한 정책대상이 아니라 국가의 대책 마련을 요구하고 제안하는 적극적이고 강력한 주체가 되기도 하는 것이다(Mele, 2013).

(2) 지리적 공동체에서 가상의 흐름으로

디지털 정보통신기술은 지리적 공동체(geographical community)를 기반으로 해온 시민사회의 형태를 사이버스페이스에서의 가상의 흐름(virtual flow)으로 전환시키고 있다. 독일의 사회학자 Tönnies(2012)는 인간이 만드는 사회집단을 가족, 친족, 마을처럼 혈연이나 지연으로 이루어진 자생적 공동집단인 게마인샤프트(gemeinschaft)와 회사, 국가, 정당처럼 계약, 조약, 협정으로 묶인 인위적 이익집단인 게젤샤프트(gesellschaft)로 나누고, 전근대적 촌락공동체에서 근대적 도시공동체로 오면서 게마인샤프트보다 게젤샤프트가 사회집단의 주류를 차지하게 되었다고 보았다. 〈그림 I-1〉에서 Flora와 Alber(1981: 42)도 근대 시민사회의 층위를 가족, 친족, 마을처럼 지리적 상호작용이 활발한 시민사회 Ⅰ과 정당, 노동조합, 이익단체처럼 정치적 연대가 중심인 시민사회 Ⅱ로 층위를 구분했다. 비록 도시화, 산업화로 촌락과 마을을 중심으로 한 전통적 공동체가 깨지고 도시와 사업장을 중심으로 하는 근대적 조직이 주된 사회집단으로 부상했지만, 아날로그 시대의 사회집단은 여전히 마을(village)이나 도시(city)라는 지리적 근간을 전제한 개념이었다.

그러나 디지털 공간에서의 시민사회는 지리적 공간 개념에서 벗어난 개별화된 네트워크(personalized network)로 존재한다. Weber(1978)는 전형적 이미지의 지역공동체(local community)와 달리 공간을 공유하지 않는 '근접성 없는 공동체(communities without propinquity)'의 등장을 지적했는데, 바로 네트워크 시민사회가 근접성 없는 공동체의 대표적 모습이라고 할 수 있다. Silk(1999)는 디지털 시민사회를 비장소적 공동체

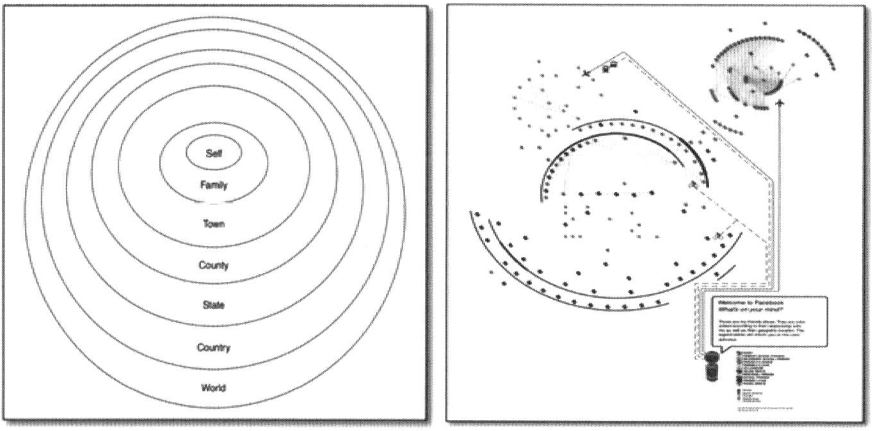

커뮤니티 1.0: 지리적 공동체의 층위 커뮤니티 2.0: Facebook 연결망 사례

그림 Ⅱ-16 아날로그 시대와 디지털 시대의 커뮤니티

출처: Ohler(2010: 44, 45).

(place-free community)로 정의했으며, Neal(2013)은 현대사회에서 공동체의 기반이 장소가 아니라 네트워크가 되었다고 진단하기도 했다. Ohler(2010)는 〈그림 II-16〉과 같이 아날로그 사회의 지리적 공동체를 커뮤니티 1.0으로, 가상공간에서 네티즌들의 상호작용으로 형성된 네트워크 공동체를 커뮤니티 2.0으로 명명했다.

디지털 네트워크상 시민사회는 그 파급력이 한 국가의 장소적 경계를 넘어 전 세계까지 확장될 수 있는 특징을 갖는다. 월드와이드웹으로 연결된 네트워크 시민사회는 지리적 국경을 넘어 세계 어디라도 순식간에 확산할 수 있다. 네트워크 시민사회는 지리적 공동체에 뿌리를 둔 조직(organization)이나 결사체(association)가 아니라, 가상공간에 흐르는 무형의 유동하는 클라우드(cloud)이자 흐름(movement)으로 존재하기 때문이다. 디지털 네트워크 시민사회의 지형도는 Deleuze와 Gautarri가 개념화한 리좀과 흡사하다. Deleuze와 Gautarri(1980)는 저서 『천 개의 고원, *Mille Plateaux*』에서 질서정연하고 위계화된 근대사회의 구조를 땅속에 수직으로 박힌 나무의 뿌리로 비유한 반면, 현대사회에는 리좀(rhizome)과 같은 사회구조와 사유방식이 발전할 것으로 본다. 리좀은 고구마, 감자, 토란 등의 뿌리줄기처럼 위계를 갖지 않는 수평적 연결망으로 중심이 없고 시작과 끝도 없는 구조를 갖는다. Deleuze와 Gautarri는 근대적 사회집단이 나무뿌리와 같은 특징을 갖는다면, 새로운 사회제도와 사유는 망상조직과 같은 다양체이자 복합체의 특징을 갖게 될 것이라 진단했다. 이에 디지털 연구자들은 바로 디지털 네트워크가 만들어내는 새로운 공동체와 의사소통구조가 명확한 시작과 끝이 없고, 모든 방향으로 끊임없이 새로운 연결망들을 만들어내며, 다양한 주체들이 예상하지 못하는 방식으로 결합하는 리좀적 구조(rhizomatic structure)를 갖는다고 묘사해왔

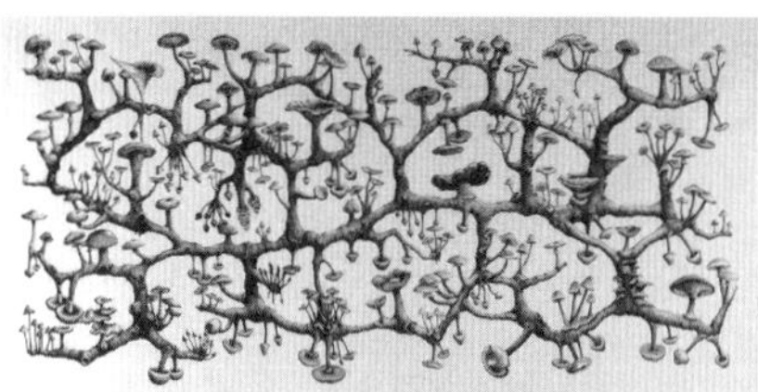

뿌리줄기

인터넷 연결망

그림 Ⅱ-17 뿌리줄기 구조로 된 인터넷 연결망

출처: Bluemink(Bluelabyrinths, 2015.07.15.).

다(Landow, 2006; Vieira & Ferasso, 2010; Høstaker, 2017).

시작과 끝이 없이 다양하게 결합하고 확산하는 디지털 네트워크의 유연한 확산력은 이른바 그라운드스웰(groundswell) 현상을 불러일으키기도 한다(Li & Bernoff, 2008). 그라운드스웰은 먼 곳에서 발생한 폭풍으로도 큰 파도가 생긴다는 의미로 UCC, 블로그, Twitter 같은 SNS에 게재된 정보가 입소문을 타면서 커다란 붐을 형성하는 현상을 말한다. 예를 들어, 2017년부터 전 세계에 거대한 파장을 일으킨 미투 운동은 그라운드스웰 현상의 대표적인 사례이다. 미투 운동은 2017년 미국 배우 Alyssa Milano가 Twitter에 자신의 성폭력 경험을 폭로하면서 시작된 인터넷 시민운동이다. Milano가 트윗을 올리자마자 해당 트윗은 전 세계 트위터들에 의해 순식간에 리트윗되면서 20분 만에 1만 개의 리트윗이 달렸다. 〈그림 II-18〉의 세계지도에 표시된 점은 미투 운동이 시작된 초기 12시간 동안 SNS에 #MeToo 해쉬태그를 사용한 게재물의 빈도수이다. 이는 온라인 공동체가 국경을 넘어서 어떻게 전 세계적 네트워크를 형성하고 있는지를 가시적으로 보여준다. 실제 미투 운동의 상징이라고 할 수 있는 '#Metoo' 해쉬태그는 여러 나라 언어로 번역되어 퍼져나갔는데, 미투 운동의 첫 발생 이후 1년 동안 Twitter상에서 '#MeToo' 해쉬태그가 사용된 건수는 총 1천 9백만 건에 이를 정도로 엄청난 반향을 일으켰다(Columbia Journalism Review, 2019). Harvey(1988)는 사이버 공동체를 시공간이 압축(time-space compression)된 지구촌(global village)이라고 표현했는데, 미투 운동은 네트워크 시민사회의 의사소통이 얼마나 시공간 압축적으로 이루어질 수 있는지를 보여주고 있다.

SNS를 통해 #MeToo가 12시간 동안 전 세계로 퍼진 모습

Arabic #أنا_كمان

Argentina #MiraComoNosPonemos (look at what you've done to us)

Brazil #PrimeiroAssedio (first harassment)

Canada #MoiAussi

China #米兔 (rice bunny; phonetically "mi tu")

Finland #MeMyös

France #BalanceTonPorc

Israel #גםאנחנו

Iran #_همینطور_همهمن

Italy #QuellaVoltaChe (that time when)

Japan #私も

Thailand #DontTellMeHowtoDress

Mexico #MeTooEscritoresMexicanos

North Macedonia #СегаКажувам(I speak up now)

Norway #stillefø ropptak(silent until recorded)

Pakistan #_بهیمین

Philippines #BabaeAko (I am woman)

Russia #МеняТоже

Senegal #Nopiwouma (I will not be silent)

South Korea #미투, #나도당했다

Spain #YoTambién

Sweden #TystIKlassen

Vietnam #TôiCũngVậy

전 세계 국가의 미투 운동 통참 해쉬태크

그림 Ⅱ-18 네트워크 시민사회의 그라운드스웰 효과: 미투 운동 사례

출처: (상) Burke(The Telegraph, 2018.03.09.), (하) Columbia Journalism Review(2019).

2) 디지털 네트워크 시민사회의 난제

(1) 지리적 소속을 전제한 시민권의 위기

가상 네트워크 형태의 디지털 시민사회가 직면한 첫 번째 난제는 디지털 시민사회의 성장으로 인해 지리적 소속을 전제로 구축되어온 근대적 시민권 개념에 균열이 일어나게 되었다는 점이다. 시민권(citizenship)이라는 용어는 한 영토국가에 소속된 시민에게 부여하는 멤버십을 의미한다. Marshall(1950)은 시민권을 근대적 시민사회가 성장하면서 경제적 · 정치적 권력을 획득하기 시작한 시민들이 국가로부터 쟁취한 법적 권리와 의무에 대한 선언으로서 복지국가 형성에 이념적 기초가 된 개념이라고 보았다. 즉, 18세기에서 20세기에 걸쳐서 확립된 시민권은 국가로부터 개인이 얻을 수 있는 자유에 대한 권리인 공민권으로부터 출발해, 국가를 형성하고 권력행사에 참여할 수 있는 권리인 정치권, 나아가 경제적 안정과 복지를 국가에 요구할 수 있는 권리인 사회권으로 단계적으로 확대되면서 국민의 자유, 정치참여, 사회복지권 보장에 토대가 되었다는 것이다.

그러나 근대적 시민권 개념은 남성 노동자를 시민권을 행사하는 전형적 주체로 간주하고 있다는 비판을 받아왔다(Turner, 2001; Lister, 2002). 역사적으로 보면, 사회구성원들 사이의 종교, 지역, 인종, 문화적 다양성을 고려하지 않은 채 경제활동을 통해 국가에 세금을 납부하는 성인 남성 노동자에게만 권리가 부여되어 왔다는 것이다. 일례로, Nash(2009)는 시민권의 수준과 범위에 따라 시민 유형을 크게 다섯 집단으로 나눌 수 있다고 보았다. ① 시민의 모든 권리를 보유하고 있다고 간주될 뿐만 아니라, 현실 속에서도 정치경제적 행위에 능동적으로 참여할 수 있는 슈퍼 시민(super-citizens); ② 관념적으로는 시민권을 가지고 있지만, 노동시장에서의 불안정한 위치나 저임금으로 인해 경제적 역량에 한계가 있거나 인종이나 종교적 소수집단에 속해 있어서 잔여적으로 시민권을 누리고 있는 한계 시민(marginal citizens); ③ 유학생이나 주재원, 외교관, 해외 장기 노동자들처럼 경제활동참여와 같은 준시민적 권리는 보장받지만, 투표권과 같이 정치적 권리행사에서는 배제된 유사 시민(quasi-citizens); ④ 망명자 가족이나 결혼이주자처럼 유급노동을 하지 않아 사실상 해당 국가에 기여도는 없으나 시민권이 있는 다른 가족 구성원에 종속되어 하위적 권리를 취득한 하위 시민(sub-citizens); ⑤ 불법체류자들, 망명신청을 했음에도 허가를 받지 못한 망명자들, 국가영토 분쟁으로 사각지대에서 부유하는 비시민(un-citizens)이 그것이다. 이 중 전통적으로 시민권을 온전히 행사할 수 있는 시민은 슈퍼 시민 집단에 한정된다. 사실 Nash가 한계 시민 집단으로 유형화한 사회적 소수집단은 지리적 소속에 기반을 둔 아날로그 시대에도 시민권을 제대로 누리지 못한 집단이었다. 그러나 최근 인구이동이 범국가적으로 일어나면서 유사 시민, 하위 시민, 비시민처럼 전형적 시민 범주에 벗어난 사회집단이 급격히 늘어나고 있는 것이다.

이런 이유로 Lister(2002)는 현대사회에서 근대적 시민권 개념은 국가 내부의 여성, 장애인과 같은 소수자와 약자의 입장을 충분히 포괄하지 못하는 내부자적 한계를 가질 뿐만 아니라, 외국인 노동자, 난민, 이주민과 같이 초국가적 사회집단에 대응하지 못하는 외부자적 한계에 봉착하게 되었다고 지적했다. EU나 UN과 같은 초국가적 공동체의 형성, 자본주의 시장의 세계화, 국경을 뛰어넘는 환경문제로 인해 영토국가 중심적 시민권 개념으로는 인간의 권리와 의무를 규정하기 어렵게 되었다는 것이다. 더욱이 기존의 시민(citizen)은 한 국민국가에 귀속되어 정치활동과 경제활동을 했다면, 디지털 사회의 시민인 네티즌(netizen)은 지리적 공간을 뛰어넘어 글로벌한 네트워크 시민사회에 참여하면서 활동하고 있다. 이처럼 디지털 사회의 확산은 시민의 세금납부와 국가의 재정운용에 기반을 둔 복지국가 시스템이 포괄하지 못하는 영역을 넓히고 있다.

이런 맥락에서 Nash(2009)는 근대적 도시와 국민국가라는 지리적 소속을 전제한 시민권(citizenship) 개념보다는 모든 인간의 보편적이고 천부인권적인 권리를 선언한 인권(human rights)이 세계화 시대의 인간 복지를 보장할 수 있는 개념이라고 주장한다. 특히 최근에는 국제협약을 통해 각국이 세계인권선언의 원칙과 내용을 준수해야 하는 압력을 받고 있으므로, 자국 중심의 시민권 개념도 점차 보편적 인권 원칙에 맞게 보완될 것이라고 보기도 했다. 하지만 국제인권법은 국내법에 비해 실질적 실효성과 강제력이 낮을 뿐만 아니라, 국가안보와 재정문제와 같은 현실적 제한 때문에 난민, 망명자, 이주노동자, 해외 거주 플랫폼 노동자처럼 다른 국가에 소속된 외국인들에게 자국 시민과 동일한 자유권, 참정권, 사회권을 인정하는 것은 여전히 한계가 있을 수밖에 없다.

한편 디지털 네트워크 사회에서 시민권 개념이 쇠퇴한다기보다 네티즌의 멤버십을 반영한 새로운 시민권 개념으로 재구성될 수 있다는 견해도 있다. 근대사회의 태동기를 연구한 Anderson(1983)은 현재의 국민국가는 본래부터 존재했던 공동체라기보다 상상의 정체성을 통해 역사적으로 구성된 '상상의 공동체(imagined communities)'라고 해석한다. 근대 국민국가가 형성된 18세기 이전에 압도적인 사회형태는 종교공동체와 왕조국가였다. 그러나 과학의 발달, 원거리 통상의 발달, 시민혁명, 산업혁명, 종교전쟁과 같은 사건들을 겪으면서 지역에 기반을 둔 공동체가 흔들리기 시작하였고, 사회집단의 결속력을 강화하기 위한 대체개념으로 국민이나 시민 개념이 상상되기 시작했다는 것이다. Anderson은 실제 개별 시민은 국민국가를 이루는 다른 구성원들 대부분을 알거나 만나지 못하지만, 각자의 다른 구성원들과 공동의 교감을 나누고 있다는 심상을 갖는다는 점을 지적하면서, 인간의 사회집단 형성에 있어 지리적 기반만이 아니라 상상의 공동체성이 중요함을 드러냈다.

따라서 상상의 공동체성이 온라인 공간에서 새롭게 구축되면, 시민과 시민권의 개념도 기존의 영토국가를 넘어선 개념으로 재탄생할 수 있다. 실제 Bernal(2013; 2014)은 전 세계에 흩어진 에리트레아의 난민들이 운영하는 웹사이트 Dehai를 사례로, 어떻게 인터넷 공동체가 시민 개념을 확장하는지 분석했다. 에리트레아는 오랜 기간 이탈리아 등 유럽의 식민지를 경험했으며, 인접국인 에티오피아와의 영토전쟁으로 인해 황폐해진 아프리카의 약소국가이다. 현재는 전체주의적 독재가 이루어지는 나라로 많은 에리트레아 국민이 난민으로 각국에 흩어져 있다. 이에 에리트레아 난민들은 에리트레아의 영토적, 정치적 독립을 주장하기 위해 Dehai를 개설하고, 국제사회와 에리트레아 정부를 상대로 활발한 정보정치(infopolitics)를 펼치고 있다. 이들은 실제 에리트레아의 영토 안에 거주하지는 않지만, 웹사이트 Dehai에 가입한 네티즌들은 자신을 '온라인 에리트레아인'

으로 정체화하면서 함께 온라인 시민운동을 벌여 왔다. 특히 에리트리아인이 아니더라도 Dehai를 통해 사회운동에 동참하면 온라인 에리트레아인으로 인정하고 있다. 온라인 에리트레아 사례는 기존의 지리적 시민권(citizenship)을 넘어서 새로운 상상의 공동체인 네트워크 사회에 기반을 둔 네티즌십(netizenship)의 형성이 가능할 수 있음을 시사한다.

[참고] 네티즌들이 구축한 상상의 공동체 비트네이션

비트네이션(Bitnation)도 네티즌들이 자생적으로 자신의 권리행사를 위해 가상의 공동체를 구성한 대표사례이다. 아날로그 시대에는 촌락, 영토국가 같은 지리적 공동체가 인간의 주된 공동체 형태였다. 따라서 근대 시민권도 지역의 멤버십을 기반으로 법적 권리와 의무체계를 구축해왔다. 그러나 디지털 시대에 온라인 공동체가 전형적인 사회형태가 되면서 이에 적합한 사회집단의 멤버십이 형성되고, 그에 따른 새로운 경제적, 정치적, 문화적 권리와 의무체계가 새롭게 구축될 가능성이 있다. 비트네이션이 그 예이다.

네티즌들이 모여 설립한 비트네이션은 세계 최초로 분권화되고 국경 없는 자발적 국가(Decentralized Borderless Voluntary Nation)를 표방하는 가상국가이다. 비트네이션은 풀뿌리 시민운동단체인 Shabakati Cooperation 대표 Susanne Tarkowski Tempelhof에 의해 2014년 7월 14일 창립되었다. 그녀는 2013년 *Googlement*라는 저서를 통해 미래에는 국가 개념이 지금과 완전히 달라질 것이라 예견하고, 개별 시민이 자신이 소속된 국가를 직접 만들고 선택할 수 있

BITNATION
GOVERNANCE 2.0

는 네트워크 사회를 구상했다. 비트네이션은 이러한 비전을 담아 네티즌이 인터넷 주권을 가지는 디지털 국가로 설립되었다.

네티즌은 이름과 이메일 같은 기본정보만 제공한다면 클릭 몇 번으로 지구 어디서든지 비트네이션의 시민이 될 수 있으며, 가입 즉시 비트네이션이 제공하는 거버넌스 서비스를 이용할 수 있다. 비트네이션은 현재 팡게아(Pangea)라는 블록체인 기반 플랫폼을 통해 결혼등록, 신분증명, 재산증명, 법인설립 및 등기, 스마트 거래 등 다양한 거버넌스 서비스를 제공하고 있다.

비트네이션이 화제가 된 계기는 UNESCO가 파트너십을 맺은 프랑스 디지털 기술 연구기관 넷익스플로(NetExplo)가 주관한 2017년 넷익스플로 어워드(NetExplo Award)에서 그랑프리를 수상하면서부터다. 당시 주목받은 서비스는 비트네이션 난민긴급대책(BitNation Refugee Emergency Response)으로, 피난 과정에서 신분증을 분실했거나, 국가상실 및 입국 거부 등으로 자신의 신분을 증명할 수 없는 난민이 본인의 신분을 증명할 수 있도록 지원하는 서비스다. 난민들은 이주하는 과정에서 본인의 본래 신분을 증명하지 못할 경우 다른 국가로의 망명이나 이민절차가 매우 어려워지는데, 비트네이션이 이러한 난제를 해결해주는 기술을 개발할 것이다. 이는 국민국가의 체계에서 비시민(non-citizens)으로 배제되어온 난민들이나 불법체류자들이 디지털 기술을 통해 자신의 존재를 증명할 수 있도록 지원하는 대안적 멤버십 시스템으로, 디지털 시민권의 시초라고 할 수 있다.

특히 비트네이션이 가상국가 운영에서 강조하는 것은 디지털 시민들의 주권 행사이다. 기존 아날로그 국가가 다수결의 원칙에 따라 정책결정을 대리할 정치인을 선출하는 대의민주주의를 표방한 반면, 비트네이션은 네트워크 민주주의를 꿈꾼다. 즉, 사회문제가 발생했을 때 정치인에 의해 법령을 제정하는 방식이 아니라, 사회문제의 직접적인 이해당사자들이 문제해결과 중재에 대한 솔루션을 토론한다. 이러한 직접적 토론 과정에서 베스트 솔루션을 제시한 네티즌들은 다른 네티즌들로부터 팡게아 중재토큰(Pangea Arbitration Token)을 받게 되는데, 중재토큰을 많이 획득한 네티

출처: 한겨레(2017.01.10.).

즌이 최종적으로 해당 사회문제에 대한 정책결정과정과 법령제정에 참여하게 된다. 이는 디지털 기술을 통해 대리정치인이 각 주제별로 유동적으로 바뀌는 독특한 즉석(ad hoc) 버전의 직접 민주주의 체계라고 할 수 있다.

(2) 사회이슈에 대한 논쟁의 극단화

네트워크 시민사회가 직면한 두 번째 난제는 사회이슈를 둘러싼 논쟁이 극단화되고 양극화되는 현상이다. 앞서 살펴보았듯 디지털 정보통신기술은 참여민주주의를 진작시킬 여지를 가지고 있지만, 엄밀히 말해 정보통신기술 자체는 정보를 전달하는 도구일 뿐 그 자체로 본질적으로 민주적인 매체라고 말하긴 어렵다. Norris(2001)는 네트워크 시민사회를 참여민주주의를 활성화시키는 공간으로만 해석하는 견해를 비판한다. Twitter, Facebook이 미투 운동과 같은 시민사회의 자생적 사회운동이 촉발되는 공간이 되기도 하지만, 반대로 정부가 주류 담론을 확산하는 데 사용하는 채널이 되기도 하기 때문이다. 이에 Cohen과 Arato(1992)는 시민사회의 이중적 속성을 지적한 바 있다. 근대 시민사회가 시민이 공론장을 형성하고 사회운동을 조직하면서 자본주의 국가권력에 저항할 수 있는 공간이기도 하지만, 한편으로는 개별 시민에게 자본주의 이데올로기를 확산하는 공간이 되기도 한다는 것이다.

비슷한 맥락에서 네트워크 시민사회도 시민들의 저항과 연대가 활발한 공론장만이 아니라, 시민들의 분열과 분쟁이 심화되는 공간이 될 수 있다. 특히 디지털 포털이 사용하는 알고리듬은 오히려 숙의민주주의를 약화하는 기술로 비판받고 있다. 알고리듬은 컴퓨터를 통해 특정 문제를 처리하는 자동화된 기계적 처리 절차와 순서를 뜻한다. 〈표 II-7〉에 요약한 바처럼 Google, Facebook, 네이버, YouTube 등 디지털 플랫폼들은 더

표 II-7 디지털 플랫폼 포털의 알고리듬

Google의 뉴스 배열 Google은 기사의 질, 클릭 수, 뉴스 발행 기관의 신뢰도, 독자의 위치와 뉴스 기사의 내용 간의 관계, 신선도(예컨대, 발행일시)를 고려하고, 개별 이용자의 Google 뉴스 설정(관심사, 출처), 검색 내용, YouTube 등에서의 과거 활동을 종합해 개별화된 뉴스를 보여준다.
Facebook 뉴스피드 Facebook은 이용자들이 올린 게재물들을 알고리듬에 따라 정리하고 순위를 매겨(ranking algorithm) 일정한 숫자만을 이용자의 뉴스피드(news feed)에 올린다. Facebook은 이용자의 친구, 이용자가 가입한 그룹, 이용자가 팔로우한 페이지와 댓글, 친구들의 '좋아요' 빈도를 추출해 순위를 결정한다.
네이버 뉴스 알고리듬 네이버는 기사의 질과 개개인의 기사 소비성향을 바탕으로 유사한 성향을 가진 사람들이 많이 본 기사를 추천하는 협력필터 알고리듬을 사용한다. 이 알고리듬은 독자가 콘텐츠를 본 순서까지 고려한 딥러닝 학습으로 정교하게 콘텐츠를 추천하고 있다.

출처: 고학수 외(2019: 21–22).

많은 이용자의 관심을 유도하기 위해 방대한 게시물과 정보를 특정 기준에 따라 배열하거나, 개별 이용자들이 선호하는 콘텐츠를 쉽게 볼 수 있도록 상위에 자동으로 링크하는 맞춤형 정보제공 알고리듬 서비스를 제공하고 있다.

물론 디지털 네트워크에 떠다니는 정보가 점차 방대해지는 상황에서 정보를 특정한 순서에 의해 정리하는 알고리듬의 필요성은 커지고 있다. 그러나 알고리듬에 의해 정보가 취사선택되어 전달된다는 사실을 인식하지 못한 채, 많은 네티즌이 알고리듬이 추천한 뉴스나 동영상을 보고 정보를 습득하는 상황이다. Epstein(2017)의 연구에 따르면, 단순히 알고리듬이 콘텐츠를 어떤 순서로 배열하는지에 따라 정치적 선호도가 바뀔 수 있는 만큼, 디지털 네트워크에서 정보의 배열과 추천은 민주적 여론 형성에 매우 주요한 사안이 된다.

더욱 문제가 되는 것은 알고리듬에 의해 추천된 맞춤형 콘텐츠를 소비하다 보면, 자신과 같은 생각이나 의견을 담은 정보만을 걸러서 접하게 되는 필터버블(filter bubble) 현상이 발생하게 된다는 점이다. 필터버블은 Pariser(2011)가 소개한 개념으로, 개인 맞춤 알고리듬에 의해 생기는 정보 편식 현상을 뜻한다. 맞춤형 알고리듬은 자신과 동질성이 높은 콘텐츠를 계속 클릭하도록 유도하는데, 인간은 보통 자신과 유사한 입장을 확인할 때 심리적 만족감과 안정감을 얻는 경향이 있어서 이러한 필터버블은 점차 강화된다. 이런 맥락에서 김선호 · 김위근(2019)는 필터버블이 네티즌을 제한된 주제의 정보에 갇히게 하고, 정보습득의 다양성과 여론지각의 균형을 떨어지게 만든다고 비판했다.

단지 알고리듬이 아니더라도 인터넷은 동일한 정보를 대중에게 하달하는 매스미디어와는 달리 개별 이용자가 자신이 원하는 콘텐츠를 자유롭게 클릭하며 취사선택할 수 있는 미디어이다. 따라서 네티즌들은 자신과 견해가 같은 동영상, 뉴스, 콘텐츠를 검색해 이를 편향적으로 소비하는 경향이 생기게 된다. Sunstein(2001)은 이러한 정보 소비 현상을 밀폐된 반향실에서 자신과 같은 목소리가 메아리치고 증폭된다는 의미에서 에코 챔버(echo chamber) 효과라고 정의하기도 했다.

Pariser(2011)는 필터버블 현상이나 에코 챔버 효과로 대변되는 네티즌들의 정보의 선택적 소비 경향으로 인해 사회집단 간의 양극화(group polarization)와 분열이 심화하고 있다고 비판했다. 인터넷을 통해 정치참여가 활발해지고 숙의와 협의 문화가 성숙해지기보다는, 각자의 신념만을 중시하고 견지하는 분극화된 집단들로 시민사회가 분절될 수도 있다는 것이다. 실제 Cota 외(2019)는 브라질 전 대통령 Dilma Rousseff의 탄핵에 대한 Twitter상의 의견교류를 분석했는데, 〈그림 II-19〉처럼 찬성파

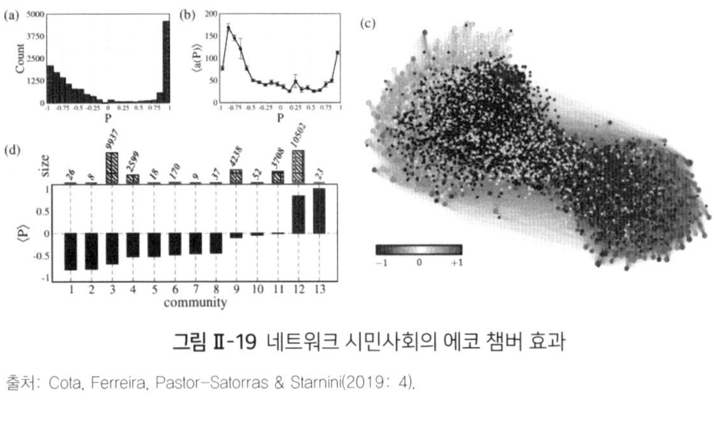

그림 II-19 네트워크 시민사회의 에코 챔버 효과

출처: Cota, Ferreira, Pastor-Satorras & Starnini(2019: 4).

와 반대파 사이에 의견교류는 거의 없었고, 동질 집단 사이에서만 트윗과 리트윗이 활발하게 이루어지는 에코 챔버 효과가 나타났다.

복지국가가 상이한 사회집단들의 민주적 합의와 협상 과정에서 나온 결과물이라고 했을 때, 네트워크 시민사회에서의 집단 양극화는 복지국가의 의사소통 과정을 크게 위협할 수 있다. 〈그림 II-20〉은 1994년 미국 사회에 비해 2017년 미국 시민들의 정치적 견해가 진보와 보수의 양극단으로 더욱 심하게 분열되고 있음을 보여준다. 물론 이러한 정치적 양극화를 디지털 네트워크의 필터버블이나 에코 챔버 효과 때문이라고만 단정할 수는 없다. 경제적 불평등의 심화, 정책 이슈와 이해집단의 다변화도 이념의 양극화에 큰 몫을 하기 때문이다. 하지만 향후 디지털 네트워크가 시민사회의 정치적 이슈와 정책담론 형성에서 더욱 큰 역할을 담당하게 될 것이라는 사실을 고려했을 때, 디지털 네트워크의 편향적 의사소통 효과에 대한 비판적 성찰과 경계심이 필요하다.

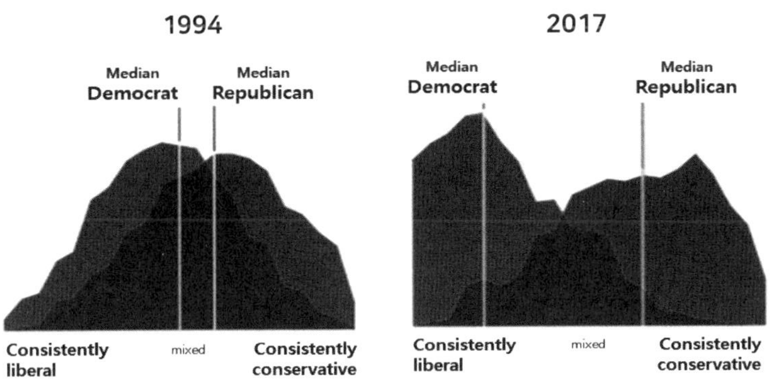

그림 Ⅱ-20 미국 사회에서 정치적 견해의 양극화

출처: Pew Research Center(2017.10.20.).

4. 소결

본 장에서는 근대 국민국가, 시장, 시민사회가 디지털 과학기술혁명으로 인해 네트워크 사회로 변화하는 과정과 이로 인해 발생하는 딜레마들을 디지털 네트워크 시장, 국가, 시민사회로 나눠 살펴보았다. 이를 정리하면 〈그림 II-21〉과 같다.

근대 국민국가는 자국의 사업장과 노동자를 중심으로 한 국가경제를 기반으로 발전했으며, 복지국가 역시 자국 내 노사관계를 주축으로 사회보장체계를 구축해왔다. 근대 자본주의 국가들이 복지국가로 발전할 수 있었던 이유는 국가가 자신의 주권적 권한 아래 국가재정을 동원해 사회시스템을 개혁할 수 있었기 때문이다. 시민사회 역시 국민에게 부여되는 공민권, 정치권, 사회권의 조직적 행사를 통해 사회보장체계의 확립에 이바지할 수 있었다. 그러나 디지털 네트워크 사회의 도래는 근대적 사회구

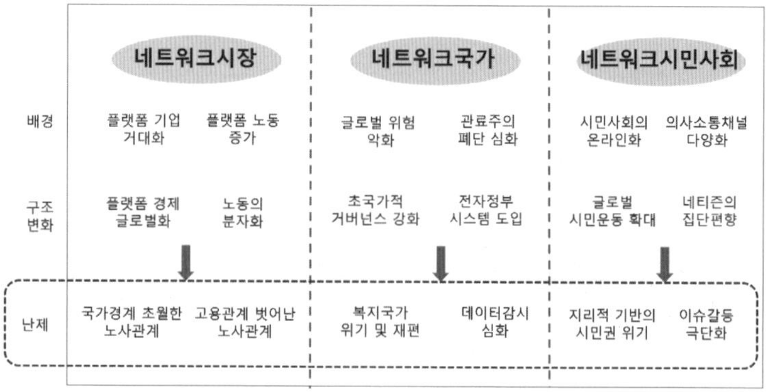

그림 Ⅱ-21 디지털 네트워크 사회의 구조변화와 난제

출처: 저자 작성.

조 자체를 변화시킴에 따라 기존의 사회보장체계로 아우를 수 없는 새로운 난제를 발생시키고 있다.

먼저 디지털 네트워크 시장에서는 가상공간을 기반으로 한 플랫폼 경제가 도래함에 따라 아날로그 사업장 중심의 국민경제가 포괄할 수 없는 영역이 확대되고 있다. 특히, Amazon, Google과 같은 거대한 플랫폼 기업들이 등장하고, 이러한 글로벌 플랫폼으로 가상이주하는 노동자들이 증가하면서, 노사관계가 국경을 초월해 발생하고 있다. 또한, 플랫폼 기업과 플랫폼 노동자 간 관계는 기존 사업장 사업주와 노동자의 고용관계로 해석하기 어려운 측면이 있어, 플랫폼 노동자에게 사회보험이나 노동삼권을 어느 수준까지 보장할 수 있고, 플랫폼 기업의 책임은 어느 정도까지 부여할 수 있는지가 새로운 난제로 등장하고 있다.

디지털 네트워크 국가는 두 가지 방향의 새로운 힘을 받고 있다. 먼저 대외적으로는 경제의 세계화, 기후변화, 감염병과 같은 글로벌 사회위험이 급증하면서 이를 해결하기 위한 초국가적 거버넌스가 중요하게 부각되고 있다. 한편 대내적으로 각국 정부들은 정보통신기술을 공공행정에 접목해 민주주의를 북돋고 관료제의 폐단을 최소화하려는 전자정부 시스템 도입을 추진하고 있다. 이러한 구조변화는 새로운 난제를 발생시킨다. 대외적으로는 초국가적 권력체의 강화로 인해 복지국가 고유의 주권이 상대적으로 약화될 수 있다. 또한 자국 내에서는 전자정부의 도입으로 인해 국가의 국민에 대한 데이터감시가 심화될 가능성이 있다는 점을 난제로 지적했다.

마지막으로 디지털 시민사회에서도 큰 변화 흐름이 포착된다. 먼저 온라인 공동체의 활성화로 인해 시민사회의 활동 중심이 일원화된 조직에서 다양성을 지닌 네트워크로 이동하고 있다. 또한, 과거 지역공동체를 기반으로 이루어져 왔던 시민 활동이 가상공간으로 옮겨오면서 글로벌 시민운동의 확산력도 강해졌다. 네티즌들의 온라인 의사소통 채널은 수평적이고 민주적이며 다양성을 표방한다는 면에서 긍정적 효과가 있다. 그러나 한편으로는 오프라인 지역공동체를 전제로 해온 시민권 개념이 고수되기 어렵고, 이슈 중심으로 집단 편향이 발생해 사회집단 간 분열이 심화할 우려가 있기도 하다. 시민권 확대와 사회적 연대가 복지국가의 주요배경이 되어왔기에, 이러한 시민사회의 변화는 근대 복지국가의 기반을 흔들 수 있다. 이처럼 네트워크 국가-시장-시민사회의 구조변화는 기존의 산업복지국가가 대비하지 못하는 새로운 난제를 발생시키면서 사회보장체계의 패러다임 전환을 요구하고 있다.

III. 한국의 디지털 네트워크 사회

Ⅲ. 한국의 디지털 네트워크 사회

1. 자국 중심적 디지털 네트워크 사회

디지털 시대에 국가-시장-시민사회는 급속도로 네트워크화되고 있다. 그러나 모든 사회가 비슷한 네트워크 구조를 보이는 것은 아니다. Wellman(2002)은 노드(행위자)와 링크(연결선)로 구성된 네트워크의 구조 유형을 〈그림 III-1〉처럼 작은 박스에 갇힌 네트워크(little box), 글로벌화와 지역화가 혼재된 네트워크(glocalization), 분화된 개인으로 이루어진 네트워크(networked individualism)로 분류했는데, 한국의 네트워크 사회구조는 이 중 글로벌화와 지역화가 혼재된 네트워크(glocalization) 모형에 가깝다. 사회연결망 이론가인 Granovetter(1973)의 용어를 빌려 묘사하면, 한국의 디지털 네트워크 사회는 국내의 행위자들 사이에서는

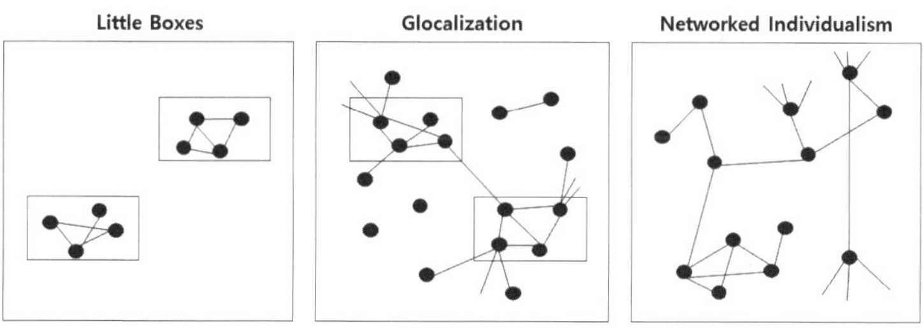

그림 Ⅲ-1 네트워크 사회의 다양한 모형

출처: Wellman(2002: 12).

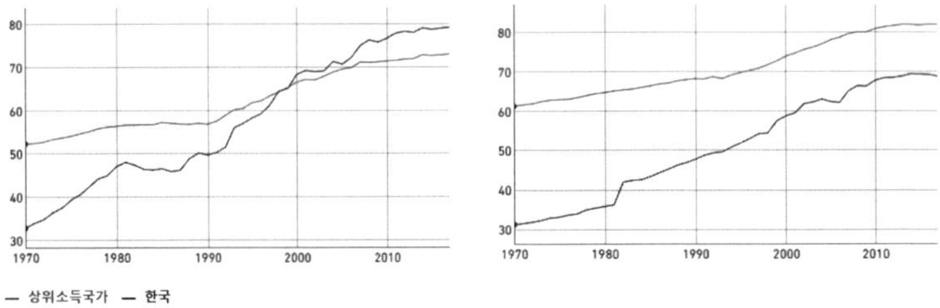

글로벌화 지수　　　　개인 간 글로벌화 지수

그림 Ⅲ-2 상위소득국가와 한국의 글로벌화 지수 비교(1970년~2010년)

출처: Gygli, Haelg, Potrafke & Sturm(2019).

다소 폐쇄적이고 강한 결속(strong tie)과 활발한 상호작용을 보이는 반면, 글로벌 네트워크와는 상대적으로 약한 결속(weak tie)을 맺는 다소 폐쇄적인 네트워크 사회 모습을 보인다. 본 저서는 한국의 네트워크 사회 형태를 자국 중심적 네트워크 사회(nationalistic network society)로 정의하고자 한다.

먼저 KOF Swiss Economic Institute는 1970년대부터 현재까지 금융과 경제, 정치, 사회 영역에서의 글로벌화 지수(Globalization Index)를 측정해왔다. 〈그림 III-2〉에서 보듯이 한국은 2000년대 전후로 글로벌화 종합 지수에서 상위소득국가 평균을 웃돌며 최상위를 기록해왔다. 그러나 사회영역의 하위 지수인, 개별 개인의 국제적 교류 수준을 뜻하는 개인 간 글로벌화 지수(Interpersonal Globalization Index)를 보면, 여전히 다른 상위소득국가의 국민들에 비해 개인이 국제적 소통에 참여하는 정도가 상당히 낮은 수준이다.

디지털 기술 관련 글로벌화 수준에서도 비슷한 현상이 포착된다. 한국

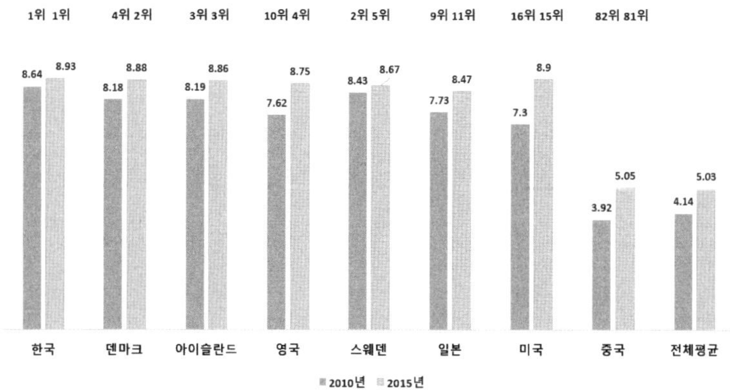

그림 Ⅲ-3 주요국의 ICT 발전지수 및 순위(2010년, 2015년)

출처: ITU(2015), 정부연(2016: 2)에서 재인용.

은 IT 강국으로 불릴 만큼 IT 기반시설 구축 면에서 세계 최고의 수준을 자랑하고 있다. UN 산하 국제기구 ITU(International Telecommunication Union)에서는 2009년부터 세계 165개국의 ICT 접근성(access), 이용도(use), 활용능력(skills)을 종합해 ICT 발전지수(ICT Development Index)를 발표하고 있는데, 한국은 2009년과 2014년에만 종합 2위를 기록하였고 2016년 현재까지 모두 1위를 기록해왔다(정부연, 2016: 2).

그러나 유독 ICT 접근성 영역에서 한 국가에 속한 개인이 다른 나라로 전송하는 데이터양을 평가하는 국제인터넷대역폭(internet bandwidth) 점수에서는 〈그림 III-4〉와 같이 2016년 기준으로 전체 167개국 중 57위에 머물 정도로 매우 낮았다. 이는 디지털 네트워크상의 교류와 데이터 전송이 해외보다는 자국 내에서 더욱 활발하게 이루어지고 있다는 의미이다. 한국이 금융, 무역, 정치, 문화적 측면에서 이제는 상당히 글로벌화

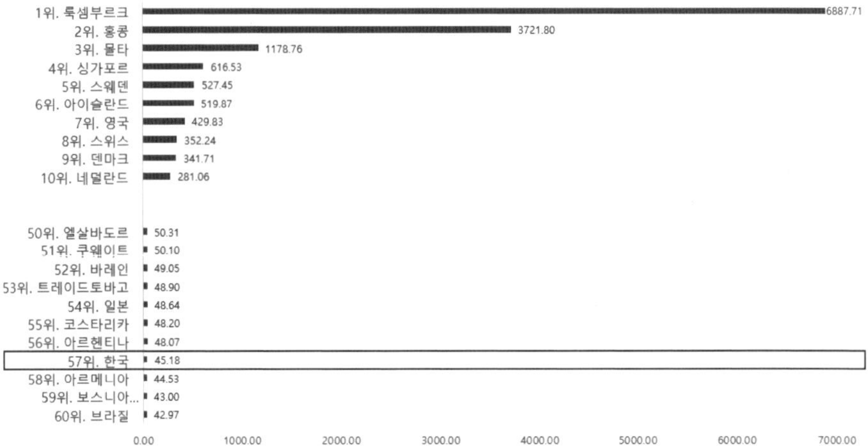

그림 Ⅲ-4 국제인터넷대역폭 점수 순위(2016년)

출처: TheGlobalEconomy.com(2016).

된 사회가 되었고 IT 발전지수도 세계 최상위권임에도 불구하고, 인터넷을 통해 개인 간 국제적 교류와 소통은 매우 적은 것이다.

온라인상에서 개인 간 국제적 교류와 소통이 적은 이유는 상당 부분 비영어권 사회라는 사실에 기인한다. 국제인터넷대역폭은 국가 간 인터넷 이용을 위해 서비스 사업자가 제공하는 트래픽의 총량을 뜻한다. 따라서 비영어권이면서 국내 콘텐츠를 많이 활용하는 한국은 기본적으로 점수가 낮을 수밖에 없는 것이다(정부연, 2016: 3). 실제 인터넷에서 공용어로 사용되는 영어 능력 국제화 지표를 보면 한국인의 성적은 그리 높지 않다. 글로벌 교육기업 Education First는 비영어권 100개국의 성인 230만 명을 대상으로 표준 영어시험인 EF SET(EF Standard English Test)을 실시하고 그 결과를 바탕으로 영어능력지수(English Proficiency Index)를 발표하고 있는데, 이에 따르면 2019년 기준 한국의 영어능력지수는 비영어권 100개 국가 중에서도 37위에 머물렀다(Education First, 2019).

영어를 자유자재로 사용하지 못하는 한국의 네티즌들은 글로벌 네트워크 사회에 완전히 편입되기 어려운 상황인 것이다. 인도, 방글라데시, 파키스탄, 필리핀과 같이 영어를 공용어로 사용하는 나라나 미국, 영국, 호주, 캐나다 같은 영어권 국가, 그리고 영어 사용이 크게 불편하지 않은 유럽 국가들에서는 Amazon Mechanical Turk, Upwork 등 글로벌 플랫폼 기업으로 가상이주하는 플랫폼 노동자의 문제가 공동화두가 되고 있다. 하지만 한국의 플랫폼 경제활동자들은 언어적 장벽 때문에 글로벌 플랫폼에서 재화와 서비스를 거래하기보다는 주로 한국 기업이 개발한 플랫폼에서 활동하는 경향이 두드러진다.

반대로 한국의 웹사이트나 모바일 앱에서 해외 네티즌이 활동하기도 쉽지 않다. 지금까지 한국 웹사이트는 ActiveX 기반의 공인인증서 같은 플러그인(plug-in) 보안프로그램을 사용하는 경우가 많았다. 과학기술정보통신부(2018)가 발표한 조사에 따르면, 국내 500대 웹사이트 중 ActiveX를 사용하는 웹사이트가 315곳에 달했다. 무엇보다 외국에서는 보안프로그램 자체가 설치되지 않는 문제가 발생하기도 하고, 외국인은 공인인증서를 발급받을 수 없기에 해외에서 한국 웹사이트를 사용해 상거래나 소통을 할 때 큰 장벽이 되고 있다. 일본의 인터넷망 I-mode 개발자인 나쓰노 다케시는 일본이 세계적 IT 기술을 가지고 있음에도, 자국에만 적용되는 표준규격으로 인해 국내적 소통만 활발할 뿐 국제적으로 고립되는 현상을 갈라파고스 신드롬(Galápagos syndrome)이라고 명명했었다. 갈라파고스 신드롬은 남태평양의 갈라파고스 제도가 외부로부터 완전히 고립되어 고유한 생태계를 형성하고 있는 것처럼, 일본의 디지털 서비스나 기술도 세계적 표준과 흐름에서 벗어나 독립적으로 운영되고 있음을 빗댄 말이다. 일본과 마찬가지로 한국에서도 이러한 디지털 갈라파고스 현상이 관찰되고 있는 것이다(기획재정부, 2018.12.19.). 이에 한국정부는 2020년까지 30개의 공공 웹사이트에서 ActiveX를 제거하고, 보다 이용자 중심의 개방적인 접속이 가능한 웹사이트 프로세스로 개선하겠다고 발표하기도 했다.

물론 자국 중심 네트워크 형태는 한국사회가 미국을 위시한 글로벌 IT 기업과 자본의 헤게모니로부터 보호막을 형성하고, 한국 고유의 기술과 IT 기업을 육성하는 데 크게 이바지해온 측면이 있다. MS-Word가 국제 문서작성 프로그램 시장을 독점하고 있는 가운데, 한국에서는 여전히 한글과컴퓨터의 한글프로그램이 주된 문서작성 프로그램으로 일상적으로 사용되고 있다. 문서작성 소프트웨어 시장 점유율을 보면, 2015년 기준으로 여전히 한글과컴퓨터가 30%를 차지하고 있다(중앙일보, 2020.01.22.). 특히 공공기관에서는 법령 · 행정규칙 서식 5.4만 개, 자기법규 서식 19만 개 등 약 25만 개 공문이 한글프로그램으로 표준화되어 배포되고 있다(행정안전부, 2019). 또한, 세계적으로 Google 같은 미국 검색 플랫폼이 압도적으로 사용되고 있지만, 한국에서는 네이버나 다음과 같은 자국의 검색 플랫폼이 활발히 운영되고 있을 뿐만 아니라, 사용률에서도 네이버(51.8%)가 Google(33.66%)보다 높게 나타나고 있다. 〈그림 III-5〉와 같이 Ballatore et al.(2017)의 디지털 헤게모니 연구에 따르면, 전 세계 인터넷

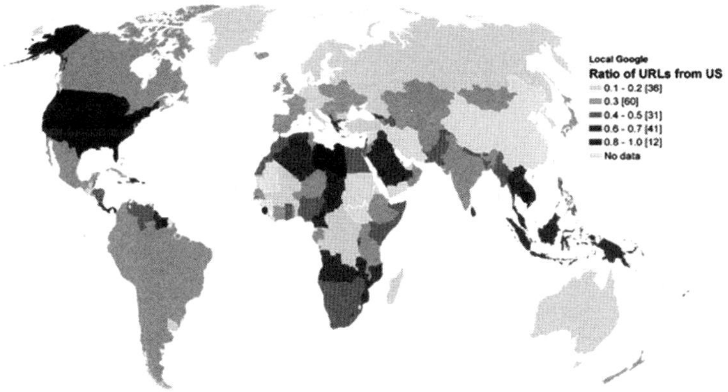

그림 Ⅲ-5 인터넷 검색 현황의 미국화와 현지화

출처: Ballatore, Graham & Sen(2017: 1207).

검색 현황에서 미국에 URL(Uniform Resource Locator)을 둔 웹사이트를 60% 이상 검색하고 사용하는 국가가 53개국이 넘는 상황이지만, 한국은 미국 기반 웹사이트 이용률이 10~20% 미만으로 디지털 현지성(digital localness)이 가장 높은 국가에 속하는 것으로 집계되었다.

이처럼 한국사회는 글로컬적 네트워크 사회의 특성을 갖는다. 다시 말해, 고도의 정보기술혁신과 발전을 통해 세계적 수준의 디지털 네트워크 사회로 전환되었지만, 여전히 네트워크의 범위에 있어서는 자국 내부를 중심으로 하는 현지성이 큰 상황이다. 본 장에서는 글로벌화와 지역화가 혼재된 네트워크 사회 형태를 갖는 한국에서는 디지털 네트워크 시장, 국가, 시민사회의 모습이 어떻게 나타나는지, 나아가 앞서 살펴본 네트워크 사회의 일반적 특성과 비교했을 때 한국의 네트워크 사회는 어떤 독특성을 갖는지 조금 더 구체적으로 짚어보겠다.

2. 한국의 디지털 네트워크 시장

1) 플랫폼 경제의 활성화

(1) 플랫폼 기업의 성장

글로벌 시장에서 플랫폼 기업이 성장하고 있는 것처럼 한국에서도 거대 플랫폼 기업이 급부상하고 있으며, 시장경제에서의 영향력을 확장해 나가고 있다. 한국의 주요 플랫폼 기업 현황은 〈표 III-1〉과 같다. 한국의 대표적 플랫폼 기업인 네이버의 가입회원은 2018년 기준 4,600만 명에 이르고, 카카오는 4,381만 명에 달한다. 이는 국내 인구의 약 90%가 해당 플랫폼들을 이용한다고 볼 수 있을 정도로 높은 수치이다. 연매출액 역시 카카오는 약 3조, 네이버는 약 6조를 넘어섰다. 본래 카카오는 SNS 서비스, 네이버는 검색 서비스를 우선으로 하는 기업이었지만, 자체 플랫폼을 활용해 금융, 상품생산 · 유통활동을 기획하며 플랫폼 경제에 주요 행위

표 Ⅲ-1 한국 주요 플랫폼 기업 현황(2019, 2020년)

기업명	설립연도	종사자수(명)	가입회원/월이용자수(명)	연매출액
카카오	1995	2,716	3,559만(카카오톡-월이용자) 996만(카카오스토리-월이용자) 819만(다음-월이용자)	3조 701억 원
네이버	1999	17,180	3,016만(네이버-월이용자) 1,692만(밴드-월이용자) 819만(라인-월이용자)	6조 5,934억 원
배달의민족 (우아한형제들)	2011	1,050	970만(월이용자)	5,611억 원
크몽	2011	80	6만(가입회원)	75억 원
숨고	2014	45	34만(가입회원)	29억 원

출처: 모바일인덱스, 기업사이트 내 공시자료, HR포털, 기타 보도자료 등의 내용 토대로 저자 재구성.

자로 부상하고 있다. 카카오는 카카오뱅크, 카카오페이와 같은 금융 서비스를 출시하였으며, 네이버는 네이버 쇼핑, 네이버 파이낸셜 등을 통해 상품의 유통과 금융 사업에 직접 뛰어들었다.

배달앱 시장 역시 급속도의 성장을 경험하고 있다. 2017~2018년까지만 해도 배달앱 시장에서 거래되는 거래금액은 약 연간 2.8조에서 3조 내외로 추정되었다(강민성 외, 2017; 김영아 · 이승호, 2019). 그러나 2020년 코로나19로 인해 언택트 소비가 증가함에 따라, 배달앱 거래금액은 월별 최소 8,740억 원, 최대 1조 2,050억대까지 그 매출액이 폭증하는 상황이다(동아일보, 2020.09.09.). 국내에서 독보적으로 높은 점유율을 보이는 배달의민족만 살펴봐도 그 상황을 알 수 있다. 배달의민족 월 이용자는 약 970만 명 수준으로 전 국민의 약 1/4이 해당 배달앱을 사용하고 있는 셈이다. 배달의민족은 2019년 Delivery Hero라는 독일 플랫폼 기업에 인수되었는데, 인수 당시 평가액이 약 40억 달러(한화 약 4조 7,500억 원)에 달했다. 이는 국내 인터넷 기업 합병 규모 중 가장 큰 규모였을 뿐만 아니라, 같은 해 인수합병이 추신된 아시아나 항공 매각가격의 약 2배에 달하는 금액이다(중앙선데이, 2019.12.14.).

물품, 공간과 같은 재화나 재능과 같은 서비스를 공유하는 공유 플랫폼 기업들도 증가하고 있다. 특히, 프리랜서들이 자신의 재능을 판매하는 재능공유마켓 플랫폼의 성장이 두드러진다. 예를 들어, 크몽의 매출액은 2018년 약 55억에서 2019년 약 75억, 숨고의 연매출액은 2017년 약 9억에서 2018년 29억 원으로 증가했다. 2020년 코로나19 확산 이후 편집, 디자인에 드는 비용을 절감하고자 하는 기업의 욕구와 개인 공간에서 언택트로 일하길 원하는 재능제공자의 욕구가 맞물리면서, 재능공유마켓 플랫폼을 통한 재능거래가 더욱 증가하는 추세다. 코로나 이후 재능공유마켓 플랫폼 기업들의 2~4월 이용자 수는 전년 대비 각각 30%에서 많게는 100% 이상 증가한 것으로 보도되고 있다(매일경제, 2020.05.22.).

(2) 플랫폼 노동자의 증가

한국에서 플랫폼 기업이 성장함에 따라 플랫폼에 자신의 자원을 제공하여 경제적 수익을 얻는 플랫폼 노동자들 역시 증가하고 있다. 한국고용정보원(2018)에서는 최근 설문조사를 통해 국내 플랫폼 경제 참여자 수를 약 47만 명에서 54만 명 수준으로 추정했다. 플랫폼 경제 참여자 직종을 보면, 남성은 대리운전(26.0%), 화물운송(15.6%), 택시운전(8.9%)처럼 운송 서비스 관련 플랫폼에서 활동하는 경우가 많았고, 여성은 음식점 보조(23.1%), 가사육아도우미(17.4%), 요양돌봄(14.0%)과 같이 단순 노무 서비스 플랫폼에서 주로 활동하는 것으로 조사되었다. 하지만 운송이나 가사서비스처럼 기존의 서비스업을 대체하는 플랫폼이 아니라, 최근 부상하는 재능공유마켓 플랫폼이나 소셜 미디어 플랫폼에서 경제활동을 하는 사람들까지 포함하면 플랫폼 경제활동자들의 규모는 더욱 커질 것으로 보인다. 이에 김수영 외(2018)는 한국에서 활동하는 플랫폼 경제활동자의 대표적 유형을 배달앱 기사와 같은 앱 노동자, 재능공유마켓과 같은 공유경제 플랫폼 참여자, YouTube와 같은 소셜 미디어 크리에이터로 꼽기도 했다.

먼저 앱 노동자들은 모바일 앱을 통해 운송 · 배송 서비스를 제공하는

표 Ⅲ-2 한국 배달앱 플랫폼 기업 현황(2018년~2020년)

플랫폼명	제휴업체(개)	연매출액(원)	월주문(건)	배달앱 노동자(명)	설립연도
배달의민족	300,000	5,611억	3,000만 건	2,283(배민라이더) 14,730(배민커넥터)	2011
생각대로	60,000	108억	995만 건	56,000	2016
부릉	-	1,614억	420만 건	27,000	2013
바로고	28,000	176억	700만 건	4,000	2014

출처: 기업사이트 및 HR포털, 사업 · 실적보고서 등의 통계자료를 종합해 저자 재구성.

사람들로 한국에서 가장 잘 알려진 플랫폼 노동자 유형이다. 배달의민족, 요기요, 바로고 같은 배달앱을 매개로 음식을 배달하는 배달앱 기사만이 아니라 대리운전앱을 사용하는 대리운전 기사도 앱 노동자에 속한다. 2000년대 이전까지만 해도 음식점 배달은 레스토랑이나 중국집과 같이 각 사업장이 배달기사를 직접 고용해 수행하는 경우가 많았다. 그러나 〈표 III-2〉와 같이 2010년 이후 배달대행 서비스를 제공하는 모바일 앱이 활성화되면서 배달앱 기사도 급증하게 된다. 2016년 배달앱 기사의 잦은 교통사고가 이슈가 되면서 한국노동연구원이 배달앱 기사 연구를 시작했을 때만 해도 전체 배달앱 기사 수는 약 7,700명~19,000명으로 추산되었으나(박찬임 외, 2016: 31), 2019년 연구에서는 약 43,000명~52,000명으로 3배 이상 증가한 것으로 추정되기도 했다(정흥준 외, 2019).

하지만 2020년 코로나19 사태로 외식이 줄고 비대면 거래가 폭등하면서 배달앱 기사에 대한 수요는 더욱 가파르게 급증하고 있다. 예를 들어, 배달의민족은 풀타임으로 배달업무를 하는 배민라이더와 자신이 원하는 시기에 주 20시간 이내로 배달업무를 하는 배민커넥터 서비스를 운영 중인데, 이 단일 배달앱에서 활동하는 배달앱 기사 규모가 2020년 기준 현재 배민라이더 2,283명, 배민커넥트 14,730명으로 파악되고 있다. 배민라이더스는 추가로 배달앱 기사를 1천 명 이상 더 모집할 계획을 세우고 있으며, 다른 배달앱들도 시급인상, 보험가입, 코로나19로 인한 위험수당인 생계보전비 등의 복리후생을 도입해 배달앱 기사를 확보하고자 노력하고 있다(동아일보, 2020.03.10.). 2020년 현재 배달앱 사이트나 사업보고서들을 통해 추산하면 약 10만 명 정도가 배달앱 기사로 참여하고 있을 것으로 예상된다.

재능공유마켓처럼 자신의 재능을 판매하거나, 사무실, 숙박과 같은 재화를 공유하는 공유경제 플랫폼의 참여자들도 점차 증가하고 있다. 미국에서 Airbnb와 Uber가 공유경제 플랫폼을 표방하면서 큰 경제적 성공을 거두자 한국에서도 한국판 Airbnb나 Uber를 꿈꾸는 많은 IT 스타트업들이 플랫폼 경제에 뛰어들었다. 특히 2012년 9월 서울특별시가 '공유도시 서울'을 선언하고 공유경제 플랫폼 활성화를 위한 지원을 시작하면서 플랫폼 기업이 증가하기 시작했다. 특히 크몽, 탈잉, 숨고, 위시켓, 오투잡, 재능넷 등은 대표적인 재능공유마켓 플랫폼으로, 해당 플랫폼을 통해 컨설팅, 번역, 디자인, 게임코칭, 그림, 수공예, 축가, 과외, 클래스와 같은 다양한 재능이 공유 · 판매되고 있다. 현재 크몽은 약 16만 명의 재능판매자들이 활동하고 있고, 숨고는 약 7만 8천 명의 재능판매자들이 활동하고 있다. 패스트파이브나 스테이즈처럼 공간을 공유하는 플랫폼도 성행하여 현재 해당 플랫폼을 통해 사무실이나 숙박 공유 서비스를 이용하는 회원도 수천 명에 달하고 있다. 글로벌 컨설팅업체 PwC(2015)는 공유경제 플랫폼 규모가 2025년에는 3,350억 달러(한화 약 40조)까지 성장하리라 전

표 Ⅲ-3 한국 공유경제 플랫폼 기업 현황(2018년~2020년)

플랫폼명	공유상품	연매출액(원)	참여자 수(명)	설립연도
크몽	재능	75억 1,930만	약 16만(재능판매자)	2011
탈잉	재능	9억 949만	약 2만(재능판매자)	2015
숨고	재능	29억 4,000만	약 7만 8천(재능판매자)	2014
위시켓	재능	6억 2,584만	약 5만(재능판매자)	2012
온오프믹스	모임	14억	약 77만(회원수)	2010
픽셀	물품거래	5억 3,260만	약 6만 5천(회원수)	2014
패스트파이브	공간(오피스)	74억 5,570만	약 7천(회원수)	2015
스테이즈	공간(숙박)	5억 6,669만	약 4천 3백(체류객)	2014

출처: 기업사이트 및 HR포털, 사업·실적보고서 등의 통계자료를 종합해 저자 재구성.

망했는데, 이러한 성장세는 한국에서도 마찬가지일 것으로 보인다. 특히, 정규직 고용이 줄어드는 상황에서 일-생활균형(work-life balance)을 지향하는 청년층이나 경력단절 여성, 은퇴자처럼 일차 노동시장에 편입되기 어려운 노동자들이 쉽게 일감을 얻고 수익을 창출할 수 있는 재능공유마켓 플랫폼은 향후 노동시장에서 중요한 일자리 형태로 자리매김할 것으로 보인다(매경이코노미, 2020.05.22.).

마지막으로 소셜 미디어 플랫폼에서 활동하는 크리에이터도 최근 한국에서 주목받는 플랫폼 경제활동자에 속한다. 크리에이터는 YouTube와 같은 동영상 플랫폼의 성장과 맥을 같이 한다. YouTube 이용자들이 자신이 찍은 창의적 동영상을 제작해 공유하기 시작하면서 크리에이터가 새로운 직업으로 떠오르기 시작했다. 현재 Forbes가 매해 유명 크리에이터 수익을 공개할 정도로 일부 크리에이터들은 상당한 경제·사회적 영향력을 발휘하고 있다. 이러한 영향력과 인지도는 한국의 유명 크리에이터들의 경우도 마찬가지다. 크리에이터들이 미디어 콘텐츠를 제작해 얻는

표 Ⅲ-4 한국 미디어 플랫폼 채널 현황(2020)

채널명	콘텐츠	연수입추정치(원)	구독자수(명)	총조회수(건)	활동시작연도
도티	게임	600억	251만	26억	2012
보람튜브	키즈	166억	263만	109억	2012
Heopop	실험	21억	371만	27억	2014
어썸하은	키즈	6억	484만	7억	2014
슈기님	먹방	3억	170만	6억	2014
밴쯔	먹방	3억	234만	9억	2013
이사배	뷰티	2억	226만	2억	2015

출처: Socialblade, 신문기사 등의 통계자료를 종합해 저자 재구성.

수익은 0원부터 몇백억에 이르기까지 편차가 크지만, 〈표 III-4〉처럼 인기 크리에이터들은 웬만한 기업 수준의 수익을 창출하는 것으로 알려져 있다. 처음에는 개인이 소소하게 콘텐츠를 올리는 수준으로 시작했다가, 경제적 파급력이 커진 이후 정식 미디어 콘텐츠를 제작하는 기업으로 발전하는 예도 적지 않다. 물론 고소득을 올리는 몇몇 유명 크리에이터를 제외한 나머지 일반 크리에이터들의 수익은 상당히 불안정하다. 크리에이터 120명을 대상으로 한 2018년 문화체육관광부 실태조사에 따르면, 어느 정도의 수익성이 보장되는 수치로 알려진 10만 명 이상 구독자 수를 보유한 크리에이터는 10.9%에 불과한 것으로 나타났다(문화체육관광부, 2018). 그러나 2017년 한국의 YouTube 이용자는 약 2,614만 명으로 전체 인구의 절반 수준이며 이용자의 시청시간 역시 월 기준 약 703분을 웃도는 것으로 나타나, 이에 따라 향후 크리에이터로 YouTube 시장에 합류하고자 하는 사람들도 늘어나고 있다(한국소비자원, 2017: 13). 10~20대 학생들은 크리에이터를 장래희망 1순위로 꼽고 있으며(서울신문, 2018.10.07.; 아시아경제, 2018.08.20.), 미디어 플랫폼에서 성공할 수 있는 노하우를 담은 책들이 베스트셀러에 오르는 등 일반인들이 크리에이터를 선망하는 현상도 나타나고 있다(허팝 외, 2017; 대도서관, 2018).

2) 플랫폼 기업과 노동자의 갈등

플랫폼 경제가 성장하면서 해외에서처럼 한국에서도 플랫폼 기업과 노동자 간의 갈등이 사회적 쟁점이 되기 시작했다. 앞서 살펴보았듯이 디지털 플랫폼 경제에서 플랫폼 기업과 경제활동자는 기존 아날로그 산업사회의 사업주-노동자 관계와는 다른 특성을 보인다. 플랫폼 노동자들은 시공간상으로 매우 탄력적이고 유연하게 경제활동을 한다. 기존 산업경제의 노동자는 정규직과 비정규직을 막론하고 모두 일정한 근로계약에 따른 고용기간이 정해져 있었고, 근무시간 역시 기업과 합의하여 '9 to 6'이나 'part-time'과 같이 일정한 시간 형태로 근무조건을 결정한다. 또한, 업무는 공장이나 사무실과 같은 특정 사업장에서 시행하며, 출장 등을 통해 사업장을 벗어난 경우에도 사업주의 지시에 따라 업무를 수행해야 한다. 그러나 플랫폼 경제활동자는 플랫폼 기업과 고용계약을 맺지 않고, 본인이 원하는 시간과 공간에서 디지털 플랫폼에 접속해 자율적으로 경제활동을 하면서 소득을 창출한다(Friedman, 2014). 따라서 기존의 사업주-노동자의 종속관계로 해석되기 어렵다.

고용관계를 벗어나 있는 플랫폼 기업과 경제활동자의 관계는 한국에서도 마찬가지다. 기존 산업경제에서 근로자성과 노동권은 고용계약 여부에 의해 좌우된다. 한국의 「근로기준법」 제2조는 '근로기준법에 적용을 받는 근로자'를 '사용자(사업주)와 근로계약을 맺고 임금을 목적으로 사업이나 사업장에 근로를 제공하는 자'로 규정하고 있다. 이는 사업주와 공식적인 근로계약을 체결하지 않는 플랫폼 경제활동자들이 「근로기준법」이 보장하는 노동권에서 배제될 수 있음을 의미한다. 「헌법」 제33조에 명시된 단결권, 단체교섭권, 단체행동권과 같은 노동삼권 역시 사업주와의 일정 기간 근로계약을 맺은 근로자에게만 국한한 권리이다. 물론 최근 공식적 고용관계를 맺지 못한 불안정 노동자가 증가하자 2006년 대법원은 근로자를 고용관계 여부로만 규정하기에는 한계가 있다고 보고, 사용자-노동제공자 간의 실질적 종속관계를 가려내야 한다고 해석하기도 했다. 즉, 사업주의 지위 감독 여부, 사업주에 의한 근무 장소 및 시간 지정, 독립적 사업 영위 가능 여부, 근로소득세 원천징수 여부, 근로 제공의 계속성과 전속성의 유무를 기준으로 근로자성을 종합적으로 판단해야 한다고 판결한 것이다. 그럼에도 노동자성 인정을 위해서는 특정한 기간을 기반으로 고용관계가 맺어져야 한다는 조건은 여전히 고수되는 상황이다. 따라서 근로계약이라는 틀에서 벗어나 있는 플랫폼 노동자들은 여전히 노동권에서 배제된 상황이다.

대표적 사회보장정책인 사회보험 역시 근로기준법에서 명시한 근로자의 정의에 국한하여 작동하고 있다. 「고용보험법」은 보험적용대상을 사업주와 소정근로시간(1개월간 60시간) 이상으로 근로계약을 맺은 자, 60시간 미만이라면 적어도 3개월 이상 꾸준히 근로한 자로 한정하고 있다(「고용보험법」 제10조; 「고용보험법 시행령」 제3조). 따라서 플랫폼 기업과 근로조건, 근로시간에 대해 합의하는 과정이 없는 플랫폼 경제활동자들은 고용보험 가입자도 될 수 없는 것이다. 또한, 규정한 고용기간이나 업무시간이 존재하지 않기에 실업 기간이라는 개념 역시 적용할 수 없다. 플랫폼 경제활동가들은 일감을 잡아야 수익을 얻을 수 있기에 수입이 없는 기간이 필연적으로 발생하지만, 고용보험이 규정한 실업자에 속하지 못하므로 실업급여 대상에서 배제되는 것이다. 플랫폼 경제활동가들은 최저임금 문제에서도 배제되기 쉽다. 「최저임금법」 제3조에 따르면, 최저임금의 적용대상은 '사업주와 고용관계에 있는 근로자'이다. 그러나 플랫폼 경제활동자들은 불특정 이용자와 맺은 거래를 토대로 거래금액을 수령할 뿐 플랫폼 기업에게 직접 임금을 받는 대상이 아니다. 따라서 플랫폼 기업에게 최저임금을 보장해달라고 요구할 수도 없다. 플랫폼 기업은 고용주가 아닌 중개자이기 때문에 이러한 요건을 들어줘야 하는 당위성이 없는 것이다.

이러한 이유로 한국에서는 플랫폼 기업들이 설립되기 시작한 2010년대 중반부터 플랫폼 경제활동자의 노동자성 인정 문제를 두고 첨예한 법정 공방이 벌어졌다. 그중 한국에서는 배달앱 기사의 산업재해보상보험 관련 법적 분쟁이 가장 대표적이다. 한국노동연구원(2016)에 따르면, 배달앱 기사 241명 중 45.6%가 교통사고를 경험했다고 응답했을 정도로 업무 중 사고가 빈번하게 발생하고 있다. 오토바이라는 교통수단 자체가 사고위험이 큰 특징을 가지고 있기도 하지만, 배달앱 기사들의 업무환경 역시 사고위험에 영향을 주고 있다. 예를 들어, 배달앱 기업이 배달앱 기사들에게 보내는 배차콜은 모바일앱에 접속한 모든 배달앱 기사들에게 무작위로 뿌려지기 때문에, 가장 먼저 배차콜에 응답한 기사가 배달을 나갈 수 있다. 따라서 일감을 얻기 위해서는 운전 중에도 핸드폰을 봐야 하는 상황이다. 더욱이 많은 콜에 응답해야 그에 따른 배달료를 받을 수 있기에 배달속도 경쟁도 치열하다.

그런데도 배달앱 기사들의 업무 중 교통사고를 산업재해로 인정하기까지는 상당히 오랜 시간이 걸렸다. 2013년 배달앱 사업주가 근로복지공단을 상대로 소송을 제기한 사건이 있었다. 배달앱을 통해 일하던 배달기사가 무단횡단을 하던 보행자와 충돌하여 척추손상의 상해를 입는 사건이 있었고, 근로복지공단은 이를 업무상 재해로 인정해 해당 배달원에게 산재보험급여를 지급하였다. 하지만 이후 배달앱 사업주는 배달앱 기사는 자신의 기업에 소속된 피고용 노동자가 아니기에 사업주에게 산업재해에 대한 보상 책임이 없다는 이유를 들어 근로복지공단을 상대로 행정소송을 제기했다. 이에 원심에서는 해당 배달앱 기사가 배달앱과 고용계약을 맺은 것이 아니기 때문에 근로기준법상 근로자나 산업재해보상보험법상 특수형태근로종사자로 볼 수 없다고 보고 사업주 승소 판결을 했다. 이로 인해 플랫폼에서 일하는 플랫폼 경제활동가에 대한 사회적 관심이 두드러지게 된다. 물론 2016년 「산업재해보상보험법」 적용대상이 변경됨에 따라 배달앱 노동자가 산업재해보상보험의 임의가입자에 포함되었고, 이후 대법원에서 배달앱 기사를 '택배원'으로서 특수형태근로종사자에 포함이 된다고 보아 산재보험 지급의 타당성을 인정받게 되었다.

하지만 그 이후에도 학계와 법조계에서 배달앱 노동자의 근로자성 논쟁이 꾸준히 제기되었다(박찬임 외, 2016; 황덕순, 2016; 서정희 · 백승호, 2017; 이다혜, 2018). 일부 배달앱들은 '근로계약서' 대신 배달앱 기사는 배달앱 기업에 종속된 고용계약자가 아닌 위탁계약자라는 내용의 '배송

업무위탁계약서'를 작성해 향후 있을지 모르는 산재 관련 논란을 원천적으로 봉쇄하기도 했다. 이에 일부 배달앱 노동자들은 라이더유니온이라는 노동조합을 결성해 단체행동을 위한 시도를 하기 시작했다. 이렇게 여러 차례 법정 공방과 사회적 논쟁을 이어오던 중 2019년 10월 배달대행업체 '요기요'와 위탁계약을 맺고 있는 배달앱의 배달앱 기사 5명이 요기요를 상대로 낸 소송이 화제가 되기도 했다. 이들은 회사가 임금을 하향 조정하는 과정에서의 계약상의 문제를 지적했고, 근로자 지위의 인정과 체불된 임금을 받고자 소송을 진행했다. 이에 고용노동부 서울지방고용노동청은 이들을 근로기준법상 근로자로 인정한다는 판단을 내리기도 했다. 이처럼 배달앱 노동자에 관해서는 어느 정도 노동자성이 인정되고 그 법적 권리가 점진적으로 확대되어가고 있다고도 해석할 수 있다.

그러나 플랫폼 경제활동가들의 유형은 배달앱 기사만 있는 것은 아니다. 앞서 살펴보았듯이 한국에서도 프리랜서나 크리에이터 등과 같이 새로운 플랫폼 경제활동가들이 증가하는 추세다. 따라서 점차 다양해지는 플랫폼 경제활동자들의 법적 지위를 어떻게 규정할 것인지를 두고 첨예한 논쟁이 벌어질 가능성이 크다. 물론 플랫폼 노동자 중에는 불안정한 소득과 고용상태, 그리고 플랫폼 기업의 과도한 수수료 징수에서 벗어나 디지털 노동자로서의 안전망을 갖길 바라는 사람들도 있지만, 기존의 오프라인 사업장에 귀속되지 않고 자유롭게 일하길 원하는 사람들도 존재한다(김수영 외, 2020). 무엇보다 플랫폼 경제활동자의 유형이 매우 다채로워지는 상황에서 이들의 지위를 일괄적으로 노동자나 자영업자, 혹은 제3의 지위로 범주화하는 데에도 한계가 있을 수 있다.

따라서 플랫폼 노동자를 위한 정책 마련을 위해서는 이들의 다양한 상황과 욕구에 기반을 둘 필요가 있다. 플랫폼 노동자 중에는 기존의 권위주의적인 사업장 분위기에서 벗어나 자기개발과 자율성을 위해 기존의 고용노동의 세계에서 나온 사람들도 많이 존재한다. 비록 한편에서는 배달앱 노동자가 겪는 어려움과 사고가 문제가 되고 있기도 하지만, 다른 한편에서는 정규직을 그만두고 프리랜서, 크리에이터, 배달앱 기사와 같이 플랫폼 노동자의 삶을 선택하는 사람들의 사례가 증가하고 있기도 하다(여행자May, 2018; 전제우 · 박미영, 2018; 서메리, 2019). 안정적인 노동자 지위보다는 자유로운 경제활동을 선호하는 사람들이 점차 늘고 있는 것이다. 실제로 배민라이더스는 배달앱 기사의 정규직화를 시도하기도 했지만(김근주 · 정영훈, 2018), 배달앱 기사들이 종속성이 강화된다는 이유로 정규직화를 원하지 않아 정규직화가 무산되기도 했다. 물론 개인의 선호를 넘어서 미래의 사회적 위험에 대비하기 위해서는 공동의 사회보장정책은 반드시 필요하다. 이것이 사회안전망인 사회보험을 강제가입원칙으로 운영하는 이유이기도 하다. 그러나 사회보험도 보험료를 분담하는 사회구성원들의 합의와 동의 없이는 유지되기 어려운 것이 사실이다. 따라서 앞으로 증가할 비정형 노동자들의 실질적인 욕구를 충분히 파악해 이들의 실정에 부합하는 방식으로 기존의 사회보장체계를 재조정할 필요가 있다. 나아가, 플랫폼 경제의 또 다른 한 축인 플랫폼 기업들의 의견도 새로운 사회보장체계를 구축하는 과정에서 함께 반영하려는 노력이 필요하다.

3) 자국 중심의 플랫폼 경제

플랫폼 기업과 플랫폼 경제활동자 사이의 이해갈등을 해결하는 합의 과정을 마련하는 데 있어서 한국 플랫폼 경제의 생태계는 해외의 경우에 비해 상당히 유리한 조건을 가지고 있다. 전 세계적으로 플랫폼 경제가 급부상하는 가운데 한국에서도 플랫폼 경제가 점차 활성화되고 있지만, 해외의 플랫폼 경제와 비교했을 때 조금 다른 특징도 포착된다. 그중 대표적인 특징이 한국 플랫폼 경제의 강한 지역성(localness)이다. 먼저 해외에서 플랫폼 경제문제는 미국과 유럽 등 서구에 모법인을 둔 글로벌 플랫폼 기업과 제3세계 가상이주노동자의 갈등이 주된 이슈로 부상해왔다. 모바일앱과 웹사이트를 중심으로 한 글로벌 플랫폼 경제에서 통용되는 공용어는 영어인 경우가 많다. 따라서 미국, 영국, 호주, 캐나다 같은 영미권 국가나 영어사용이 불편하지 않은 유럽, 그리고 인도, 방글라데시, 파키스탄, 필리핀처럼 영어를 공용어로 사용하는 제3세계 국가는 Amazon Mechanical Turk나 Upwork 같은 글로벌 플랫폼을 보편적으로 사용하고 있다. 특히 앞서 Ⅱ장에서 살펴보았듯이, 영미권이나 유럽에 모법인을 둔 글로벌 플랫폼 기업에서 제3세계 국가의 영어 가능자들이 활동하는 경우가 많기에, 플랫폼 경제에서 기업-노동자 관계의 글로벌성(globalness)이 주요 화두가 되어왔다.

이에 따라 온라인 플랫폼 노동문제에 대한 국제적인 공동대응도 조금씩 시도되고 있다. 앞서 언급했듯, Amazon이 개설한 크라우드워크 플랫폼인 Amazon Mechanical Turk에서는 플랫폼 노동자들이 함께 온라인 커뮤니티를 만들어 Amazon Mechanical Turk 노동자 권익을 위해 활동을 벌이고 있다(Yin et al., 2016). 기존의 노동조합도 플랫폼 노동문제에 대한 국제적 공동대응을 꾀하고 있다. 2015년 독일의 금속노조(IG Metall)는 스웨덴, 오스트리아 노동조합들과 함께 글로벌 플랫폼 기업에 대한 정보를 플랫폼 노동자들에게 제공하는 웹사이트인 페어클라우드워크(FairCrowdWork.org)를 설립하기도 했다. 이어서 2016년 4월 13일 독일, 스웨덴, 오스트리아, 덴마크 등 유럽의 노동조합들은 디지털 시대의 노동이슈는 글로벌 대응이 필요하다는 점은 깨닫고, 플랫폼 노동자의 국제적 단결을 위한 프랑크푸르트 선언(The Frankfurt Declaration on Platform-Based Work)을 발표하기도 했다.

그러나 한국의 플랫폼 노동자들은 글로벌 플랫폼에서 활동하기보다는 한국 기업이 개발한 플랫폼에서 활동하는 경향이 두드러진다. 한국의 주요 플랫폼 기업도 자국 플랫폼 기업이 주류를 이룬다. 앞서 언급했듯이, 한국에서는 글로벌 플랫폼인 Google보다 네이버 이용률이 높고(인터넷트렌드, 2019.12.31.), Amazon Mechanical Turk 같은 글로벌 크라우드소싱 플랫폼보다는 크몽, 숨고, 탈잉 같은 자국의 재능공유마켓 플랫폼이 더 활성화되어 있다. 물론 해외 플랫폼 기업이 한국 진출을 꾀하는 경우도 많지만, 한국은 해외 플랫폼 기업의 국내 진출에도 매우 민감하게 반응하는 편이다. 예를 들어, 공유승차플랫폼 Uber가 국내법인 「여객자동차 운수사업법」에 맞지 않아 한국 진출에 어려움을 겪었던 것처럼, 글로벌 플랫폼의 국내 시장 정착은 쉽지 않다. 해외자본 기반 플랫폼이 국내에 진입할 때에도 자국화 전략을 취해야 한다. 이것이 독일 기반 글로벌 배달플랫폼 Delivery Hero가 한국에 진입할 때 요기요라는 한국브랜드

표 Ⅲ-5 전체 취업자 중 플랫폼 노동자 비중(2016년~2018년)

국가	미국	독일	영국	스페인	네덜란드	스위스	한국
전체 취업자 대비 플랫폼노동자 비율	34%	10.4%	12.0%	11.6%	9.7%	12%	1.7~2%

출처: ILO 홈페이지, European Commission(2018), 김준영 외(2019) 내용 토대로 저자 재정리.

를 만들어서 진출했던 이유다.

따라서 한국의 플랫폼 경제는 글로벌 플랫폼 경제와 비교했을 때는 여전히 규모가 상대적으로 작은 편이다. 〈표 III-5〉에서처럼 국내외 플랫폼 노동자 규모 추정치에 따르면, 서구 국가에서 플랫폼 노동자 비율은 전체 취업자 대비 10% 안팎에 달하는 데 반해, 한국에서는 1.7~2% 정도로 추정되고 있다. 한국의 플랫폼 노동 관련 자료수집의 한계로 플랫폼 노동자가 과소 추정된 측면도 있지만, 플랫폼 노동의 범위가 협소한 측면도 있다. 다시 말해, 한국에서는 배달앱, 대리운전앱, 가사노동앱처럼 지역을 기반으로 한 지역 기반 플랫폼(local-based platform)이 주류를 이루고 있어서, 통계자료 수집도 지역 기반 플랫폼 노동자를 중심으로 이루어지고 있다. 그러나 북미, 유럽, 제3세계를 비롯한 해외에서는 지역 기반 플랫폼만이 아니라, 프리랜서들이 지역에 구애받지 않고 활동하는 재능공유마켓 플랫폼이나 크라우드워크 플랫폼처럼 웹 기반 플랫폼(web-based platform)이 더욱 활성화되어 있는 편이다.

배달앱, 대리운전앱, 가사노동앱의 노동자들은 특정 지역에서 이동하면서 경제활동을 해야 하기 때문에 지리적 제약이 있지만, 컴퓨터 작업, 프로그래밍, 디자인과 같은 온라인 작업을 수행하는 웹 기반 플랫폼의 노동자들은 거주 지역이나 지리적 제약을 받지 않고 다양한 국가의 주문자들을 위해 일할 수 있다. 또한, 배달, 가사, 대리운전과 같은 지역 기반 플랫폼 노동자들은 자신의 노동활동이 시간과 지역에 구애받기에 기존의 오프라인 노동자처럼 하나의 플랫폼 노동활동을 통해 수익의 90% 이상을 의존하는 생계형 노동자가 많은 편이지만, 재능공유마켓 플랫폼이나 크라우드워크 플랫폼에서 활동하는 사람들은 자신의 자투리 시간에 아무 곳에서나 부업으로 플랫폼 노동을 할 수 있다. 따라서 해외에서는 생계형 플랫폼 노동자보다는 아르바이트나 파트타임으로 플랫폼 노동에 참여하는 사람들이 광범위하게 존재하는 상황이다. 이러한 웹 기반 플랫폼 노동의 보편화가 해외에서 플랫폼 노동참여자의 규모를 증가시키는 데 일조하고 있다. 〈표 III-6〉에서처럼 한국에서는 플랫폼 노동을 통해 90% 이상의 주 수입을 벌어들이는 노동자들의 비중이 41.4%에 이른다. 반면 해외에서는 플랫폼 노동을 통해 10% 이하의 수익을 얻는 플랫폼 노동자가 가장 높은 비중을 차지하고 있는 것으로 나타났다(김종진, 2020).

표 Ⅲ-6 전체 수입 대비 플랫폼 노동을 통한 수입 비중(2017년)

국가 \ 수입비중	10% 이하	11~25%	26~50%	51~75%	76~99%	100%
네덜란드	51%	13%	11%	6%	8%	11%
스위스	48%	18%	10%	6%	6%	12%
독일	44%	19%	12%	15%	7%	3%
이탈리아	36%	19%	13%	12%	8%	11%
스웨덴	33%	13%	18%	20%	10%	6%
영국	41%	15%	10%	15%	12%	5%
한국	30% 이하		31~60%	61~90%	90% 이상	
	29.9%		14.3%	14.5%	41.4%	

참고: 유럽 7개국은 적극적 플랫폼 참여자 소득 비중, 한국은 대리, 퀵, 배달, 택시기사 등 운송플랫폼 참여자 소득 비중.
출처: 김종진(2020: 307)에서 재인용.

이처럼 해외에서 탈국가적 이슈로 인식되는 플랫폼 경제가 아직 한국에서는 자국 중심적 사안에 가깝다. 물론 한국에서도 앞서 복지국가의 대응에서 살펴보았던 것처럼, 배달앱 노동자의 산업재해보상보험 적용 관련 법적 분쟁이나, 플랫폼 노동자의 근로자성에 대한 학계의 논의가 활발하게 진행되고 있다. 하지만 플랫폼 노동은 국제적 공조보다는 자국의 정책적 이슈로 다루어지고 있다.

따라서 플랫폼 관련 갈등이 발생했을 때, 닫힌 네트워크 사회인 한국은 아직 이를 국가적 차원에서 대응할 수 있는 여지가 상대적으로 많다. 배달의 명수가 좋은 예이다. 배달의 명수는 2019년도 군산시 시범사업으로 출발해, 2020년 3월부터 정식 운영된 공공 배달플랫폼이다. 2020년 4월 한국의 1위 배달플랫폼인 배달의민족이 독일의 Delivery Hero와 인수합병이 이루어진 후 지역가맹점에 과도하게 수수료를 인상하면서, 수수료가 0%인 배달의 명수가 민간플랫폼에 대한 대응책으로 떠올랐다. Delivery Hero가 한국의 배달앱들을 통합 인수하면서 배달시장의 독점이 문제가 되었기 때문이다. 해외에서는 플랫폼 기업의 독점문제가 발생하면 먼저 민간에서 노사협상이 시도되거나 시민사회가 대안적 플랫폼 개설을 모색한다. 이러한 자체적 노력으로 갈등해결이 불가능할 때 소송과 같은 사법부의 최종 판결을 구하는 방식을 취한다. 반면 한국에서는 정부가 선제적으로 나서 플랫폼의 공공화를 시도함으로써 문제를 해결하려는 움직임을 보인 것이다. 민간 플랫폼의 독점에 대해 한 지자체장은 "배달앱을 사회간접자본(SOC)으로 접근해야 하고, 민간 플랫폼의 독점을 막기 위해서는 공공개입이 필요하다"고 주장했는데(오마이뉴스, 2020. 04.17), 이러

표 Ⅲ-7 지방정부 공공배달앱 출시현황

지자체	배달앱	지자체	배달앱
전북 군산	배달의 명수	충북	먹깨비
인천 서구	배달서구	서울	제로배달 유니온
전남 강진	강진배달	부산 남부	어디go
대전	부르심	울산	울산페달
광주	광주공공배달대구로	강원	일단시켜
대구	대구로		

한 공공개입은 닫힌 자국 중심의 닫힌 네트워크 사회인 한국에서는 상당한 호응을 얻었다. 이에 2021년 6월 현재 〈표 Ⅲ-7〉과 같이 군산시만이 아니라 많은 지자체가 공공배달플랫폼 사업을 추진하고 있다.

3. 한국의 디지털 네트워크 국가

1) 글로벌 경제위기와 국가복지의 확대

한국사회에서 디지털 네트워크 국가로의 이행과정도 자국 중심적 경향이 상당히 드러난다. 앞서 자본주의 시장경제의 세계화와 초국가적 거버넌스의 등장은 서구사회에서 복지국가의 영향력을 축소하는 요인으로 작용했다. 하지만 국제기구의 개입은 한국사회에서는 복지국가의 외연을 확대하는 계기가 되었다.

복지국가 연구자들은 근대 산업화의 후발 국가인 한국을 비롯한 동아시아 국가들이 서구의 근대화 루트(route to modernity)를 따르려는 방편으로 복지국가를 표방해왔다고 분석한다(Therborn, 1993; Hort & Kuhnle,

2000). 그러나 한국에서 근대 복지국가의 구축과정이 서구 복지국가의 발전과정과 동일한 것은 아니었다. 서구의 복지국가에서는 산업화와 더불어 노동조합과 노동당의 정치세력화, 민주적 정치체계에서 이익집단의 요구가 복지국가의 추동력으로 자주 언급됐다. 그러나 한국에서 복지제도는 정부의 강력한 주도하에 구축됐다. 먼저 1960년대 초부터 한국에 도입되기 시작한 복지제도는 독재정권의 정치적 정당성을 확보하기 위한 전략이었다(Kwon, 1999). 물론 학생운동이나 민중운동과 같은 시민사회의 저항세력이 노동정책이나 복지정책 도입에 영향을 미친 면도 없지 않지만, 기본적으로 독재 정부에 의해 저항세력의 성장을 막고 사회안정을 도모하기 위한 회유책으로 복지정책이 도입됐던 것이 사실이다. 예를 들어, 1961년 공무원연금으로부터 시작해 군인, 사립학교 교직원을 위한 특수직역연금은 국정의 기반이 되는 특정 직역 집단에 대한 충성을 확보하기 위한 전략이었다.

한국에서 복지제도는 국가 주도의 경제발전을 보조하는 기능을 수행하기도 했다. 후발 산업국가인 한국은 신속한 경제성장을 위해 정부가 중앙집권적으로 경제발전 방향을 기획하고 주도해왔다. 복지정책도 국가의 통제경제(dirigisme) 기조 속에서 시장경제에 도움이 되면서 산업화의 부작용을 최소화하려는 방편으로 도입되었다. 비록 오일쇼크로 무산되었지만 1973년 일반 국민을 대상으로 시도되었던 국민복지연금은 정부가 중공업 발전을 위한 투자자금으로 연금기금을 활용하기 위해 제안되었다는 것은 잘 알려진 사실이다. 복지정책에서 노동자와 사업주의 보험료 분담으로 국가의 복지재정 부담을 최소화할 수 있는 비스마르크형 사회보험이 중심을 이루고, 빈곤층에게 최저생계비를 지원하는 공공부조의 자격은 근로무능력자에게 한정하여 경제활동이 가능한 인구는 최대한 노동시장을 통해 소득을 얻도록 유도한 것도 한국의 발전주의적 복지국가의 특징으로 꼽히고 있다(양재진, 2001; 이혜경, 2002; 정무권, 2007).

또한 서구에서는 신자유주의와 경제적 세계화가 복지국가 재편의 배경으로 언급되고 있지만, 한국에서는 국가복지의 확대 배경이 되었다. 앞서 살펴보았듯이 신자유주의적 세계화는 서구 복지국가에서 복지재정을 감축하고 개별 복지프로그램을 시장화 · 잔여화하는 복지개혁을 이끌었다. 하지만 한국이 글로벌 경제에 본격적으로 편입되기 시작한 1997년 외환위기 이후, 한국사회에서는 복지재정과 제도확충이 급격히 진척되었다. 외환위기 직후, 국제통화기구(International Monetary Fund)는 구제금융을 지원하는 대가로 한국 정부에 기업의 대규모 구조조정, 글로벌 금융시장 개방, 노동시장 유연화 조처를 하도록 요구했다. 이러한 조치는 기업도산, 대량실업, 빈곤율 급증을 초래할 수밖에 없었기에, 이를 해결하기 위한 복지정책 확충은 불가피했다. 1997년 한국의 GDP 대비 총사회복지지출은 6.65%로 당시 미국(14.96%), 영국(25.07%)과 같이 복지축소를 지향해온 자유주의 복지국가의 사회복지지출보다 훨씬 낮은 수준이었다. 따라서 신자유주의적 기조를 견지해온 국제통화기구도 한국 정부에게는 구조조정에 따른 사회적 위험에 대응하기 위한 사회안전망 확충을 권고사항으로 제시하기도 했다.

물론 한국사회의 복지국가로의 질적 수준에 대해서는 여전히 많은 비판이 있지만, 양적 측면에서 한국의 사회복지지출은 〈그림 III-6〉과 같이

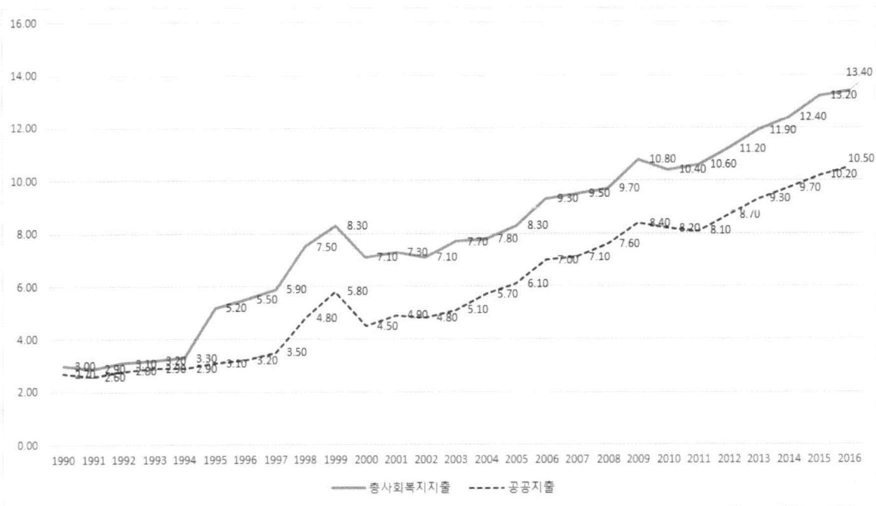

그림 Ⅲ-6 한국 GDP 대비 총사회복지지출비율과 공공지출비율

출처: 보건복지부(2020).

IMF 경제위기 직후 급등하여 현재까지 꾸준히 증가하는 양상을 보인다. 2016년 기준 GDP 대비 총사회복지지출 비율을 보면 13.40%로 1997년에 비해 약 2배가량 성장한 수준이다. 정부의 공공사회복지지출은 1990년대 5조 원 선이었으나, 2019년 기준 약 162조 원에 육박하고 있다.

한국의 공공사회복지지출 세부항목을 보면 〈표 III-8〉과 같이 기초연금과 같은 노령, 아동수당과 같은 가족, 고용서비스와 같은 적극적 노동시장 부분의 지출을 비롯해 전반적으로 전 영역에서 복지지출이 증가한 것을 확인할 수 있다. 1998년 전후로 고용보험, 산재보험, 국민연금 등 사회보험의 적용 범위가 확대되었고, 건강보험이 일원화되었으며, 근로 능력이 있는 빈곤층에게도 공공부조를 지원하는 국민기초생활보장제도가

표 Ⅲ-8 한국의 공공사회복지지출비 세부항목 변화 (단위: 백만 원)

항목	1990	1995	2000	2005	2010	2015
공공지출총액	5,300,288	13,167,906	28,752,016	56,304,239	103,958,787	159,737,967
노령	1,165,749	4,372,921	7,570,329	12,183,883	23,686,227	42,347,984
유족	374,101	811,946	1,247,962	2,254,962	3,589,646	4,822,168
(근로)무능력	486,647	1,324,006	2,095,087	4,942,264	6,633,875	9,206,109
보건	2,827,892	5,774,227	12,782,221	25,223,109	46,444,196	63,235,678
가족	59,886	261,762	664,909	2,131,329	8,850,262	18,693,283
적극적노동시장	50,690	168,119	2,313,351	1,022,514	3,815,149	5,538,555
실업	–	–	470,792	1,751,974	3,686,529	4,547,336
주택	–	–	–	–	–	410,760
기타[1]	335,323	454,926	1,607,364	6,794,203	7,252,902	10,936,094

[1] 기타항목에는 근로장려세제(EITC), 탈북민정착금, 국가유공자수당 등의 지원제도가 포함되어 있음.
출처: OECD Statistics(2020).

도입됨으로써 국가복지체계가 강화되었다(김연명, 2002). 복지지출이 축소되었을 것으로 짐작할 수 있는 보수당 집권 시절에도 복지지출은 양적으로 꾸준히 증가했다(김교성 · 김성욱, 2012; 윤홍식, 2018). 이명박 정부는 노무현 정부가 제도화한 근로장려세제, 노인장기요양보험, 사회서비스 바우처사업 등을 대부분 실행했고, 아동양육수당을 도입했다. 박근혜 정부도 기초연금과 보육료 지원을 확대했다. 문재인 정부도 아동수당, 기초연금, 실업급여 확대, 국민기초생활보장제도의 부양의무자 기준 완화를 통해 공공복지를 늘려오고 있다. 이처럼 기존 복지국가 위기론과 달리 한국에서는 국민국가에 의한 복지정책의 확대가 지속해서 일어나고 있음을 확인할 수 있다.

한국에서는 국가권력의 지방분권화도 중앙정부의 복지정책을 축소하기보다는 강화하는 시너지 효과를 가져왔다. 앞서 언급했듯이, Castells(2008)

은 국민국가의 영향력을 약화하는 네트워크 국가의 특징으로 글로벌 거버넌스의 득세와 함께 지방분권을 통한 중앙정부의 약화를 꼽는다. 복지국가론에서도 지방분권과 지방이양은 국가의 복지 책임을 경감하기 위한 전략으로 언급되고 있다(Pierson, 1994; Jessop, 2002). 하지만 한국에서 지방분권과 지방정부의 복지사업 확대는 중앙정부의 복지 책임을 축소하지 않을 뿐만 아니라, 중앙정부 차원의 정책이 더욱 강력하게 이행되게끔 하는 촉매제가 되기도 했다.

보통 미국, 영국과 같은 영미권 국가에서 주로 복지국가의 축소 전략으로 지방으로의 권한 이양이 논의된다. 그러나 사실 지방 이양 자체가 국가복지의 축소와 직결되는 것은 아니다. 지방으로의 권한 이양이 중앙집권적 복지국가에 미치는 영향력은 각 국가의 구축역사와도 관련이 있다. 미국(미합중국, United States of America)과 영국(그레이트브리튼 및 북아일랜드 연합왕국, United Kingdom of Great Britain and Northern Ireland)은 정식 국가명칭에서도 보듯이 주와 왕국의 연합국가이다. 따라서 연방주의에 뿌리를 둔 국가들의 지방정부는 상대적으로 중앙정부로부터의 독립성도 강하고 중앙정부의 높은 관여와 재정지출에 부정적인 태도를 보여왔다(Castles, 1999; Obinger, Leibfried, & Castles, 2005). 이에 Wincott(2006)은 영국의 복지국가 쇠퇴 연구에서 지방 이양이 반드시 사회정책의 축소를 가져오는 것이 아니라, 사회정책의 발전을 위해 연합된 소속 왕국 간에 납득할 수 있는 적절한 영토정치(territorial politics)의 프레임을 제시하지 못했기 때문이라고 분석했다.

반면, 한국은 고려 시대와 조선 시대를 거치면서 강력한 왕권을 중심

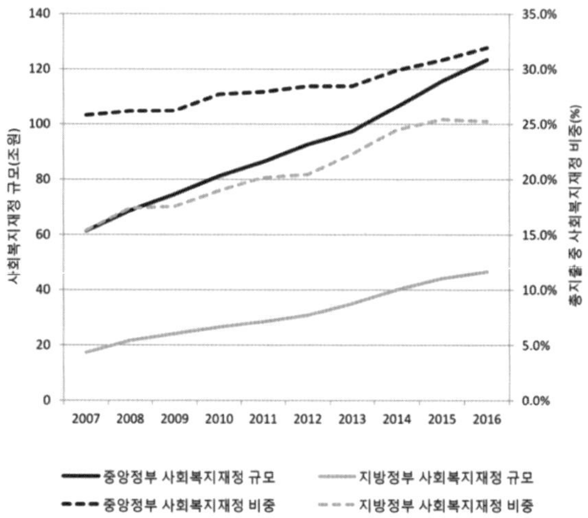

그림 Ⅲ-7 한국 중앙정부와 지방정부의 사회복지재정 규모 및 비중

출처: 신진욱 · 서준상(2016: 73).

으로 비교적 오랜 기간 영토국가의 통치경계를 유지해왔고, 국민 사이에도 한민족으로서의 연합적 정체성이 뚜렷하다. 따라서 지방정부의 독자성이 강하지 않고 분리주의 현상도 거의 포착되지 않는다. 또한, 중앙정부와 지방정부의 정책은 서로 유기적으로 발전하고 집행되어 왔다. 〈그림 III-7〉은 2007년부터 10년간 지방정부와 중앙정부의 사회복지 예산 규모와 비중을 그린 도표로, 이를 보면 한국에서 중앙정부와 지방정부의 복지재정이 동반 상승해 왔음을 알 수 있다(신진욱 · 서준상, 2016).

한국에서 지방정부의 복지사업은 국고보조금에 크게 의존하고 있기 때문에 지방분권은 결국 중앙정부의 복지정책과 기조를 지방으로 확산시키는 제도적 기제로 기능하고 있다. 이에 신진욱과 서준상(2016: 84)은 중앙집권적 정치가 압도적 영향력을 행사해온 한국사회의 맥락에서는 지방정부로의 복지이양이 결과적으로는 중앙집권적 복지국가의 성장을 최대화하는 효과를 가져왔다고 진단했다. 이처럼 한국에서 IMF의 경제 개입과 같은 초국가적 거버넌스의 영향력과 지방정부로의 권한 이양은 국민국가의 권한과 복지국가를 축소하기보다 강화하는 방식으로 작동해 왔다. 이는 한국사회가 미래의 사회적 위험에 대응하는 시스템을 구축하는 과정에서 다른 디지털 네트워크 사회와 비교했을 때 국가의 권한과 역할이 여전히 중요하게 작용하고 결정적일 수 있음을 시사한다.

2) 전자정부의 급속한 고도화

국민의 행정정보를 결집하고 관리하는 전자정부의 구축과 운영에서도 한국 정부는 가장 선두에 서 있다. 한국에서 전자정부가 본격적으로 도입된 시기는 2000년대 초반이다. 하지만 전자정부를 위한 기반조성은 1960년대 전자행정을 도입했던 시기까지 거슬러 올라간다. 정부의 모든 행정업무가 수작업으로 이뤄지던 1967년, 경제기획원이 처음으로 인구센서스 통계업무를 위해 슈퍼컴퓨터 IBM 1401을 수입한 것이 전자행정의 첫 시작이었다. 그 이후 1970년대 행정전산화 기본계획이 발표되었고, 1980~90년대에는 5대 국가기간전산망사업을 통해 5대 분야(행정, 금융, 교육 · 연구, 국방, 공안)의 전산망이 구축되었다. 총 10년간 진행된 전산망 사업을 통해 정부는 정부 업무를 하나의 전산망으로 연결하여 행정 효율화를 꾀하고자 했다. 이를 위해 1986년 「전산망법」을 제정해 전산망사업계획을 수립하고, 주민등록정보, 부동산정보, 자동차정보와 같은 국민의 행정정보를 축적하고 통합적으로 관리할 수 있는 발판을 마련했다.

1995년에는 개인용 컴퓨터가 보급되고 PC통신 같은 정보통신기술이 상용화됨에 따라, 「정보화촉진기본법」을 제정해 초고속국가망 구축을 위한 정보통신정책의 법적 기반을 마련했다. 해당 법을 기초로 행정정보화촉진시행계획이 수립되었고, 정부 기관은 전자문서, 행정정보 공동활용을 시도하기 시작했다. 특히 1997년 외환위기 이후, 정부의 행정 효율성에 대한 요구가 거세지고 인터넷이 보편화하면서, PC와 인터넷을 활용해 공공기관과 시민을 잇는 전자정부 수립을 위한 11대 추진과제가 마련되었다. 구체적으로 ① 단일 창구를 통한 민원업무 혁신; ② 4대 사회보험 정보시스템의 연계 구축; ③ 정부 통합 전자조달시스템 구축; ④ 인터넷을 통한 종합 국세서비스 제공; ⑤ 국가재정시스템 구축; ⑥ 시군구 행정종합정보화; ⑦ 전국 단위 교육행정정보시스템 구축; ⑧ 표준인사관리시스템 구축; ⑨ 전자결재 및 전자문서 유통 정착; ⑩ 전자관인시스템 및 전자서명시스템 도입; ⑪ 범정부적 통합전산환경의 단계적 구축이 그것이다.

한국 정부는 2000년 세계 최초로 「전자정부법(전자정부구현을위한행정업무등의전자화촉진에관한법률)」을 제정하기도 했다. 「전자정부법」 이전까지 정부는 개별 공공기관의 정보를 전산화할 수 있도록 컴퓨터를 보급하고 정착시키는 데 주력했다면, 전자정부를 추진하면서는 행정정보의 전산화 외에도 정부 부처 간의 정보공유 및 연계시스템을 구축하고 시민들의 전자정부 참여를 확대하고자 하는 노력을 기울이기 시작했다(이상윤, 2017). 2000년대 초기 한국 전자정부는 크게 두 가지 방향에서 발전을 꾀하도록 설계되었다. 첫째는 이용자들의 접근성을 높일 수 있도록 맞춤형 정보를 제공하는 시스템을 구축하는 것이고(최영훈, 2017; 추병주 · 박선미, 2017), 다른 측면은 각 정부 부처에 산발적으로 분산된 행정정보를 연결하고 공유하는 시스템을 구축하는 것이었다(이상윤, 2017; 추병주 · 박선미, 2017). 실제로 2000년 이후 공공기관 업무시스템의 디지털화가 확대되어 출입국관리시스템, 전자조달시스템(나라장터), 전자세정시스템(홈택스), 교육행정정보시스템(나이스), 사회복지행정정보시스템(행복e음) 등이 구축됐다.

현재 정부가 추진하는 전자정부 사업 중 대표적인 것은 행정서비스 통합포털 '정부24'이다. 정부24는 행정안전부 내 3개의 정보시스템인 민원24, 정부대표포털, 알려드림e을 연결하여 정부서비스를 통합적으로 검색하고, 민원처리도 진행할 수 있는 사이트이다. 그러나 그밖에 국민들이 유용하게 사용하는 대법원 인터넷등기소, 국토교통부의 온나라 부동산포털, 국세청 홈택스, 보건복지부 복지로와 같은 일부 사이트들은 분절 운영되기도 했으나, 2017년도부터는 하나의 창구에서 조회 · 신청 · 관리할 수 있는 통합 플랫폼 형태로 운영되고 있다(행정안전부, 2017).

2020년 코로나19 사태가 발생하면서 한국의 전자정부는 지능형 전자정부로 도약을 꾀하고 있기도 하다. 정부는 최근 '한국형 뉴딜정책'을 발표하였는데, 그 배경에는 코로나19로 인해 정부의 정보시스템 고도화가 중요한 과제로 부상하고 국민의 비대면 활동이 급증했기 때문이다(관계부처합동, 2020). 그 중 가장 역점을 두는 사업이 바로 지능형 전자정부로의 변화이다. 사실 지능형 전자정부는 2017년에 처음 제시되었던 전자정부 청사진으로 인공지능, 빅데이터, IoT, 챗봇과 같은 디지털 두뇌를 활용해 스스로 사회문제를 학습하고 그 대안을 제시하는 정보시스템을 표방한다(행정안전부, 2017). 당시 지능형 전자정부는 국가가 보유한 국민의 개인정보를 토대로 개개인에게 맞춤형 서비스를 제공하고, 정책 결정 과정에서도 국민의 의견을 실시간으로 취합해 멀티채널로 활용될 수 있을 것으로 기대되기도 했다.

2020년 한국형 뉴딜 정책이 발표되면서 지능형 전자정부의 추진계획은 5G · AI 기반 지능형 정부의 형태로 더욱 구체화되었다. 5G 업무망과 클라우드 기반으로 개인맞춤형 공공서비스를 구성한다는 것이 골자이며, 구체적으로는 ① 모바일 신분증을 통한 디지털 민원처리와 원스톱 복지 정보를 제공하는 비대면 맞춤 행정 사업; ② 부동산거래, 온라인투표, 기부금 관리 등 국민 체감도가 높고 성과 창출이 가능한 집중 추진 분야를 선정하여 블록체인을 적용해 행정 신뢰도를 높이는 블록체인 확산 사업 ③ 2024년~2025년까지 모든 행정기관 및 공공기관의 전산망을 5G로 보편화하는 5G 국가망 구축사업; ④ 정보시스템을 클라우드 기반으로 전환하고, 공공안보, 수사, 재판처럼 보안기능이 중요한 정보시스템은 공공보안 클라우드센터로 이전하고, 효율적 운영이 필요한 정보시스템은 민간 크라우드센터로 이전하는 클라우드 전환 사업이 그것이다.

한국의 전자정부는 지금까지 추진한 사업을 통해 UN의 전자정부개발지수(EGDI) 순위에서 2010년, 2012년, 2014년 연속 1위를 차지하였으며, UN이 정한 전자정부 발전단계 최고 수준인 4단계에 도달하는 성과를 달성하기도 했다. 이러한 지표는 한국 정부가 다른 국가들과 비교해 IT 기

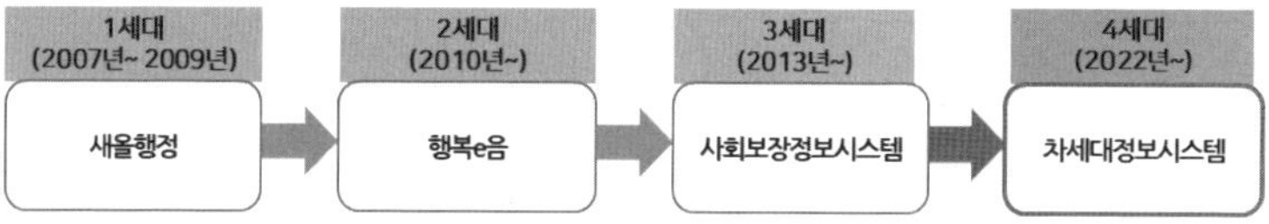

그림 Ⅲ-8 한국 사회보장정보시스템의 발전단계

출처: 저자 작성.

술을 활용해 행정정보와 국민의 개인정보를 얼마나 체계적이고 조직적으로 관리해왔는지를 보여준다.

사회복지분야에서 공공행정의 전자정부화도 2000년대 초중반 인터넷 상용화 및 국민기초생활보장제도 시행과 맞물려 급물살을 타게 된다. 특히 사회보장정보시스템은 〈그림 III-8〉과 같이 4단계로 진화를 거듭해왔다.

먼저 사회복지정보시스템의 출발은 2007년으로 거슬러 올라간다. 정부 부처와 지자체 사이의 행정정보를 연계한 일반행정정보시스템 '시군구 행정종합정보시스템(새올시스템)'이 현 사회보장정보시스템의 전신이다. 그러나 당시 새올시스템은 행정정보시스템 안에 복지영역이 일부 마련되어 있는 수준이었다. 하지만 2010년 「국민기초생활보장법」이 도입되고 근로 능력이 있는 저소득층도 생계비를 신청할 수 있게 되면서 대규모 자산조사가 필요하게 된다. 이에 '사회복지통합관리망(행복e음)'이 공공복지행정에 특화된 정보시스템으로 구축되었다. 행복e음은 공공기관들의 소득, 재산, 가족관계 정보를 연계한 공공복지행정 정보시스템으로, 이를 통해 수급자들의 자산조사를 위한 데이터 매칭을 더 치밀하게 수행할 수 있게 되었다. 〈표 III-9〉와 같이 행복e음을 통해 연계되는 행정정보는 2018년 기준 77종(24개 기관)이다(사회보장정보원, 2018).

표 Ⅲ-9 행복e음의 정보연계 현황

(단위: 백만 원)

항목		연계정보(77종)
고용노동부	근로복지공단(3)	산재보험급여, 고용/산재보험 월평균보수금액, 특수형태근로종사자
	한국고용정보원(5)	실업급여, 퇴직금(참고), 고용보험(참고), 일용근로소득, 재정지원일자리 참여지급액(참고)
	한국장애인고용공단(1)	장애인임금내역
과학기술 정보통신부	별정우체국연금관리단(3)	별정우체국연금, 재직자기여금(참고), 연금일시
교육부	사립학교교직원연금공단(2)	사학퇴직연금급여 및 재직자기여금, 사학직역연금(기초연금신청자)
국가보훈처(3)		보훈대상자명예수당(참고), 보훈대상자보상급여, 국가유공자확인*
국방부	국방전산원(2)	군인퇴직연금급여, 직역연금(기초연금신청자)
	국군재정관리단(1)	군인재직자기여금
	병무청(1)	군복무확인
국토교통부	교통안전공단(3)	자동차등록원부*, 차적정보, 건설기계보유정보(참고)
	국토교통부(11)	건축물관리대장*, 건축물대장, 토지 · 임야대장*, 개별(공동)주택가격(참고), 개별공시지가(참고), 지적정보, 전월세거래정보, 임대임차인정보, 분양권및조합원입주권정보, 대법원전월세거래정보, 대법원임대임차인정보
금융기관(1)		금융재산정보조회
기획재정부	국세청(12)	폐업사실증명*, 휴업사실증명*, 사업자등록증명*, 사업자등록정보/임차보증금*(참고), 종합소득, 근로장려금(참고), 일용근로소득정보, 특정시설물이용권정보(참고), 연말정산인적공제정보, 연말정산사업장인원수정보, 주식변동상황명세서(참고), 증권거래과세표준신고(참고)
	보험개발원(1)	차량기준가액
농림축산 식품부	농림축산식품교육문화 정보원(1)	농업직불금
	한국농어촌공사(1)	농지연금
대법원-법원행정처(4)		가족관계증명*, 건물등기부등본*, 법인등기부등본*, 토지등기부등본*
법무부(8)		교정시설입소자자료, 출입국자료(변동분), 출입국자료(이력), 외국인등록정보, 국내거소사실증명*, 외국인등록사실증명*, 출입국사실증명*, 소년원입출소자정보
보건복지부	국민건강보험공단(2)	건강보험보수월액, 건강보험피부양자정보
	국민연금공단(3)	국민연금급여, 소득신고액, 신청자 A급여(기초연금 신청자)
	사회보장정보원(2)	보육시설종사자정보(참고), 민간복지시설종사자정보(참고)
행정안전부	공무원연금공단(2)	공무원연금 및 재직자 기여금, 연금일시금(기초연금 신청자)
	한국지역정보개발원(2)	재산세, 취득세
	행정안전부(3)	주민등록사진정보(실시간), 주민정보변동, 주민등록등 · 초본*

* 행정정보공동이용서비스(G4C)를 이용한 정보 연계(15종).
출처: 사회보장정보원(2018: 15-17).

이어서 2013년에 구축된 '범정부사회보장정보시스템(범정부시스템)'은 22개 행정부처에 분산되어 있던 360개 복지사업에 관한 정보를 행복e음을 중심으로 개편한 정보시스템이다. 범정부시스템을 통해서는 자산조사를 위해 각 행정부처의 정보를 연계할 뿐 아니라, 여러 행정부처가 각자 제공해왔던 복지사업에 대한 수급대상자 이력 정보를 공유할 수 있게 되어 중복 · 부정수급을 찾아낼 수 있게 되었다(보건복지부, 2010). 사회보장정보원 집계에 따르면, 2010년부터 2014년까지 사회보장정보시스템의 전산 조사를 통해 국민기초생활보장제도의 부정수급자가 96만 8,058명 적발되었으며, 이를 통해 2조 3,523억 원 상당의 정부 복지재정을 절감하기도 했다.

한편, 한국 정부는 사회보장정보시스템을 통해 중복 · 부정수급 적발만이 아니라 복지이용자들의 정보 접근성을 높이기 위한 노력도 기울여왔다. 2012년부터는 복지이용자들에게 맞춤형 정보를 제공하고자 사회보장정보시스템 내에 국민이 보건복지 관련 정보를 통합적으로 검색하고 신청할 수 있는 복지포털 복지로(www.bokjiro.go.kr)를 개설 · 운영하기 시작한다. 2019년 기준, 복지로 사이트에서 제공하는 복지서비스 정보는 중앙부처 360종, 지자체 6,800여 종에 달한다. 2019년 보건복지부 보고에 따르면, 2018년 기준 복지로 방문 수는 2,169만 건, 온라인 서비스 신청 건수는 167만 건에 육박하는 것으로 나타났다(보건복지부, 2019).

그러나 사회보장정보시스템의 운영에도 불구하고, 정보시스템이 포착하지 못하는 복지 사각지대에 놓인 취약계층의 발굴 문제가 남아있었다. 특히 송파 세 모녀 사건처럼 복지 사각지대 이슈가 언론에 연일 보도되면서, 정부가 여전히 제도에서 배제된 대상자를 제도권 내로 포괄하지 못하고 있다는 비판을 받게 된다(김은하, 2015). 이러한 문제점을 보완하고자 정부는 사회보장정보시스템에 연계된 개인정보를 활용해 사각지대를 발굴하는 빅데이터 분석 프로젝트를 추진하게 된다. 이미 사회보장정보시스템에 자산, 가족관계만이 아니라 전기 · 수도요금 납부명세, 전 · 월세 기록, 자살 시도 이력, 출입국이력 등 방대한 개인정보가 연계된 만큼, 이를 토대로 선제적으로 위기가구를 예측해내는 시스템을 구축한다는 것이다. 이에 정부는 2014년 「사회보장급여의 이용 · 제공 및 수급권자 발굴에 관한 법률」을 제정하고, 공공기관이 보유한 개인정보를 사각지대에 놓인 대상자 발굴을 위해 활용할 수 있도록 법적 기반을 마련했다. 그리고 2015년 12월부터 본격적으로 사각지대 발굴시스템을 구축하여, 위기가구를 사전에 예측하고 대상자를 발굴할 수 있는 시스템을 추가로 운영하기 시작했다(보건복지부, 2019). 시스템 도입 이후 2016년 3월까지 지원 실적을 보면, 시스템을 통해 발굴된 복지대상자는 114,609명에 달했고, 기초생활보장제도, 긴급복지 등 사회복지지원이 이루어진 대상자도 18,318명이었던 것으로 집계되었다(보건복지부, 2016).

이러한 성과를 기반으로 정부는 빅데이터 분석을 통한 사각지대 발굴을 더욱 적극적으로 실시하고, 복지이용자에게 맞춤형 복지서비스 정보를 제공하기 위해 이른바 '차세대 사회보장정보시스템' 개발을 추진하기 시작해 2022년 개통을 앞두고 있다(보건복지부, 2019). 차세대 사회보장정보시스템은 빅데이터, 지리정보시스템(GIS), SNS, 챗봇 등을 활용해 복지서비스가 필요한 사람들을 선제적으로 발굴할 뿐만 아니라, 포괄적 사회복지정보를 희망하는 개인이 시스템에 정보 알림 서비스를 신청하면 등록된 자산정보를 바탕으로 받을 수 있는 복지서비스를 미리 알려주는 복지멤버십 제도를 포함하고 있다. 또한, 공공업무에 인공지능 비서를 도입하고 단순 자산조사를 반자동화함으로써 공무원의 업무 부담을 줄이려는 노력도 기울이고 있다.

이처럼 지난 10여 년 동안 한국의 사회보장정보시스템은 행정정보의 단순 전산화에서 시작해 정부 부처 간 데이터 매칭, 빅데이터 분석, AI 활용에 이르기까지 비약적 발전을 거듭했다. 한국의 사회보장정보시스템은 2014년 UN 공공행정상의 '정보화 시대 부처 간 협력 부분'에서 대상을 받을 만큼 세계적으로도 주목받는 전자정부 시스템으로 자리매김했다. 하지만 전자정부가 첨단화되는 만큼 그에 상응하여 데이터감시의 부작용도 심화될 가능성이 크다.

3) 데이터감시의 부작용

사회보장정보시스템을 중심으로 데이터감시의 부작용을 살펴보면 다음과 같다. 먼저 행정 효율성이 절대가치로 우선시되다 보면 인간소외가 발생할 우려가 있다. 한국의 「전자정부법」 제2조 제1항은 전자정부를 "정보기술을 활용하여 행정기관 및 공공기관의 업무를 전자화하여… 국민에 대한 행정업무를 효율적으로 수행하는 정부"로 정의하고 있다. 행정업무의 효율화는 사회보장정보시스템 운영의 최대 목표였다. 2015년 사각지대 발굴시스템이 도입되기 이전까지 한국의 사회보장정보시스템의 최대 성과는 부정수급자 발굴이었다. 사회보장정보시스템이 도입된 직후

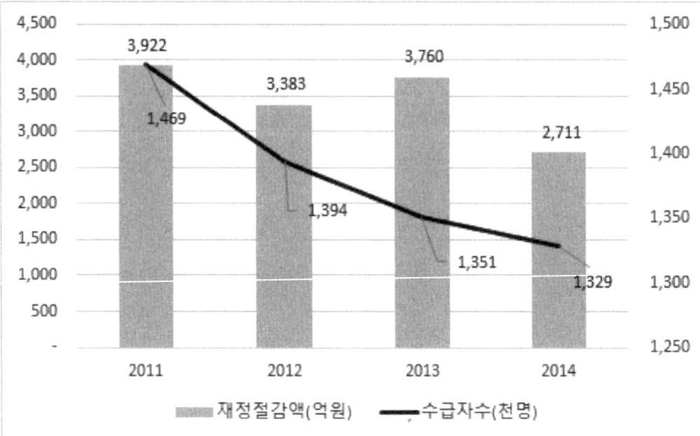

그림 Ⅲ-9 행복e음 도입 후 수급자수 감소와 재정절감 현황(2011년~2014년)

출처: e-나라지표(수급자수)와 최현수 외(2017: 98-116)(재정절감액)의 내용을 저자가 그래프로 결합하여 작성

인 2011년부터 2014년 사이에는, 데이터 매칭 과정에서 수급자에서 탈락하는 사람들이 신규로 유입된 수급자 수보다 점점 더 많아지면서 전체 수급자 수가 줄어드는 현상이 나타났다(〈그림 III-9〉 참고). 기존에 아날로그적 계산으로 이루어졌던 자산조사가 데이터 매칭을 통해 정확성이 높아지면서 수급자 선정기준이 부합하지 않은 신청자나 기존 수급자들이 대거 탈락하게 된 것이다. 이 때문에 정부나 언론에서는 부정수급자를 적발하여 재정 낭비를 막았다는 점을 사회보장정보시스템의 성과로 언급했다(경향신문, 2012.04.26.; 최현수 외, 2017).

그러나 수급탈락자 중에는 '부정수급'이라는 용어가 주는 이미지처럼 의도적이고 부정적 방식으로 수급권을 획득하고자 했던 사람들만 있는 것은 아니었다. 김용익 국회의원이 발표한 국정감사 자료에 따르면, 2011년 기준 행복e음을 통해 수급대상에서 탈락한 대상 84,908명 중 70~80%는

표 Ⅲ-10 국민기초생활보장 수급자 및 탈락자 현황(2008년~2013년) (단위: 명)

	2008년	2009년	2010년	2011년	2012년	2013년
수급자 수	1,529,939	1,568,533	1,549,820	1,469,254	1,394,042	1,350,891
전체 수급자 수		227,450	150,201	150,303	136,912	126,504
탈락자 수			172,654	235,679	213,679	169,655

출처: 김성주 의원실 국정감사 자료(2014), 라포르시안(2014.10.14.)에서 재인용.

표 Ⅲ-11 부정수급 사건 예시

- 2011년 4월, 폐결핵을 앓던 김모 할머니는 부양의무자가 있다는 이유로 수급자에서 탈락했고, 치료도 받지 못한 채 병원과 보건소를 8시간 동안 오가다 지하철역에서 객사했다.
- 2011년 7월, 경남 남해에 있는 노인요양시설에서 생활하던 70대 노인이 부양 의무자 기준에 걸려 수급 탈락 통보를 받은 후 스스로 목숨을 끊었다.
- 2012년 8월, 실제로 부양하지 않는 사위로 인한 간주 부양비 때문에 수급자에서 탈락한 할머니가 '법도 사람이 만드는데 어떻게 이럴 수 있냐'는 유서를 남기고 경남 거제시청 앞에서 자살했다.
- 2012년 11월, 전남 고흥에서 부양의무자 기준 때문에 기초생활보장제도 수급자가 되지 못한 할머니와 손자가 한국전력공사의 전류 제한 조치로 전기가 끊겨 촛불로 생활하다 화재로 목숨을 잃었다.

출처: 라포르시안(2014.10.14.).

실제로 최저생계비 이하의 빈곤층이었다. 그러나 부양의무자 기준, 소득 산정 기간과 같은 다른 적격 기준을 충족하지 못했기에 시스템에 의해 에러(error)로 분류된 것이다. 또한, 사회보장정보시스템이 도입된 이후 2010년부터 2014년까지 약 4년 동안 수급에서 탈락해 생계 곤란을 겪다가 자살을 선택한 사람이 1,238명에 이른다(에이블뉴스, 2014.12.26.). <표 III-11>은 이에 해당하는 일부 사례들을 요약한 것이다. 하지만 사회보장정보시스템을 통한 부정수급자 적발 성과가 주로 주목받을 뿐 수급탈락자의 자살사례는 언론에 잘 보도되지 않는다. Poster(1996)는 정보사회에서 전자매체는 단순한 도구를 넘어 '담론형성기구(discursive apparatus)'로 작용하게 된다고 보았는데, 사회보장정보시스템을 통해 에러로 분류된 탈락자들은 부정수급자라는 데이터 이미지(data image)를 덮어쓰게 되는 것이다.

수급자만이 아니라 일선에서 일하는 공무원들도 사회보장정보시스템을 통해 업무의 소외를 경험할 수 있다. 정부는 사회보장정보시스템을 통해 자산조사가 이루어지면 공무원의 행정업무가 경감될 것이라 기대하지만, 반대로 이른바 '디지털 테일러리즘(digital talyorism)'이 발생할 수도 있다. 즉, 공장의 테일러주의처럼 컨베이어벨트의 속도에 맞춰 노동자가 업무 속도를 내야 했듯이, 일선 공무원들도 초고속 정보시스템의 속도에 맞추어 정보를 입력하고 업무를 처리해야 하기 때문이다. 사회보장정보시스템이 수급자의 신상변화를 거의 실시간으로 푸쉬 알림(push notification)을 띄우기 때문에 실시간으로 업무를 처리해야 한다는 압박을 받게 되는 것이다. 또한, 사회보장정보시스템의 정보연계기관과 사업이 증가할수록 방대한 연계 정보를 시스템에 업로드하고 일일이 오류를 수정해야 하는 일도 공무원이 도맡아야 한다. 이러한 이유로 사회보장정보시스템이 도입된 초기에 업무소진과 과로로 인해 사회복지공무원이 자살을 선택하는 사건이 잇달았다(프레시안, 2013.05.20.; 조선일보, 2013. 03.22.).

둘째, 사회보장정보시스템도 프라이버시 침해 문제에서 자유롭지 않다. 인권운동가 Shattuck(1984)은 데이터감시가 가가호호 방문해서 수급자의 생활실태를 확인했던 물리적 감시보다 개인의 사생활을 더 교묘하게 침범한다고 비판했다. 직접방문과 탐문조사는 대상자가 자신이 감시대상이라는 사실을 알고 이루어지지만, 정보시스템에서 모니터링 대상자는 자신의 데이터가 수시로 점검되고 있다는 사실을 잘 모르는 경우가 많다는 것이다. 한국 정부도 사회보장정보시스템을 통해 수시로 업그레이드된 소득 · 재산 변동 데이터를 토대로 매년 상 · 하반기 및 월 단위 주기로 수급자격 확인조사가 이루어지고 있다. 하지만 상시로 시행하는 확인조사를 인지하는 수급자는 많지 않다.

무엇보다 향후 복지이용자가 특정 공공기관에 제공한 개인정보가 다양한 공공 · 민간기관에서 공유 · 활용되는 경우가 많아질 것이기에, 개인정보 이용문제는 중요한 쟁점이 될 수 있다. 실제로 사회보장정보시스템 구축 초기인 2010년에 시스템에 연계된 개인정보는 27개 기관 218종이었지만, 2015년에는 45개 기관 1,183종으로 5.4배나 증가했다(보건복지부, 2015). 2022년 개시 예정인 차세대 사회보장정보시스템은 기존에 연계된 공공기관 정보 외에도 보건의료정보, 민간단체 정보, GIS와 같은 위치정보, SNS 등 오픈소스에서 얻을 수 있는 공개데이터까지 통합해 활용할 계획이다. 이렇게 전방위적으로 융합된 개인정보들은 초기 사회보장정보시스템이 목적했던 개별 수급자의 자산조사나 부정수급 확인조사 외에도 사각지대 위기가구 발굴, 민간단체와 서비스 연계, 맞춤형 복지서비스 안내, 연구, 보건의료산업 활성화 등 다양한 목적으로 활용될 전망이다.

그러나 OECD(1980)가 발표한 개인정보보호 원칙을 인용하면, 개인정보를 수집할 때에는 목적이 명확해야 하고 애초의 목적과 모순되지 않아야 하며, 개인정보 이용에 대해 당사자의 명확한 인지와 동의를 구해야 한다.

하지만 개인정보의 수집범위와 활용범위가 넓어질수록 일일이 당사자의 동의를 구할 수 없기에 개인정보의 보호 수준은 그만큼 낮아질 수밖에

[참고] OECD(1980) 개인정보보호 8대 원칙

① 수집제한의 원칙: 개인정보수집은 합법적이고 정당한 수단에 의하여 주체의 인지나 동의에 의해 수집해야 한다.

② 정보 정확화의 원칙: 개인정보는 사용하고자 하는 목적, 목적에 필요한 수준만큼만 수집하고 정확하고 완전하며 최신의 것이어야 한다.

③ 목적 명확화 원칙: 개인정보를 수집할 때는 목적이 명확해야 하고, 이를 이용할 경우에도 애초의 목적과 모순되지 않아야 한다.

④ 이용제한의 원칙: 개인정보는 정보주체의 동의가 있는 경우나 법률의 규정에 의한 경우를 제외하고는 명확화된 목적 이외의 용도로 공개되거나 이용되어서는 안 된다.

⑤ 안전 보호의 원칙: 개인정보는 데이터 상실, 부당한 접근, 파괴, 이용, 수정이나 공개에 대한 안정성을 보장받아야 한다.

⑥ 공개의 원칙: 개인정보에 관한 개발, 운용 및 정책에 관해서는 일반적인 공개정책을 취하여야 한다. 개인정보의 존재, 성질 및 주요 이용목적과 함께 정보관리자의 신원, 주소를 쉽게 알 수 있는 방법이 마련되어야 한다.

⑦ 개인 참가의 원칙: 정보주체인 개인은 자신과 관련된 정보의 존재확인, 열람요구, 이의제기 및 정정 · 삭제 · 보완 청구권을 가진다.

⑧ 책임의 원칙: 개인정보를 관리하는 데이터 관리자는 이러한 원칙들을 준수하도록 책임을 부여하여야 한다.

없다. 어떤 면에서 복지서비스를 받는 대가로 개인정보 제공에 동의하는 것이기에 교환의 관점에서 수급자의 개인정보 제공은 불가피하다. 하지만 수급 자격심사 이상으로 개인정보를 활용되게 될 때는 이 사실을 미리 안내하는 절차는 필요하다. 물론 공공기관에 정보를 제공하는 국민은 개인정보활용동의서에 서명함으로써 막연하게 자신의 정보가 제3의 기관에 공유된다는 사실에 동의하지만, 자신이 제공한 개인정보가 향후 어떤 방식으로 활용될지를 정확히 확인할 수 있는 채널은 존재하지 않는다.

4) 데이터감시에 대한 관대함

한국사회는 국가에 의한 개인정보 이용과 공유에 대해 상대적으로 관대한 태도를 보이는 편이다. 한국이 세계 최상위권의 전자정부를 구축하고, 짧은 시간에 전자정부 시스템 적용 범위를 확대할 수 있었던 배경은 한국 정부의 사회통제 역사에서 찾을 수 있다. 한국은 독재정권 시절부터 정부의 국민에 대한 민간시찰과 물리적 통제가 매우 강력하게 작동해왔던 국가이다. 단적인 예로, 독재정권 시절 도입한 주민등록번호는 현재 전자정부 운영의 핵심 기반인 ID(identification)로 사용되고 있다. 비록 한국인에게는 매우 자연스러운 일이지만 모든 국민에게 주민등록번호처럼 개별적이고 영구적인 개인식별번호(personal identification number)를 부여한 국가는 세계적으로 얼마 되지 않는다. 물론 대부분 국가가 국민에게 가족관계, 출생, 혼인, 이혼, 사망 사실을 등록하도록 하는 신분등록제도를 가지고 있다. 하지만 국민의 동향을 관리하기 위해 일괄적인 체계로 수치화한 개인식별번호를 국민등록과 결합해 부여하는 국가는 거의 없다. 보통 다른 국가에서는 일상생활에서 개인 신분을 증명하기 위해 운전면허번호, 사회보장번호(social security number), NHS번호(National Health Service number)와 같은 대체번호를 이용한다.

하지만 한국은 박정희 정권 시기인 1967년 슈퍼컴퓨터 IBM1401을 도입해 국민으로부터 140여 개 개인정보를 수집하는 인구조사 프로젝트를 대대적으로 시행한 이후, 1968년 이를 바탕으로 국민에게 주민등록번호를 부여하고 주민등록증 휴대를 의무화했다. 이후 주민등록번호는 국민의 거주지 이동, 가족관계 변화, 경제활동 전반에 적용되는 가장 강력한 ID로 활용되고 있다. 주민등록번호는 전자정부 확대를 가속하는 데도 이바지했다. 각 행정부처에 흩어져 있는 개인정보를 연계하고 데이터 매칭을 하려면 기준점이 필요한데, 각 기관이 보유한 개인의 이름, 주소, 나이가 중복되는 사람이 있거나 정보가 일치하지 않으면 데이터 매칭에 상당한 어려움이 발생할 수밖에 없다. 하지만 한국에서는 영구적이고 보편적으로 사용되는 주민등록번호를 기준으로 개별 기관에 산재한 데이터들을 집적하고 연결하는 작업이 무척 쉽다. 이는 빠른 기간 안에 정부 데이터를 체계적으로 분류하고 분석하는 일을 가능하게 했다. 주민등록번호와 주민등록증으로 상징되는 한국의 독특한 국민등록시스템은 독재정권에 의한 효율적 사회통제 기제로 사용되기도 했지만, 한편으로는 공공행정, 금융거래, 노동 활동을 할 때 신원을 신속히 파악하는 지표로서 급속한 경제발전에 암암리에 이바지한 것도 사실이다. 이러한 실질적 편익은 개인정보 공개를 통한 프라이버시 침해를 어느 정도 암묵적으로 용인하는 사회 분위기를 양산했다.

상대적으로 개인주의 문화가 약한 한국사회의 문화적 토양도 전자정부의 데이터감시를 국민이 조금은 자연스럽게 받아들이는 배경으로 작용한다. Hofstede(1984)는 『문화의 영향, *Consequences of Culture*』에서 미국이나 서유럽 국가들은 집단보다 개인의 독립성과 자율성을 강조하는 개인주의 문화권으로, 한국, 중국, 일본, 홍콩 등 동아시아 국가들은 집단의 목표와 통일성을 중요시하는 집단주의 문화권으로 분류했다. 물론 같은 사회의 구성원이라도 개인차가 있고, 동양과 서양의 문화적 특성을 이분화하는 것은 다소 단순한 분석이다. 하지만 동아시아의 문화에 개인의 이익보다 공동체의 이익을 우선시하는 집단주의적 특성이 있음은 여러 학자에 의해 관찰되어 왔다(Kim, 1994; Nishida, 1996; Miyahara, 1998; Moemeka, 1998; Adams & Dzokoto, 2003).

한국에서는 국가에 의한 개인정보이용을 대하는 태도에서도 사익보다 공익을 먼저 고려하는 경향이 관찰된다. 2020년 코로나19 사태가 발생하고 한국은 확진자 동선 정보를 보도자료와 인터넷을 통해 빠르게 공개했다. 감염병 환자에 대한 신속한 정보수집과 공개는 'K-방역'의 한 축을 이루며 미국, 프랑스, 영국, 독일 등 해외 언론의 주목을 받았지만, 한편으로는 지나친 사생활 침해라는 우려를 표하기도 했다. 개인주의 문화가 강한 서구 국가들에서는 정부의 마스크 착용, 자가격리 조치에도 강력한 집단반발이 일어나기도 했지만, 대부분의 한국 구성원은 마스크 착용과 자가격리를 최소한 사회구성원이 지켜야 하는 도덕적 의무라고 생각하고 있다. 또한, 〈그림 III-10〉처럼 대통령직속 4차산업혁명위원회가 2020년 5월 발표한 개인정보공개 적절성에 대한 설문조사를 보면, 코로나 확진자의 상세한 동선 공개에 대해 적절하다고 보는 응답자가 약 90%를 넘고, 응답자의 77% 이상이 한국형 뉴딜 정책의 방침처럼 기업의 신기술과 의료보건 기술개발, 공공서비스 개발 목적으로 하는 개인정보제공에 긍정적 의사를 밝혔다. 물론 해당 설문조사의 대표성은 검증이 필요하지만,

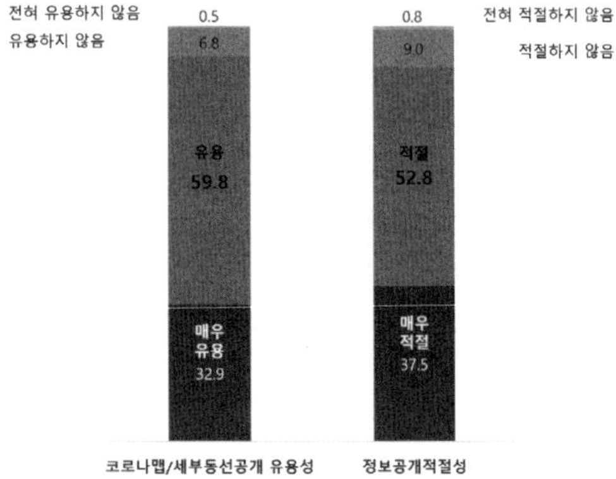

코로나맵의 정보공개 유용성과 적절성

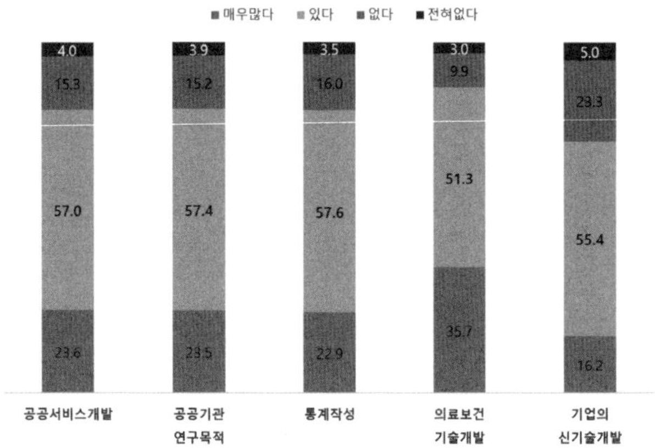

디지털 뉴딜 개인정보제공 의향

그림 Ⅲ-10 개인정보공개 적절성에 대한 설문조사

출처: 대통령직속 4차산업혁명위원회(2020.05.18.).

한국사회가 상대적으로 개인정보보호보다 공익을 우선된 가치로 여기고 있는 경향이 보이는 것은 사실이다. 이처럼 국가의 데이터감시에 대한 높은 수용성은 한국의 네트워크 사회에서 향후 국가가 더욱 강력한 정보통치력을 갖게 할 가능성이 있음을 시사한다.

4. 한국의 디지털 네트워크 시민사회

1) 자국 중심적 디지털 네트워크 시민사회

(1) 국내 중심의 온라인공동체

앞서 디지털 네트워크 시민사회의 특징으로 시민사회의 기반이 조직(organization)에서 네트워크(network)로 옮겨가는 현상을 살펴보았다. 한국에서도 온라인 공동체들이 시민사회의 주요 형태로 급성장해왔다. 한국에서는 1990년대 중후반, 나우누리, 천리안, 하이텔 등 전화선(MODEM) 기반의 PC통신이 유행하면서부터 본격적으로 온라인 커뮤니티에 대한 개념이 생겨났다. 초기 PC통신상의 커뮤니티(방)들은 개인의 관심사나 취미를 공유하는 동호회나 팬클럽이 주를 이루었다. 이어 2000년 전후반 월드와이드웹 기반의 인터넷이 보편화되고 프리챌, 싸이월드, 네이버, 다음 등이 온라인 카페나 개인 홈페이지 서비스를 출시하면서 온라인 커뮤니티들이 더욱 활성화되었다.

그러나 일반적으로 디지털 네트워크 시민사회가 국경을 넘어서 비장소적 공동체의 흐름을 형성하는 경우가 많다면, 한국의 온라인 공동체의 반경은 지리적으로 국내에 국한된 경향이 두드러진다. 물론 한국의 네티즌들도 Twitter에서 시작한 미투 운동처럼 글로벌 시민운동에 동참해왔다. 하지만 일상적으로 소통하는 온라인 공동체는 자국 내 커뮤니티로 한정된 경우가 많다. 일례로, 해외 네티즌은 Instagram, Facebook, Twitter와 같은 글로벌 SNS 플랫폼을 주로 사용하지만, 한국은 독자적인 국내 SNS 채널인 카카오를 더 많이 사용한다. 〈그림 III-11〉과 같이 We Are Society(2019)의 『Global Digital Report』에 따르면, 미국, 캐나다, 호주,

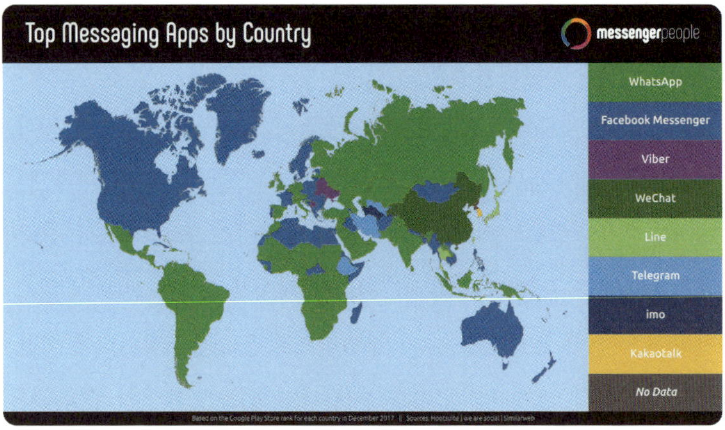

국가별 Top SNS 메신저

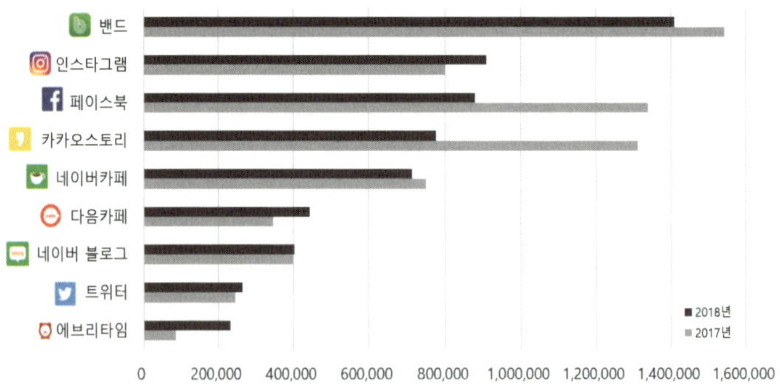

국내 SNS앱 이용 현황(2017년)

그림 Ⅲ-11 한국의 자국 중심적 디지털 시민사회

출처: (위) Bucher(messengerpeople, 2020.02.12.), (아래) 모비인사이드(2020).

스칸디나비아 국가들은 Facebook Messenger를, 남미, 아프리카, 구소련 국가들은 WhatsApp을 가장 보편적으로 사용하는 상황이지만, 한국에서 사용률 1위 SNS는 카카오톡인 것으로 나타났다. 글로벌 앱 분석사이트 APP APE의 조사결과에서도 한국인은 Facebook이나 Twitter보다 카카오스토리, 네이버밴드, 네이버카페, 다음카페 같은 한국 기반 온라인 커뮤니티를 더욱 많이 사용하고 있는 것으로 분석되었다(모비인사이드, 2019).

이는 한국의 디지털 시민사회가 닫힌 네트워크로서 환경, 인권, 난민 문제처럼 글로벌 사회 이슈에 유기적이고 적극적으로 참여하는 데는 다소 한계가 있지만, 다른 한편으로는 디지털 시민사회로서의 강한 현지성과 독자성을 가지고 있다는 뜻이기도 하다.

(2) 온라인공동체와 오프라인 집회의 결합

한국의 디지털 시민사회가 장소성을 갖는다는 점은 온라인 공동체도 아날로그 시민사회처럼 오프라인 모임이나 조직으로 발전할 수 있는 여지가 많다는 것을 의미한다. 글로벌 미투 운동처럼 가상공간에서 유동하는 흐름으로 존재하는 디지털 시민사회는 그라운드스웰 효과로 불리는 엄청난 확산력을 갖는다. 하지만 디지털 공동체는 물리적 단체나 기관에 붙박여 있지 않기 때문에, 사회적 파급력을 지속하여 유지하는 것은 어려움이 있다. 반면, 한국의 온라인 공동체들은 내국(內國)이라는 지리적 기반을 공유하고 있는 경우가 많다. 따라서 조직화와 지속적 연대가 상대적으로 용이하다. 실제로 국내 온라인 공동체 연구자들은 한국의 디지털 시민사회에서는 가상세계의 온라인 활동을 넘어서 현실세계의 사회참여로 발전하는 경향이 크다는 점을 중요한 특징으로 꼽았다(송경재, 2005; 류석진 외, 2016).

특히 촛불집회는 한국사회에서 온라인 네트워크가 오프라인 조직화로 발전하는 현상을 단적으로 보여주는 사례이다. 한국에서 촛불집회가 처음 일어난 계기는 2002년 미군 여중생 압사 사건(효순이 · 미선이 사건) 때문이었다. 사건이 일어났을 당시에는 월드컵과 6 · 13 지방선거에 밀려 사회적으로 해당 사건이 중요하게 인식되지 않았다. 그러나 미군에게 무죄판결이 선고된 반면, 피해자인 여중생에 대한 적절한 보상이 이루어지지 않자 인터넷상에서 해당 사건이 공론화되기 시작했다. 특히 온라인 커뮤니티들을 중심으로 해당 사건에 대한 열띤 토론이 일어났는데, 이때 한 네티즌이 언론사 자유토론방에 촛불시위를 제안하는 글을 게재하여 집회가 시작된 것이 촛불집회의 발단이었다(김성태 외, 2011).

앞서 디지털 네트워크 시민사회는 다양한 주체들이 예상치 않은 방식과 방향으로 연결되고 뻗어나가는 뿌리줄기 같은 특성을 갖는다는 점을 짚어보았다. 디지털 네트워크 시민사회에서 출발한 한국의 촛불집회도 뿌리줄기 같은 복합체 형태를 띤다. 즉, 촛불집회는 과거 사회운동처럼 일관된 이슈와 목적을 갖는 시민사회조직의 질서정연한 활동이라기보다는, 다양한 온라인 공동체와 네티즌들이 순식간에 우후죽순처럼 결합하는 방식으로 이루어지고 있다. 〈표 III-12〉는 실제로 촛불시위를 주도했던 온라인 공동체들을 개괄한 것인데, 보다시피 각 사이트는 서로 관련성이 없을 뿐만 아니라 정치적 이슈와는 거리가 먼 목적으로 개설된 사이트들이다. 하지만 특정 이슈가 발생했을 때 산재해 있던 온라인 커뮤니티들

표 Ⅲ-12 촛불시위를 주도한 온라인 커뮤니티(인터넷 트래픽 순)

커뮤니티	URL	성격	참여형태
Miclub	www.miclub.com	여성 전용 포털사이트	•의견광고 게재 •촛불시위 참여
Souldresser	www.cafe.daum.net/souldresser	패션 정보 교환 동호회	
82cook	www.82cook.com	요리 동호회	
쌍코	www.cafe.daum.net/19810114/	성형수술 정보 교환 동호회	
이화이언	www.ewhaian.com	이화여대 동창회	
미주한인주부들의 모임	www.club.limeusa.com/mizworld	미주 한인주부 동호회	
MLB PARK	www.mlbpark.com	메이저리그 뉴스 교환 동호회	
SLRClub	www.slrclub.com	디지털카메라 동호회	
Dvdprime	www.dvdprime.dreamwiz.com	DVD 동호회	
Ppomppu	www.ppomppu.co.kr	쇼핑정보 공유 동호회	

출처: 장우영 · 송경재(2009: 64).

이 서로 정보를 공유하고 유통하면서 촛불집회에 결합하기 시작했다. 이는 한국사회에서 온라인 시민사회도 리좀적 구조를 가지고 세력을 확장하고 있음을 잘 보여준다.

그러나 한국의 촛불집회는 유동하는 온라인 시민운동과 달리 상당히 정례적이고 물리적인 형태를 획득해나가고 있다. 미투 운동과 같은 온라인 시민운동은 그 범위가 전 세계적이고 지리적 뿌리를 가지고 있지 않기에 리좀처럼 비정형적이고 예상하지 못하는 방향으로 움직인다. 하지만 촛불집회는 이제 일회적 흐름을 넘어서 정형적 의례로 자리매김했다. 2002년 효순이 · 미선이 사건 이후, 2004년 노무현 대통령 탄핵 반대 운동, 2008년 FTA 협상 관련 소고기 파동, 2011년 반값 등록금 촉구 운동, 2014년 세월호 참사 희생자 추모 집회, 2016년 박근혜 대통령 퇴진 요구처럼 한국사회에서 중요한 정치사회적 이슈가 발생할 때마다 촛불집회가 열리고 있다. 촛불집회가 한국 디지털 시민사회운동의 심벌이자 이미지로 고착되고 있는 것이다(김철규 외, 2010; 김성태 외, 2011). 이는 물성(物性)을 갖기 어려운 글로벌 네트워크 시민사회와 달리 한국의 디지털 시민사회는 가시성을 갖는 오프라인 조직으로 발전할 수 있는 여지를 보여준다.

현재 한국 시민운동은 온라인 공동체 활동과 오프라인 조직 활동이 상당히 유기적으로 결합되면서 발전하고 있다. 사회복지와 관련해 대표적인 시민단체로 꼽히는 〈내가 만드는 복지국가〉(이하 내만복)도 그런 사례이다. 내만복은 2012년 교수, 학생, 전문가, 일반시민, 정치인 등 164명이 발기인이 되어 발족한 시민운동단체로, 풀뿌리 시민이 주체가 되어 보편적 복지국가를 위한 사회적 연대를 구축하고, 보편복지가 구현될 수 있는 실질적 방안을 고민하기 위한 목적을 가지고 설립되었다. 회원들이 내만복에 참여하는 방식은 크게 지역의 연구모임, 독서모임, 마을모임 등에 속하거나, 온라인 활동에 참여하는 것이다. 내만복은 온라인 활동을 활성화시키기 위해 단체의 공식홈페이지를 운영할 뿐 아니라, 2013년부터는 YouTube에 만복TV 채널을 열어 소통하고 있으며, Facebook, Twitter에도 단체의 입장, 각종 행사, 총회 등의 활동을 업로드하는 등 매우 적극적으로 디지털 시민운동을 전개하고 있다. 특히, 내만복은 세상을바꾸는사회복지사, 복지국가소사이어티, 복지국가사회복지연대 등 다른 주요 사회복지단체들과 함께 2012년 촛불집회를 모티브 삼아 〈복지국가촛불연대〉를 결성하고, 다양한 사회복지 이슈에 대한 촛불집회를 매월 정기적으로 개최해왔다. 2020년 코로나 사태가 심각해진 이후부터는 zoom을 통해 온라인 복지국가 촛불 모임을 열어 2020년 8월 현재 76회에 이르기까지 지속하고 있다.

〈정치하는 엄마들〉의 스쿨 미투 운동도 온라인 활동과 오프라인 조직이 유기적으로 연결된 대표 사례에 속한다. 〈정치하는 엄마들〉은 2017년 노동시장에서의 여성노동자와 가정에서의 양육자라는 이중 역할을 수행하면서 겪는 엄마들의 정치세력화를 위해 만들어진 사회단체다. 창립배경은 19대 국회의원이었던 장하나 대표가 국회의원 임기 중에 결혼과 출산을 동시에 수행하면서 엄마들의 당사자 정치의 필요성을 느끼게 된 것이 계기가 되었다. 그녀는 20대 국회의원 낙선 뒤 한겨레 신문에 〈엄마 정치〉라는 연재를 시작하면서, 엄마의 정치화에 공감하는 약 50명의 회원을 중심으로 〈정치하는 엄마들〉을 창립하였다. 2020년 기준 회원 수는 약 1,800여 명인 것으로 알려져 있으며, Facebook 팔로워수는 약 7,500명에 달한다. 〈정치하는 엄마들〉은 모든 엄마가 차별받지 않는 성평등 사회, 모든 아이들의 권리가 보장되는 복지사회, 모든 생명이 폭력 없이 공존하는 평화사회, 미래 세대의 환경권을 옹호하는 생태사회 건설을 목적으로 온 · 오프라인 정치활동을 벌이고 있다. 그중 2018년부터 시작된 이른바 스쿨 미투 운동이 대표적인 온라인 활동에 속한다. 스쿨 미투는 온라인에서 진행된 글로벌 미투 운동이 도화선이 되어 용화여고 졸업생들이 재학 중에 겪었던 학교 성폭력을 고발하면서 시작되었다. 이에 〈정치하는 엄마들〉은 해당 스쿨 미투가 일회성 폭로에 그치지 않고 조직화된 힘으로 결집할 수 있도록 2018년 스쿨 미투가 일어났던 49개 학교의 Twitter 계정에 피해학생들에게 법률 지원을 제공할 수 있다는 안내와 함께 가해자 처벌과 피해자 방지를 요구했다. 이어 2019년에는 전국 16개 시도의 교육청에 스쿨 미투 관련 정보공개 청구를 진행하였고, 대부분의 시도로부터 답변을 받는 데 성공했다. 또한, 학생들이 Twitter에 공개한 스쿨 미투 데이터를 모아 홈페이지에 스쿨 미투 전국 지도를 공개하는 등 스쿨 미투 운동의 확산에 이바지했다.

2) 정부 주도 온라인 시민참여

(1) 시민의 온라인 정치참여 확대

인터넷과 같은 디지털 뉴미디어는 일반시민이 사회문제에 대해 자신의 목소리를 주체적으로 낼 수 있게 해준다. 아날로그 사회에서는 매스미디어와 소수의 오피니언 리더에 의해 여론이 구축되고 정책 담론이 형성되어온 반면, 디지털 시민사회에서는 인터넷을 매개로 개인도 사회이슈에 대한 논쟁과 정책담론 형성에 상대적으로 쉽게 참여할 수 있다. 2013년 아동학대근절을 위해 결성된 〈아동학대방지시민모임〉(現 대한아동학대방지협회)도 그 중 하나다. 현재는 〈대한아동학대방지협회〉라는 오프라인 시민단체로 발전했지만, 초기에는 일반 학부모들이 아동학대 피해자를 옹호하기 위해 온라인 활동을 펼치면서 시작되었다. 결성 당시인 2013년은 울주군 여아 학대사망사건(일명 서현이 사건)으로 인해 아동학대에 대한 사회적 공분이 일어났던 시기였다. 이에 서현이 생모의 지인이었던 한 학부모가 〈하늘로 소풍간 아이를 위한 모임〉이라는 온라인 커뮤니티를 개설하고 회원을 모집하면서 본격적인 정책옹호활동이 시작된 것이다. 해당 커뮤니티는 사건 당시 계류 중이던 아동학대범죄의 처벌 등에 관한 특례법 제정을 위해 서명운동을 벌이거나, 국회위원을 면담하고, 중앙(지역)아동보호전문기관, 굿네이버스, 세이브더칠드런과 같은 민관기관과 협력하여 캠페인과 모금활동을 진행하기도 했다. 또한, 올바른 양육문화와 아동학대 인식을 높이기 위해 온라인 회원들을 상대로 온라인 양육 상담을 진행하거나 각종 양육 및 아동학대 정보를 제공해왔다. 특히 익명으로 아동학대를 제보하는 게시판을 운영하여 회원들이 아동학대에 대한 시민감시망의 역할을 자처하기도 했다.

기존에 단지 복지대상자로 인식되었던 취약계층이 자신이 당면한 문제를 해결하기 위해 자생적으로 온라인 공동체를 결성하는 예도 적지 않다. 예를 들어, 한국에서는 전통적 복지대상자인 빈곤층이 결성한 온라인 공동체들이 매우 활발하게 운영되고 있다. 현재 정보화의 진전에도 불구하고 저소득층의 정보화를 다룬 연구들 대부분은 저소득층의 정보빈곤과 정보격차에 초점을 맞추어 왔다(Norris, 2001; Van Dijk & Hacker, 2003; DiMaggio et al., 2004; Hargittai & Walejko, 2008). 정보사회학자 Chatman(1996)도 저소득층, 여성, 비정규직 노동자, 수감자처럼 취약계층의 소극적 정보행태를 4가지로 간추리기도 했다. 타인이 자신의 문제를 알게 될 경우 불이익이나 해코지를 당할 수 있다는 두려움 때문에 자기 정보를 숨기거나(secrecy), 속이는 경향(deception)이 있고, 외부정보의 유용성을 회의하기 때문에 적극적으로 외부정보를 탐색하는 위험을 감수하지 않고(risk avoiding), 자신이 현재 처한 상황에서 선택적으로 정보를 취하는 경향(situation relevance)이 강하다는 것이다. 그러나 이는 아날로그 시대의 면대면 관계를 기반으로 한 정보행태 분석이다. 장애인(이경아 외, 2014), 한부모 가정(성정현, 2007), 성소수자(McKenna &

Bargh, 1998), 소수민족(Hoffman-Goetz & Donelle, 2007)의 온라인 공동체 연구들에서 볼 수 있듯이, 소외계층에게 비대면으로 이루어지는 온라인 공동체 활동은 공감, 비심판적 태도, 익명성을 기반으로 서로 정보를 거리낌 없이 공유하고 격려하는 새로운 사회적 지지체계로 기능하기도 한다.

수급자들에게도 온라인 공동체가 정보공유와 상호지지를 위한 공론장으로 활용되는 모습이 포착된다. 실제 한국정보화진흥원의 정보격차 실태조사 결과에 따르면, 전체 국민 대비 국민기초생활보장제도 수급자의 정보화 수준은 2004년 55.6%에서 2014년 85.3%로 지속 상승해왔다(한국정보화진흥원, 2015). 또한, 2015년 인터넷을 이용하는 기초생활수급자의 38.1%가 단순히 뉴스를 검색하는 수동적 활용을 넘어 온라인 공동체에 가입해 정보생산과 교류에 적극적으로 참여하는 것으로 나타났다(한국정보화진흥원, 2015: 64). 이들 중에는 인터넷상에서 소위 '수급자 인터넷 카페'로 불리는 저소득층을 위한 온라인공동체를 만들어 국민기초생활보장제도를 포함한 사회복지서비스 정보를 공유하고, 수급권을 획득하고 행사하기 위한 방법을 주제로 토론하는 사례도 적지 않다. 〈표 III-13〉은 한국에서 널리 사용되는 포털사이트들에서 '수급자', '저소득층', '빈곤층'이라는 검색어로 검색된 수급자 인터넷 카페 리스트의 일부로 복지대상자들의 자체적 온라인 정보교류의 모습을 단편적으로나마 보여준다(김수영, 2019).

이처럼 한국에서도 디지털 정보통신기술은 일반시민과 취약계층이 서로 정보를 공유하고, 사회이슈에 공동으로 대응하거나, 정책적 목소리를

표 Ⅲ-13 수급자 온라인 커뮤니티 사례

카페명	카페 내용	회원수	개설일
싱글남녀【싱글맘 싱글대디】	저소득층 한부모가정, 미혼모, 다문화가정 정보교류와 지원	34,180	2009.02.14.
수급자카페【차상위 한부모 미혼모】	저소득층 한부모가정 정보교류와 친목	14,150	2009.02.14.
싱글맘싱글대디【돌싱남녀】	한부모가정, 기초생활수급자, 차상위계층 고민나눔과 친목여행	12,679	2015.03.19.
한수협(한국수급자협의회)	수급자, 차상위, 한부모가정, 장애인 등 저소득층 정보공유와 친목	8,354	2009.07.19.
행복을 꿈꾸는 사람들의 모임	장애인 수급자, 한부모가정 등 정보나눔 및 친목	2,058	2003.03.11
공무원(저소득층)을 준비하는 사람들의 모임	공무원 준비하는 수급자와 한부모가정 정보공유	1,472	2009.04.11.
사회복지 & 수급자카페	기초수급자, 차상위계층, 한부모가정, 장애인 복지혜택 정보공유	1,342	2014.07.20
희망바라기	기초수급자, 서민층 고충상담 및 친목	678	2015.01.28.
희망과 함께하는 사람들	기초생활수급자, 한부모가정, 차상위계층, 장애인 정보공유	462	2011.06.26
가로수	기초수급자, 한부모가정, 차상위계층 정보제공과 지원	395	2010.08.18
수급자랑 한부모 카페	수급자, 한부모가정, 차상위계층, 장애인 카페	185	2012.05.16.
기초생활수급자 길드	기초생활수급자의 협력과 정보공유	132	2011.03.18
행복을 꿈꾸는 수급자들의 모임	수급자와 차상위계층의 휴식 및 오락	107	2003.05.16

출처: 저자 작성.

내는 자발적 온라인 공동체를 결성하는 데 이바지했다. 그러나 시민들의 자생적 활동 외에도 국가가 주도적으로 개별 네티즌의 정치참여를 유도하는 현상도 한국의 디지털 시민사회의 한 풍경이다.

(2) 정부의 온라인 정책참여 플랫폼

한국사회에서 시민의 온라인 정치참여를 논할 때 청와대의 〈국민청원〉과 국민권익위원회의 〈국민신문고〉도 자주 언급되고 있다(이준화, 2018;

정성전, 2018; 문세진 · 김민, 2019). 먼저 〈국민청원〉은 2017년 문재인 정부 출범 100일을 맞아 '국민이 물으면 정부가 답한다'는 국정철학을 실현할 목적으로 개설되었다. 국민 1인이 일정한 주제(17개 카테고리) 내에서 청원을 올리면 공감하는 다른 네티즌들이 이를 보고 추천할 수 있으며, 30일 동안 20만 명이 추천한 청원 안건에 대해서 정부 부처와 청와대가 안건에 답하는 구조로 되어 있다. 국민청원에 주로 올라오는 내용은 특정 사건의 수사 촉구, 제도개선, 특정 인사에 대한 문제제기가 대다수로, 최근 가장 추천순이 높은 청원으로는 아파트 경비 자살사건, 코로나 사태로 인한 등교 연기 촉구, 언론 보도 정정, 특정 지자체 정치인 해임 건의, 미해결 살인사건 수사 촉구 등이 있다. 이 중 현실적으로 답변이 가능한 사안은 담당 정부 부처의 장이 답변하고, 답변이 어려운 사안은 '답변이 어렵다'는 내용으로 청와대 내 디지털소통센터장이나 관련 부서 비서관을 통해 답변이 이루어지고 있다.

한편 〈국민신문고〉는 국민권익위원회에서 운영하는 민원사이트이다. 국민권익위원회는 고충민원처리, 불합리한 행정제도 개선, 부패를 예방하고 규제하기 위한 행정기관으로 2008년 국민고충처리위원회, 국가청렴위원회, 국무총리 행정심판위원회를 통합하여 발족한 기관이다. 따라서 주요 업무 역시 민원처리, 부패공익신고, 예산낭비신고, 소극행정신고, 갑질피해신고, 행정심판청구 등의 업무와 민원을 처리하는 것에 초점을 두고 있다. 국민청원과 가장 다른 점은 주제별 청원보다 정부와 민간기관에 대한 구체적 민원해결과 권리구제에 중점을 두고 있다는 점이다. 또한, 〈국민신문고〉 사이트에 있는 국민생각함 페이지에서는 개별 지자체가 정책공모를 내거나, 국민제안에서 나왔던 정책제안 내용들을 토대로 설문 · 투표를 거쳐 실제 정책으로 채택하거나, 제도 도입을 계획하는 정부방침이 공개되기도 한다. 예를 들어, 한 발제자(국민)가 국민생각함에 지자체 내에 유휴공간 활용을 통한 공간대여 서비스를 제안했는데, 이에 해당 지자체가 보유한 유휴공간들을 소개하고 향후 활용계획에 대한 답변을 올리기도 했다. 〈국민청원〉과 〈국민신문고〉는 국가와 국민이 직접 소통하고, 국민이 국가의 정책제안에 참여하는 공공 웹사이트로서 직접 민주주의와 시민 정치참여의 대표사례로 언급되어 왔다.

그러나 〈국민청원〉과 〈국민신문고〉을 통한 시민의 정치참여는 서구적 맥락의 시민에 의한 정치참여와는 결을 달리한다. 즉, 근대 서구에서 시민은 주로 국가의 권력과 통제로부터 자유로운 개인을 상정하며, 정치참여는 자유인으로서의 시민이 국가의 정책과 제도에 대해 비판적이고 저항적인 목소리를 내는 사회운동으로 표현된다(Habermas, 1981). 그러나 〈국민청원〉과 〈국민신문고〉의 시민참여는 국가의 정책과 행정에 대한 시민의 정치참여라는 취지 외에도 전통적 군왕과 백성의 관계를 은연중에 소환한다. 신문고는 조선 태종이 1402년 관리들의 권리 남용으로 백성이 고통을 받을 때 억울함을 상소할 수 있는 통로로 대궐 밖 문루에 달았던 북으로 민의를 왕에게 상달하는 제도였다. 이러한 조선 시대의 신문고에 착안하여, 〈국민신문고〉는 왕권을 표상하는 정부를 향해 국민이 생각과 불만을 올린다는 이미지를 내포하고 있다고 볼 수 있다.

권위주의적 국가와 시민의 관계는 〈국민청원〉에서도 관찰된다. 2020년 8월 〈국민청원〉에 한 네티즌이 조선시대 상소문 형식을 차용해 '시무 7조'

라는 제목으로 현 정부의 정책들을 비판하는 글을 올려 신드롬에 가까운 반향을 일으켰다(중앙일보, 2020.08.28., 조선일보, 2020.10.12.). 해당 네티즌은 자신을 진인(塵人), 즉 먼지와 같은 인간으로 낮추면서 근대적 군주인 대통령에게 간언을 올린다고 서술했다. 비록 이는 풍자적 글쓰기였지만, 한국사회에서 국가와 시민의 관계에 근대성과 비근대성이 공존하고 있음을 단적으로 보여주고 있다. 사실 〈국민청원〉에 올라오는 수많은 안건은 공공이슈에 대한 시민들의 정치적 견해를 교류하는 공론장으로만 사용되는 것이 아니라, 개별 시민이 국가라는 권력기관에 자신의 개인적 억울함이나 문제를 해결해달라는 호소문을 올리는 공간으로도 사용되고 있다. 시민사회 내에서 구성원들이 자율적으로 협의하거나 민사적으로 해결해야 할 사안들에 대해 정부가 직접 나서서 일일이 해결해주길 바라는 현상은 한국의 시민사회가 국가의 행정체계에 상당히 의존적으로 복속되어 있음을 시사한다. 〈국민청원〉과 〈국민신문고〉는 시민들 사이의 연대나 상호교류를 진작하기보다는 개별 시민이 국가에 다대일로 연결되는 중앙 집중적 의사소통구조를 갖는다. 이런 의미에서 한국의 디지털 네트워크 공간은 근대의 언론 형식인 매스미디어적 속성도 함께 가진다고 볼 수 있다.

물론 한국의 온라인 정치참여가 중앙 집중적 의사소통구조로 진행되고 있다고 해서 이를 개별적이고 수평적인—다소 서구 역사에 뿌리를 둔—시민의 정치참여보다 바람직하지 않다고 평가하기 어렵다. 앞서 살펴봤듯, 시민의 온라인 의사소통은 이슈별로 파편화되거나 집단 사이에 극단적 대립으로 귀결될 위험이 있다. 한국에서도 정치적 견해에 따라 진보와 보수의 집단 갈등이 점차 가시화되고 있고, YouTube나 SNS상에서의 정보교류 활동에서도 자신과 같은 견해의 정보만 습득하는 필터 버블과 에코 챔버 현상이 심화되고 있다(박상운, 2014; 민희 · 윤성이, 2016). 그러나 한국의 디지털 네트워크 시민사회 내에는 이처럼 분절된 자생공간들만이 존재하는 것이 아니다. 비록 〈국민청원〉, 〈국민신문고〉의 경우 권위주의적 잔재가 스며있다는 비판을 받기도 하지만, 한국에서 정부의 시민참여 플랫폼은 네티즌들 사이에 인기를 끌면서 활발히 활용되고 있어 시민들의 의견이 집결된 공론장(public sphere)으로서 잠재력을 보여주고 있다.

따라서 만약 정부의 온라인 시민참여 플랫폼이 더 체계적이고 민주적으로 운영된다면, 파편화된 가상공간에서 자칫 합의점 없이 휘발할 수 있는 시민들의 다양한 의견들을 실제 국가정책에 반영할 수 있는 통로가 될 수 있다. 예를 들어, 서울시에서 진행하는 국민정책제안 플랫폼인 〈민주주의 서울〉은 디지털 네트워크가 갖는 직접 민주주의적 특성과 한국사회가 갖는 중앙 집중적 특성이 결합된 온라인 시민참여 플랫폼이다. 〈민주주의 서울〉은 〈그림 III-12〉처럼 시민이 서울시정에 참여할 수 있는 프로세스를 체계적으로 구조화하여, 시민들의 의견이 정책으로 발전하는 단계를 가시화시키고 있다.

서울시의 정책제안 프로세스에 따르면, 먼저 개별 시민은 〈민주주의 서울〉의 온라인 플랫폼, 서울 곳곳에 직접 찾아가 시민들의 생각을 듣는 찾아가는 민주주의 서울, 정책제안 발굴 워크숍 등을 통해 정책제안을 할 수 있다. 시민이 제안한 정책이 50명의 공감을 얻으면 이는 담당 부서가

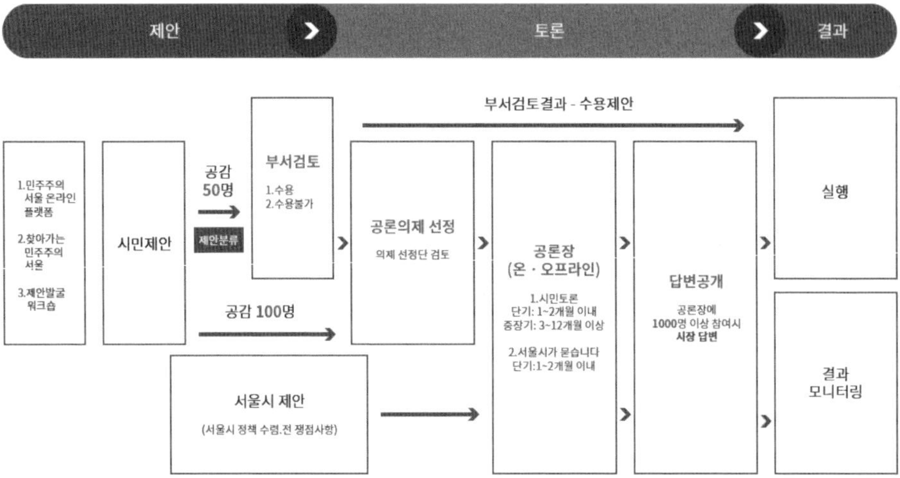

그림 Ⅲ-12 <민주주의 서울> 정책제안 프로세스

출처: 민주주의 서울 홈페이지.

검토하고, 100명의 공감을 얻으면 플랫폼 내에서 공론의제로 선정이 되어 시민들로 구성된 의제선정단이 의제를 검토하게 된다. 부서와 의제선정단의 검토를 거친 정책안에 대해서는 공론장에서 시민토론이 진행된다. 공론장에서 1,000명 이상이 참여한 제안에 대해서는 서울시장이 이를 직접 답변하고, 이후 정책수립계획 및 실행상황에 대한 보고가 이루어진다. 〈민주주의 서울〉을 통해 이루어진 정책제안은 〈국민청원〉과 비슷하게 최종적으로는 지방정부의 장에 의해 답변과 실행여부가 결정된다는 의미에서 민의상달(民議上達)의 형식을 취하고 있지만, 정책제안 프로세스의 중간 과정에서 시민참여 의제선정단과 시민토론 공론장의 절차를 두어 시민들 사이의 숙의민주주의를 진작하기 위해 노력했다.

최근 〈민주주의 서울〉을 통해 정책화된 제도 중 하나는 서울시 난임정책이다. 2018년 1월 〈민주주의 서울〉 홈페이지에 올려진 '보건소에서 난임주사를 맞을 수 있다면 어떨까'라는 제안이 의제선정단에 의해 선정되어 약 2달간 5,147명의 투표를 통해 난임정책에 의견이 모였다. 이어서 시민제안 발굴 워크숍 개최, 소관 부서 검토 및 관계 기관 자문, 시민 150명이 참여한 시민토론 간담회 등을 거쳐 최종적으로 구체적 난임정책이 도출되었다. 최종 난임정책은 ① 보건소에서 난임주사를 맞을 수 있도록 단계적 실행, ② 시술 가능한 민간의료기관 네트워크 400여 곳 정보 안내, ③ 서울시 임신출산정보센터 개설하여 난임관련 정책정보 원스톱으로 제공, ④ 서울의료원 내 공공 난임센터 개설, ⑤ 난임문제에 대한 정부와의 협의를 계획으로 구체화되었는데 이를 네티즌들이 볼 수 있도록 2019년 5월 서울시장은 YouTube 영상을 통해 직접 정책 수행 계획을 발표하기도 했다. 〈민주주의 서울〉이 지자체의 시민참여 플랫폼이다보니 제안되는 정책 내용은 지역사회 내의 구체적 정책실현 방안에 더욱 초점이 맞춰져 있다. 일례로, 최근 코로나19로 인해 한강공원과 같은 야외활동이 많아진 현상에 대비해, 안전하게 야외공원을 이용할 수 있는 방법에 대한 의견수렴이 진행되기도 했다. 이에 잔디에 생활방역 거리를 고려한 구역지정, 1인용 벤치 설치, 돗자리 구역 지정, 화장실 위생용품 비치, 진입로 게이트 요원 통한 선별입장, 소독빈도 높이기 등의 의견이 제안된 바 있다.

이처럼 한국의 시민사회도 정보통신기술을 통해 급속도로 디지털 네트워크화되어 왔다. 한국에서도 온라인 공동체들이 활성화되면서 일반시민과 취약계층이 서로 정보를 교류하고 사회적 영향력을 행사하는 경우가 많아지고 있다. 하지만 한국의 네트워크 시민사회는 글로벌한 확장력을 갖는다기보다는 내국 중심의 온라인 네트워크의 특징을 갖는다. 이러한 현지성은 디지털 공간에서의 교류가 촛불집회와 같이 현실공간에서 결집되는 데 이바지했다. 또한, 시민의 온라인 정치참여 채널로 자생적인 온라인 공동체만이 아니라 〈국민청원〉, 〈국민신문고〉, 〈민주주의 서울〉과 같이 중앙 · 지방정부가 제공하는 온라인 정책제안 플랫폼이 활발하게 활용되고 있다. 시민의 정치참여에 국가가 상당히 중요한 행위자이자 유도자로 영향력을 미치고 있는 점은 한국의 디지털 네트워크 시민사회의 중요한 특징이라고 볼 수 있다.

5. 소결

본 장에서는 한국의 디지털 네트워크 사회가 갖는 특성을 중심으로 살펴보았다. 디지털 시대에 각 사회는 앞서 Ⅱ장에서 살펴본 구조변화와 난제를 공통으로 경험하고 있지만, 모든 사회가 같은 방식으로 네트워크 사회를 구축하게 되는 것은 아니다. 각 사회의 역사와 맥락에 따라 구축된 네트워크 사회의 형태는 조금씩 다를 수 있다. 이에 본 장에서는 한국사회가 국가 중심적이고, 중앙 집중적이며, 글로벌화와 지역화가 혼재된 글로컬한 네트워크 모형임을 살펴보았다. 디지털 시대의 한국사회는 글로벌 행위자들과의 네트워크 구축보다는 국내 행위자들 사이의 상호작용이 다른 네트워크 사회들보다 상대적으로 더 활발하며, 모든 영역에서 정부의 역할이 여전히 강하다는 측면에서 자국 중심적 네트워크 사회(nationalistic network society)라고 명명할 수 있다.

먼저 네트워크 시장영역을 살펴보면, 한국도 플랫폼 경제가 활성화되어 다양한 플랫폼 기업들이 등장하고 있으며 플랫폼 노동자 역시 증가추세에 있다. 따라서 한국에서도 플랫폼 경제 내 노사관계가 고용관계로 성립할 수 있는지에 대한 법정 논쟁이나 사회적 갈등이 야기되고 있다. 그러나 한국은 서구나 제3세계와 달리 플랫폼 노동자들이 자국 기반의 플랫폼 기업에서 주로 활동하기 때문에 글로벌 플랫폼 경제에 대한 인식이 상대적으로 약하고, 국가경계를 넘어선 노사관계 역시 두드러진 문제로 등장하진 않고 있다. 따라서 상대적으로 닫힌 네트워크인 한국사회에서는 플랫폼 경제의 노사관계에 대한 국민국가의 일정한 개입과 자국 기업과 노동자의 사회합의가 어느 정도 가능한 토양을 갖추고 있는 것으로 보인다.

네트워크 국가 측면에서도, 한국은 여전히 국민국가의 영향력이 강하다. 서구에서는 시장경제의 세계화, 신자유주의의 부상, 초국가적인 연합체의 등장이 복지국가를 약화하는 요인들로 작용했다. 그러나 한국에서는 IMF 경제위기에서 볼 수 있듯이 이러한 글로벌 기류가 자국의 국가복지를 강화하는 배경이 되기도 했다. 또한, 한국의 전자정부는 세계적으로 선두를 자랑할 만큼 강력한 공공행정 시스템으로 발전하고 있다. 하지만 한국은 국가의 사회통제의 오랜 역사가 있으며, 공공의 이익을 위해 개인의 희생을 어느 정도 용인하는 집단주의적 문화로 인해, 국민이 정부의 개인정보수집과 활용에 대해 상당한 수용성과 적응력을 보인다. 이에 따라 한국에서는 정부의 시민에 대한 데이터감시가 더욱 빠르게 심화될 것으로 예상한다.

마지막 네트워크 시민사회 특징을 살펴보면, 한국의 온라인공동체는 자국 중심의 특성을 보인다. 물론 미투 운동과 같이 디지털 네트워크를 통한 글로벌 사회운동이 활발해지면서, 한국의 온라인 시민사회 역시 이에 동참하는 모습을 보였다. 하지만 한국의 온라인공동체들은 한국어를 기반으로 내국인 중심 의사소통을 주로 하고 있어서, 가상성(virtuality)만이 아니라 그 자체로 지역성(locality)을 내재하고 있다. 그렇기에 온라인공동체의 활동이 오프라인 단체나 집회 결성으로 이어지는 경우가 많다. 한국의 온라인 시민 활동에서 두드러진 또 다른 특징은 시민의 정치적 의사소통에 있어 정부가 핵심축을 차지하고 있다는 점이다. 정부는 시민들이 자신의 일상문제나 정책에 대한 의견을 개진할 수 있는 시민참여 플랫폼을 개설했는데, 이는 한국 네티즌들 사이에서 상당한 관심을 받으며 활용되고 있다. 국가가 시민의 정치참여 유도자로 역할을 하는 것이다. 이는 한국사회에서는 국가가 시민 간 의사소통 공론장을 마련하고 촉진하는 잠재력을 가지고 있다는 뜻이기도 하다. 물론 자국 중심적이고, 중앙집중적이며, 글로벌화와 지역화가 혼재된 한국의 국가 중심적 네트워크사회는 나름을 문제와 한계를 갖는다. 그러나 디지털 시대의 사회안전망을 마련하는 데 있어서, 각 사회가 가지고 있는 현실적 조건을 고려하지 않을 수 없다. 따라서 네트워크 사회의 난제에 대한 대응방안을 살펴보는 다음 Ⅳ장에서는 한국의 네트워크 사회의 문제점을 개선하는 방안만이 아니라, 특성을 활용하는 방안도 함께 고민해보고자 한다.

Ⅳ. 디지털 네트워크 사회의 난제에 대한 대응방안

Ⅳ. 디지털 네트워크 사회의 난제에 대한 대응방안

1. 관계 지향적 거버넌스 모델

디지털 시대에 새로운 난제에 대응하는 시스템은 네트워크 국가-시장-시민사회의 주요 행위자들의 의사소통을 활성화하고 조정하는 데 중점을 두어야 한다. 본질적으로 사회복지는 사회문제를 해결하기 위한 제도와 실천이다. Friedlander와 Apte(1980: 4)는 사회복지를 사회적 위험에 대응하며 인간의 욕구와 행복을 충족하기 위한 사회적 활동과 체계로 정의한다. 그러나 인간이 경험하는 핵심적 사회문제가 무엇이며, 어떤 욕구를 주되게 충족해야 하는 욕구로 보는지는 시대와 사회마다 달랐다. 보통 욕구는 '무엇인가 결핍된 상태로 이를 충족하고자 하는 심리'로 정의되는데, 자원의 희소성이 핵심 화두였던 초기 근대 산업사회에서 주된 결핍은 Maslow가 1단계 욕구로 분류한 물질적 · 생리적 생존에 있었다(Maslow, 1943). 이에 따라 사회문제를 해결하기 위한 근대 복지국가의 아젠다도 경제적 재분배에 치중해 있었다. 사회부조나 사회보험과 같은 산업사회의 사회복지정책들도 물질적 결핍을 해결하기 위해 소득을 재분배하는 데 초점을 맞추어 왔다.

그러나 경제적 궁핍에서 어느 정도 벗어난 후기 산업사회에 접어들면서 인간의 관심이 생계 및 안전과 같은 기본욕구에서 소속감, 자아실현 같은 상위욕구로 이동하고 있다. Easterlin Paradox가 시사하듯, 경제적 풍요가 보장된 사회에서는 인간의 행복이 더는 경제적 자원만으로 좌우되지 않는다(Easterlin, 1974). Christakis와 Fowler(2008)의 『행복은 전염된다, *Connected*』는 오늘날 행복한 사회를 형성하는 데 사회적 관계 네트워크가 얼마나 결정적인 역할을 하는지 잘 보여준다. 사회정책학자 Titmuss(1970: 72)도 재화와 서비스를 교환하고 분배하는 사회보장 시스템은 비인간적인 행위가 아니라 개인과 집단 사이의 인간적 관계(personal relationship)를 연결하는 도덕적 행위(moral transaction)라고 말했다. Putnam(1993)이 지적했듯이, 밀도 있는 상호작용 네트워크가 형성되면 자아의식이 넓어져 '나'에 대한 이해가 '우리'에 대한 이해로 확장되며, 이렇게 형성된 사회적 관계는 구성원들의 건강상태만이 아니라, 사회의 신뢰도, 평등에 대한 지향까지 증진할 수 있다.

경제적 풍요에서 사회적 관계로의 지향 변화는 미래 네트워크 사회의 사회안전망을 설계할 때도 중요한 시사점을 제공한다. 기존 산업사회에서는 물질적 재분배 자체가 우선적 지향점이었기에, 공공관리(public management)를 통해 정책대상자인 국민에게 얼마나 효율적으로 자원을 재분배하는지가 복지국가의 과제였다. 하지만 네트워크 사회에서는 무엇을 얼마나 재분배할지만 아니라, 누가 어떤 방식으로 재분배할지에 대한 절차적 정당성이 중시되고 있다. 예전에는 사회급여의 대상으로 취급되었던 사회적 한계계층들도 단순히 물질적 자원의 재분배(redistribution) 대상이 아니라, 자신의 존재와 지위에 대한 사회적 인정(recognition)을 요구하는 일이 많아지고 있다(Fraser & Honneth, 2003). 정부(government)의 일방적 정책결정이 아니라, 다양한 행위자의 거버넌스(governance)가 공공행정의 새로운 패러다임으로 자리매김하기 시작한 데에는 이런 배경이 있다(Rhodes, 1997).

Castells과 Himanen(2014: 73-79)은 미래 네트워크 사회에서는 산업복지국가의 패턴을 고수하기보다는 사회보장의 가치, 목표, 기능, 주체에 대한 근원적 재구조화를 통해 사람 중심의 웰빙사회로 발돋움해야 한다고 주장한다. 또한, 미래의 웰빙사회에서는 국가가 복지공급자가 되고 국민이 복지대상자가 되는 일방적 전달체계가 아니라, 다양한 사회집단과 구성원이 주체적으로 참여할 수 있는 네트워크 거버넌스 체계를 구축해야 한다고 제안한다. 네트워크 시대의 혹독한 난제들을 해결하기 위해서도 각 영역 간의 거버넌스 시스템 구축이 무엇보다 필요하다. 네트워크 사회에서 각 사회영역과 난제들은 리좀처럼 뒤엉켜 있기에, 각 사회집단이 자기 이익을 추구하는 전략으로는 문제해결이 불가능하다. 또한, 네트워크 연결망에서는 예측 불가능한 나비효과로 인해 결과적으로 독자행동이 최종적으로 자기 이익을 담보할 수 없다(Rittel & Webber, 1973; Koppenjan & Klijn, 2004). 따라서 서로 열린 대화와 상호양보를 통해 공동이익과 협력을 도모하는 편이 전략적으로도 더 유리하다. 이에 Koppenjan과 Klijn(2004: 16)은 복잡한 네트워크 사회에서 불확실성을 관리하는 전략으로 '자기 영역의 경계를 가로지르는 성찰(cross frame reflection)'의 필요성을 주장했다.

그러나 지금까지 한국은 일제강점기, 한국전쟁, 분단, 개발독재, IMF 경제위기와 같은 격변하는 정치 · 경제적 상황으로 인해 사회구성원들 사이에 대립과 갈등이 심한 사회였다. 재벌과 정권의 정경유착, 군부에 의한 장기 독재, 사회운동에 대한 국가 탄압 등으로 정부-기업-시민사회의 갈등 골이 깊다 보니, 민주화 이후에도 상대를 협업파트너로 여기기보다는 투쟁과 공격의 대상으로 인식하는 경우가 많다. 한국보건사회연구원의 연구에 따르면, 한국의 사회갈등 관리지수는 OECD 34개국 중 27위로 최하위권이다(정영호, 고숙자, 2018). 더욱이 미래사회에는 이념적 · 정치적 갈등이 더 심화할 가능성이 크다. 산업사회에서는 경제적 빈곤과 불평등이 최대이슈였기에, 복지국가는 소득재분배를 중심으로 하는 제도 설계를 통해 이를 완화하고자 했다. 그러나 국회미래연구원(2019)의 보고서도 지적하듯이, 미래사회에는 이민, 종교, 성 소수자와 관련한 문화적 차원의 이념충돌, 진보-보수의 정치적 양극화가 주요 갈등요인이 될 것이다. 이러한 이슈에 사회가 적절히 대처하지 못하면 구성원 간의 신뢰가 떨어지고 갈등의 골이 더 깊어질 수밖에 없다. 따라서 경제적 재분배 외에도 사회갈등을 완화하기 위한 의사소통시스템을 고민할 필요가 있는 것이다.

따라서 미래 사회문제에 관한 토론과 합의를 이루어갈 국가-시장-시민사회의 3자 협력체계를 마련해 사회구성원 간 관계 맺음에 투자하고 상호신뢰를 이뤄내는 작업이 선행되어야 한다. 이에 본 장에서는 자국 중심적 네트워크 사회(nationalistic network society)라는 한국사회의 특징을 고려해, 디지털 한국의 사회적 난제를 해결하는 의사소통 시스템으로 관계 지향적 거버넌스(relational governance)를 제안한다. 앞서 네트워크 사회 일반론에서 짚어보았듯이, 디지털 기술혁신과 맞물려 사회구조가 변화하면서 기업과 노동자, 국가와 초국가적 기구, 국민과 국가, 시민사회 집단 간에 새로운 갈등 요소들이 발생하고 있다. 관계 지향적 거버넌스란, 사회적 행위자들 사이의 갈등을 완화하고 함께 사회적 위험에 대응하기 위한 의사소통구조를 뜻한다. 관계 지향적 거버넌스 구축을 위해서는 특정 정책(policy)의 도입만이 아니라, 국가-시장-시민사회 구성원들이 서로를 촉진하고 협업하며 견제하는 시스템(system)을 설계하는 일이 중요하다.

이에 본 장에서는 Ⅱ장에서 살펴본 네트워크 사회의 난제들과 Ⅲ장에서 짚어본 한국의 국가 중심적 네트워크 사회로의 특성을 종합적으로 고려해, 한국사회에서 관계 지향적 거버넌스를 구축하기 위해 정부-시장-시민사회가 어떤 역할을 할 필요가 있는지 제안하고자 한다. 복잡성과 다양성을 특징으로 하는 네트워크 사회에서 하나의 방법이 만병통치약이 될 수 없다. 따라서 비슷한 사회문제에 대한 대안을 여러 층위로 제시하려고 한다. 특히 논의의 구체성을 더하기 위해 국가-시장-시민사회의 의사소통 거버넌스를 설계하는 데 있어 참고될 만한 외국의 실천모델(practice model)들을 함께 소개한다. 네트워크 사회에서는 정부-기업-시민사회가 유기적으로 연결되어 있어 문제해결과 의사소통의 주체를 한 영역으로 특정하기 어렵다. 시장 문제의 해결책이 시민사회의 활동일 수 있고, 시민사회 문제의 해결책이 정부의 대책일 수 있기 때문이다. 하지만 서술의 편의와 일관성을 위해 본 장에서도 사회적 행위자들의 역할과 실천모델을 네트워크 시장, 네트워크 국가, 네트워크 시민사회의 난제에 대한 방안들로 나누어 살펴보겠다.

2. 디지털 네트워크 시장의 난제에 대한 대응방안

디지털 네트워크 시장의 주요 난제로는 플랫폼 경제의 등장으로 인해 기존 사업장 사업주와 노동자의 고용관계를 주축으로 하는 사회보험이 지속 가능한 사회안전망으로 기능하기 어렵게 된 점, 플랫폼 기업의 거대화와 독점으로 인한 폐해 등을 들 수 있다. 이를 해결하기 위한 거버넌스는 정부-기업-시민사회 중 누가 주도적 역할을 하며 어떤 방식으로 난제에 접근하느냐에 따라 다음과 같이 다양한 층위로 구축할 수 있다.

1) 방안 1: 정부의 유연한 사회안전망 법제화

먼저 플랫폼 경제의 난제를 해결하려는 가장 전통적이고 경로 의존적인 전략은 정부가 주도적으로 노동법과 사회정책을 재정비하는 것이다. 한국 정부가 플랫폼 노동과 관련해 취하는 대부분의 대응책이 이에 해당한다. 근대적 산업화 초반에 국가 주도로 매우 빠르게 사회복지법과 제도들을 도입했던 것과 같이 플랫폼 노동문제도 비슷하게 대처하는 것이다.

특히 현재 한국 정부는 기존의 산업노동자 중심으로 성립된 사회보험에 플랫폼 노동자를 포함하는 방안을 추진하고 있다. 구체적으로 2015년 배달앱 기사의 근로자성 논란이 첨예해지면서, 2018년 배달앱 노동자가 산업재해보상보험 적용대상에 포함되는 대법원 판결이 이루어졌다. 이를 시작으로 다른 플랫폼 노동자 유형에 대한 산업재해보험과 고용보험 확대가 활발히 논의되었다. 2019년 1월에 열린 제5차 경제활력대책회의 겸 2019년 제2차 경제관계장관회의에서는 '공간 · 금융 · 지식 분야 공유경제 활성화 방안'을 논의하면서, 2021년까지 방문 · 돌봄서비스, 각종 프리랜서 등 플랫폼을 통해 경제활동을 하는 플랫폼 노동자들까지 산재보험 적용 범위를 단계적으로 확대하겠다고 밝혔다(기획재정부 보도자료, 2019. 01.09.). 실제로 정부는 2020년 7월 플랫폼 노동자들을 포괄할 수 있는 특수형태근로종사자에 대한 산재보험 특례 조항을 마련했다.

고용보험도 많은 변화가 있었다. 2020년 한정애 더불어민주당 의원은 특수고용노동자도 고용보험에 가입하도록 하는 「고용보험법」 개정안과 「고용보험 및 산업재해보상보험의 보험료 징수 등에 관한 법률」 개정안을 발의했다(고용보험법 일부개정법률안, 2020.06.09.). 즉, 현재 정식 고용계약을 맺은 근로자에 한정된 고용보험 가입대상을 특수고용노동자까지 확대해야 한다는 내용이었다. 실제로 해당 법안은 2020년 12월에 본회의를 통과하여 2021년 7월부터 적용될 예정이다. 2022년도에는 전국민 고용보험 로드맵에 따라 플랫폼 노동자를 위해서 플랫폼 기업의 운영현황과 소득을 고지하는 직업안정법을 개정하여, 플랫폼 노동자들의 고용보험 적용을 용이하게 할 계획을 가지고 있다(고용노동부 보도자료, 2020. 12.23.).

그러나 정부가 기존 사회보험 안으로 플랫폼 노동자들을 일괄적으로 포섭하는 방식은 한계에 부딪힐 수밖에 없다. 정부는 현재까지 제조업에서 서비스업으로, 대기업에서 중소기업으로, 도시에서 농어촌으로, 정규직에서 비정규직으로 기존 산업노동자에 대한 사회보험을 점진적으로 확대하는 역사를 밟아 왔다. 비슷한 맥락에서 플랫폼 노동자에 대해서도 기존 경로에 의존해 사회보험 가입대상에 포함하는 전략을 취하는 것이다. 그러나 플랫폼 노동의 종류와 유형이 매우 다양하고 맥락도 각양각색이라 이들을 일괄적으로 피고용인으로 간주하고 사회보험체계에 흡수하는 것은 매우 어려운 일이다.

무엇보다 기존 고용관계 중심의 사회보험체계에 플랫폼 노동자를 편입하는 방식이 미래의 노동 변화와 특성을 고려하지 못한 방안이라는 비판도 있다. 플랫폼 노동은 기존 사업장 노동과 속성이 질적으로 다르며, 플랫폼 노동자들의 주류를 형성하게 될 청년들이 일을 대하는 태도도 기존 산업노동자들과 달리 매우 유동적이고 자유롭다. 따라서 오프라인 사업장의 군집노동자들을 주요대상으로 상정하고, 강제가입 방식으로 시행되어온 사회보험을 미래 세대 플랫폼 노동자를 위한 사회안전망으로 그대로 운영하기에는 어려운 측면이 있다. 비록 라이더유니온 같은 배달앱 기사 노동조합은 4대 보험가입 및 고용의 안정화를 요구하고 있지만, 모든 플랫폼 노동자와 프리랜서들이 정규직이나 사회보험으로의 편입을 원하고 있는 것은 아니다. 배달의민족이 배달앱 기사의 정규직화를 추진했지만, 배달앱 기사들의 반대로 무산된 것은 이를 방증한다.

실제로 플랫폼 노동자 중에는 샐러리맨이 아닌 프리랜서의 삶을 택한 사람들이 적지 않게 존재한다. 2016년 미국과 유럽 5개국 근로 가능 인구 8,000명을 조사한 결과, 비정형 노동자의 약 70~75%가 전통적 고용 노동을 선호하지 않아서 자발적으로 독립노동을 선택했다고 답했다(Mckinsey, 2016). 2017년 전 세계 18~26세의 청년 90명을 인터뷰한 연구에서도 비정형 노동자의 82%가 정규직보다는 고용계약으로부터 자유롭고 근로시간이 유동적인 비정형 노동을 선호한다고 응답했다(Adecco Group, 2017).

한국에서도 '회사 체질'이 아니라며 다니던 정규직 직장을 그만두고 플랫폼 노동자의 삶을 선택한 사람들의 사례가 언론이나 도서를 통해 연일 소개되고 있다(헤럴드경제, 2019.05.15.). 물론 이러한 경향은 장기실업과 경기불황으로 인한 부작용이라고 해석할 수도 있다. 하지만, 여가와 융합된 노동, 워라밸이 보장되는 삶을 원하는 현세대의 새로운 욕구를 있는 그대로 인정할 필요도 있다.

따라서 플랫폼 노동의 불안정성을 보완하면서도 자율성을 해치지 않는 방식으로 사회안전망을 보완할 필요가 있다. 플랫폼 노동자의 자율성을 보장하기 위해서는 근로자성을 모든 플랫폼 노동에 일괄적으로 부과하기보다는, 미국 캘리포니아주의 AB-5 법과 캔터키주의 노동법처럼 개별 플랫폼 기업과 노동자들이 스스로 근로자성 인정 여부를 개별적으로 협의하고 판정할 수 있도록 가이드라인을 입법화하는 방식도 참고해볼 만하다.

[참고] 기업과 노동자의 자율성을 중시하는 미국의 법적 가이드라인

실리콘 밸리가 있는 미국 캘리포니아주나 플랫폼 노동자가 많은 시애틀, 뉴욕 같은 메가시티에서는 플랫폼 노동자의 권리에 대해 상대적으로 관대하다. 일례로 2019년 9월 캘리포니아주에서는 플랫폼 노동자 보호법(AB-5 법: Assembly Bill 5)이 통과되었다. AB-5 법은 플랫폼 노동자가 근로자인지 독립계약자인지를 구별하기 위한 단계별 검증요건인 ABC 테스트를 규정한 법이다. AB-5 법안은 플랫폼 기업 유형, 플랫폼 노동자의 욕구와 상황의 다양성을 고려해 모든 플랫폼 노동자에 대해 보편적이고 획일화된 방식으로 이들을 근로자나 자영업자, 혹은 제3의 지위 중 하나로 규정하기보다는 ABC 테스트를 통해 플랫폼 노동자의 근로자성을 개별적으로 판명하고자 하는 목적을 갖는다. ABC 테스트의 3단계는 다음과 같다. (A) 해당 노무제공자가 업무를 수행할 때 사업주(기업)의 지배와 감독으로부터 자유로운지 아닌지; (B) 해당 노무제공자가 수행하는 업무가 사업주(기업)의 통상적인 영업 경로에서 벗어나 있는지; (C) 해당 노무제공자가 사업주(기업)를 위해 수행하는 업무와 동종의 분야에서 이미 독립적으로 별개의 영업(사업)을 운영하고 있는지 여부가 그것이다(신동윤, 2019). 플랫폼 기업은 자신의 플랫폼을 통해 노무를 제공하는 플랫폼 노동자가 피고용자(employed worker)가 아닌 독립노동자(independent contractors)임을 입증하기 위해 위 세 가지 ABC 3요소를 모두 입증해야 한다. 이 3요소를 모두 통과하지 못하는 한 플랫폼 기업은 플랫폼 노동자를 근로자(피고용인)로 인정하고, 최저임금, 산재보상, 실업보험, 유급병가, 가족휴가 등을 보장하도록 규정하고 있다.

AB-5 법안과 비슷한 차원에서 미국 캔터키주도 2018년 7월 플랫폼 노동자의 근로자성 인정 여부와 관련해 주법을 개정했다. 캔터키주 개정규정집 제27편(노동과 인권)과 제336장(노동부)에서는 플랫폼 노동자를 시장계약자(marketplace contractor)로 개념화하고, 이들을 피고용인(employee)으로 인정하지 않는 경우를 다음과 같이 6가지로 열거하고 있다. ① 쌍방이 독립계약자로 합의한 경우; ② 시장계약자에 대한 플랫폼 사업자의 일방적인 근로시간 설정이나 요청이 없는 경우; ③ 시장계약자의 플랫폼 사업자에 대한 전속적 구속 요청이 없는 경우; ④ 시장계약자에게 겸직을 허용하는 경우; ⑤ 시장계약자가 비용의 일부나 전부를 부담하는 경우; ⑥ 시장플랫폼이 장비나 기구를 제공하지 않는 경우가 그것이다(백기웅, 2019). 미국 캘리포니아주의 AB-5 법안과 캔터키주 볼드윈 개정규정집은 일차적으로 플랫폼 기업과 플랫폼 노동자의 자율적인 결정과 협의를 인정하면서도, 플랫폼 노동자의 권리가 침해되거나 종속성이 강화되었을 때 이에 대한 근로자성을 인정받을 수 있는 구체적인 방안을 마련했다는 점에서 의미 있는 법안이다.

하지만 미국처럼 개인의 선택을 중시하는 사회의 법적 가이드라인은 한국과 같은 국가 주도적이고 중앙 집중적인 네트워크 사회에서는 정합성이 떨어질 수 있다. 무엇보다 개별적 판단을 중시하는 미국의 주법들은 합의만 한다면, 플랫폼 기업이 노동자의 노동권과 복지권을 보장하지 않아도 되는 명분으로 악용될 수 있다. 플랫폼 경제활동자들은 근로자성 여부가 어떻게 판별되는지와 관련 없이 존엄성과 인권을 보장받아야 하는 인간이다. 미국의 가이드라인은 개별 플랫폼 기업과 노동자 사이에 갈등이 발생했을 때 미시적인 중재 역할은 할 수 있지만, 플랫폼 경제활동자들의 기본적 인권을 구조적으로 보장하는 데에는 한계가 있다.

이때 중앙정부가 적극적으로 플랫폼 경제문제에 대응하는 법률을 제정한 프랑스 사례는 국가 주도적 법제 마련에 익숙한 한국사회에 조금 더 적합한 실천모델이 될 수 있다. 프랑스는 국가가 주도적으로 사회정책을 확충해온 대표적 보수주의 복지국가이다. 특히 근대 인권선언의 역사가 깊고 노동법전을 가지고 있는 나라답게 노동법의 제 · 개정을 통해 플랫폼 노동자의 권리를 보장하기 위해 노력해왔다. 2016년 「노동과 사회적 대화의 현대화 그리고 직업적 경로의 보장에 관한 법」과 2018년 「자신의 직업적 미래를 선택할 자유에 관한 법」은 이러한 노력의 산물이다. 해당 법들은 기본적으로 플랫폼 노동자를 자영업자로 간주하고 있지만, 일반 자영업자와는 달리 플랫폼 기업이 산재보험, 직업훈련, 노동삼권(파업권, 단결권, 단체교섭권)을 플랫폼 노동자에게 보장해야 할 사회적 의무가 있음을 명확히 하고 있다. 이와 더불어 플랫폼 노동자들이 원한다면 프랑스형 자영업자 사회보험에 가입할 수 있는 권한도 열어두었다.

이처럼 프랑스는 다른 나라에 비해 표준적 노동법 체계 아래에서 가장 강력하게 플랫폼 노동자의 권리를 명시하고 있는 국가다. 특히 프랑스는 플랫폼 노동자가 피고용인, 자영업자, 프리랜서 중 어떤 지위로 분류될 수 있는지에 대한 추상적 분류(worker classification) 논쟁에 몰두하기보다는, 플랫폼 노동자의 근로자성 성립 여부와 관계없이 실질적으로 모든 경제활동자의 노동권과 복지권을 보장하기 위해 노동법의 테두리를 확장하기 위해 노력한다는 면에서 국가의 법제화 실천모델로서 함의가 크다.

[참고] 모든 경제활동자의 노동권 보장을 위한 프랑스의 포괄적 입법

프랑스는 정부가 주도적으로 플랫폼 노동자의 관리와 플랫폼 기업의 의무를 법제화했다. 노동자 중심의 사회보장체계가 강하게 구축되어 있는 프랑스는 독일과 함께 「노동법전(Code du Travial)」을 가지고 있는 대표적인 국가인데, 「노동법전」 제7편 제3권, 제4장 이하를 개정하는 방식으로 플랫폼 노동자의 권리와 플랫폼 기업의 의무를 명시했다. 이는 이후 2016년 「노동과 사회적 대화의 현대화 그리고 직업적 경로의 보장에 관한 법(Loin° 2016-1088 du 8 aout2016 relative au travail, a la modernisationdu dialogue social et a la securisationde parcoursprofessionnels)」의 제정으로 이어진다. 당시 고용부 장관인 Myriam El Khomri의 이름을 따 일명 엘콤므리 법(El Khomri Law)으로 불리는 이 법은 올랑드 대통령이 이끄는 사회당 정부가 2016년 디지털 플랫폼의 사회적 책임과 플랫폼 노동자의 권리를 보장하기 위해 제정한 법이다. 이 법은 전통적 임금노동자와 비임금 노동자(자영업자)의 이분법을 유지하고 있는데, 해당 법률에 의하면 플랫폼 노동자는 "전자적 방식의 플랫폼을 이용하여 작업 활동을 하는 비임금 노동자(자영업자)"로 정의된다.

그렇지만 비임금 노동자라고 해도 플랫폼 노동자에게 노동자의 권리가 보장되지 않는 것은 아니다. 엘 콤므리 법 내에서 플랫폼 노동자들은 기존의 노동자가 누리는 다양한 사회권을 보장받는다. 플랫폼 기업이 보험료를 부담하는 산재보험 임의가입, 플랫폼 기업으로부터 직업훈련 비용을 요구할 수 있는 권리, 그리고 노동삼권(파업권, 단결권, 단체교섭권)이 이에 포함된다. 또한, 플랫폼 기업은 플랫폼 노동자의 업무수행 조건, 적정한 가격보장, 제공되는 사회적 보호조치 등을 명시한 플랫폼노동약관을 작성하여 플랫폼 노동자에게 제공할 의무를 갖는다. 이와 함께 플랫폼 노동자가 자영업자로 등록하면 프랑스형 자영업자 사회보험에도 가입할 수 있다.

엘 콤므리 법의 주요 내용은 다음과 같은데, 대부분 플랫폼 노동자의 권리와 이러한 권리를 보장해야 하는 플랫폼 기업의 의무를 담고 있다. (1) 플랫폼 노동자는 비임금 노동자로 규정되지만 임금 노동자성 여부는 법원 판결에 달려 있기에 종속관계가 인정되면 플랫폼 노동자라도 임금노동자로 재규정될 수 있다; (2) 제공되는 노무나 매매되는 재화의 성격과 가격을 플랫폼이 결정하는 경우, 플랫폼은 플랫폼 노동자에 대해서 사회적 책임을 부담한다; (3) 플랫폼 노동자가 산재보험에 가입을 원하는 경우, 그 보험료는 플랫폼 기업이 부담해야 한다. 단, 플랫폼 기업이 산재보험과 동등한 수준의 보장률을 제공하는 집단상해보험에 플랫폼 노동자를 가입시키고, 그 보험료를 기업이 부담하는 경우에는 본 규정은 예외 적용된다; (4) 플랫폼 노동자는 비임금 노동자에게 제공되는 직업교육을 누릴 수 있으며 이때 직업교육 기여금은 플랫폼 기업이 부담한다. 플랫폼 노동자가 국가에서 인정하는 직업 관련 자격증을 취득하길 희망하면 플랫폼 노동에 대한 경력 인정을 신청할 수 있으며, 그 과정에 드는 비용은 플랫폼이 부담한다; (5) 플랫폼 노동자에게 노동삼권(파업권, 단결권, 단체교섭권)이 보장된다. 이에 따라 플랫폼 노동자들은 직업적 요구사항을 관철하기 위해 조직적으로 노무의 제공을 거부하는 행동을 할 수 있고, 플랫폼 노동자들은 노동조합을 조직하거나 노동조합에 가입할 수 있으며, 플랫폼 노동자들은 대표를 통하여 집단적 이익을 주장할 수 있다(이승렬 외, 2018).

El Khomri Law에 이어서 2018년에는 「자신의 직업적 미래를 선택할 자유에 관한 법(Loin° 2018-771 du 5 septembre 2018 pour la liberte de choisir son avenir professionnel)」이 제정되기도 했다. 이 법은 마크롱 대통령이 이끄는 앙마르슈당 정부하에 추진된 법으로 플랫폼 노동약관 제도를 도입하기 위해 제출되었다. 이 법률에 의하면 플랫폼 기업은 사회적 책임을 이행하기 위한 요건과 방식을 규정한 노동약관을 작성할 수 있으며, 이 노동약관은 플랫폼 노동자의 업무수행에 대한 조건, 적절한 임금 보장, 사회적 보호조치 등을 포함한 플랫폼의 권리와 의무 및 플랫폼 노동자의 권리와 의무를 담고 있어야 한다고 명시하고 있다. 이처럼 프랑스는 법적 선언을 통해 새로운 경제의 변화를 대비하고, 플랫폼 경제활동자의 권리와 직업적 선택을 보장하려는 노선을 채택하고 있다.

2) 방안 2: 기업과 노동자의 주체적 사회협상

플랫폼 경제의 난제들을 해결하기 위해서는 정부의 정책 마련만큼 기업과 노동자의 자생적 사회협상을 촉진하는 노력이 필요하다. 한국에서도 플랫폼 노동문제를 해결하기 위해 기업과 노동자의 자율적 행동수칙 마련의 필요성이 제안되어 왔다. 구체적으로 대통령 직속 경제사회노동위원회 산하 '디지털 전환과 노동의 미래위원회'는 2019년 7월 〈표 IV-1〉 내용의 디지털 플랫폼 노동 관련 논의 방향과 의제에 관한 위원회 제안문을 발표했다(경제사회노동위원회, 2019). 제안문을 통해 알 수 있듯이 경제사회노동위원회는 디지털 전환과 노동에 대한 가장 중요한 의제로 노사정 협력을 꼽았다. 특히 정부가 먼저 플랫폼 기업과 플랫폼 노동종사자처럼 이해관계가 상충하는 집단 사이의 사회적 합의를 위해 구체적 행동

표 Ⅳ-1 2019년 디지털 전환과 노동의 미래위원회 제안문

1기 위원회는 향후 중장기적으로 다음과 같은 주요 의제를 중심으로 논의할 것을 제안한다. 첫째, 디지털 플랫폼 사업체와 디지털 플랫폼 노동종사자에 대해, 구체적인 실태 파악을 토대로 개념을 정의하고 대상과 범위를 확정하도록 논의한다. 또한, 실태를 파악하기 위한 통계조사 방안을 마련하기 위해 문항 개발 및 조사방식 개선방안에 대해 **노사정이 협력하고 논의한다.** 둘째, 디지털 플랫폼 노동의 영역은 기존의 노사, 디지털 플랫폼 기업, 디지털 플랫폼 노동종사자, 서비스 이용자 등 다양한 이해관계가 서로 상충할 수 있으므로, 더 **다양한 이해관계자들이 참여하는 사회적 대화, 협의, 합의의 모델을 활성화한다.** 셋째, 2기 디지털 전환과 노동의 미래위원회에서는 디지털 플랫폼과 관련한 **다양한 이해관계자를 개괄하는 사회적 논의의 장을 통해 자율적으로 준수할 수 있는 규범(code of conduct)을 함께 마련한다.** 향후 디지털 플랫폼 유형별로도 규범과 모범사례를 도출한 뒤 해당 영역 전반의 '기준'이 되도록 확산하는 전략을 동시에 모색한다. 넷째, 디지털 플랫폼 경제 활성화를 위한 법 · 제도적 지원방안과 공정한 거래질서 형성 방안, 그리고 디지털 플랫폼 노동종사자에 대한 사회안전망 확충, 산업안전과 건강 보장, 교육 훈련, 이해 대변방식 등의 쟁점을 우선적으로 논의한다.

출처: 김철식 외(2019: 171)에서 재인용.

수칙(code of conduct)을 마련해야 한다고 권고하고 있다.

그러나 정부가 가부장적으로 플랫폼 경제 내 이해관계자들의 협상을 주도하는 방식이 항상 바람직한 것은 아니다. 한국이 노사정 합의의 실천모델로 삼는 유럽에서 단체협약을 주도한 실질적 주체는 정부가 아니라 기업과 노동조합 당사자 집단이다. 노사협약 모델이 뿌리 깊은 독일 같은 복지국가에서 정부는 오히려 노사협약 과정에 대한 개입을 최소화해왔다. 플랫폼 노동문제에 대해서도 노사가 주도적으로 단체협상을 이끌고 있다. 독일의 플랫폼 기업들이 만든 크라우드소싱 행동수칙(crowdsourcing code of conduct)이 대표적인 예이다. 한국에서는 독일 정부가 2011년 기술발전이 독일 산업 전반에 미칠 영향을 다루기 위해 발표한 '산업 4.0(Industrie4.0)'과 2015년 기술발전이 노동에 미칠 문제들에

대한 대안을 간구하기 위해 발간한 '노동4.0(Arbeit4.0)'이 더 널리 알려져 있다. 그러나 산업4.0과 노동4.0은 미래 산업과 노동문제에 대한 추상적 비전을 제시할 뿐, 현실에서 적용할 수 있는 구체적 방안은 아니다. 독일이 다른 복지국가에 비해 단연 돋보이는 지점은 바로 플랫폼 기업과 노동자들이 플랫폼 노동문제를 함께 해결하기 위해 자발적으로 노사협약을 시도하고 있다는 점이다.

크라우드소싱 행동수칙은 2015년 독일 소프트웨어 점검 플랫폼 기업인 Testbirds가 초안을 작성하고 2017년 발표된 행동수칙으로, 플랫폼 기업이 플랫폼 노동자의 권리를 보장하기 위해 지켜야 할 10개 행동수칙이 명시되어 있다. 현재 크라우드소싱 행동수칙에 동참한 독일 플랫폼 기업은 2017년 기준 11개에 이른다. 크라우드소싱 행동수칙은 단지 추상적 기준으로 그치지 않는다. 참여기업들은 플랫폼 노동자와 플랫폼 기업 간의 분쟁을 해결하는 데 실질적 중재 역할을 담당하는 옴부즈 오피스(Ombuds Office)를 설치했다. 옴부즈 오피스는 2017년 11월 설립 이후 2019년까지 참여 플랫폼 기업과 소속 노동자 간의 갈등 30건에 대한 조정신청을 받았고, 17건이 중재를 통한 합의안 도출에 성공했다. 플랫폼 기업과 노동자가 자체적으로 플랫폼 문제를 해결하기 위한 실천모델을 만들어가는 것이다.

[참고] 기업과 노동자가 주도하는 독일의 플랫폼 경제 행동수칙

플랫폼 노동문제를 해결하기 위해 플랫폼 노동자가 국가에 정책 마련을 요구하는 경우가 많지만, 독일에서는 플랫폼 기업과 노동자가 문제해결을 위해 적극적으로 협력하는 것이 특징이다. 대표적으로 '크라우드소싱 행동수칙(crowd sourcing code of conduct)'은 독일의 플랫폼 기업들이 플랫폼 노동자의 권리를 보장하기 위해 자발적으로 만든 자기 규제적 성격의 지침이다. 행동수칙은 법적 구속력을 가진 것은 아니지만 플랫폼 산업 분야에서 기업의 행위를 규제하는 최초 행동수칙이자 현재까지도 유일한 행동수칙이다.

크라우드소싱 행동수칙은 상생을 위해서는 서로 갈등을 지속하기보다는 기업과 노동자 간의 관계를 규정하는 구체적 행동지침이 필요하다는 공통된 인식에서 출발했다. 실제 초안 작성 과정에는 Testbirds와 같은 플랫폼 기업 대표들뿐만 아니라, 노동조합들도 초청되어 함께 참여했다. 노동조합 측이 공정한 임금 실현을 위해 '현지 임금 기준(local wage standard)' 규정이 포함되어야 한다는 의견을 제기하자 기업들이 이를 수용해 크라우드소싱 행동규칙 2.0으로 개정되기도 했다. 현재 11개 플랫폼 기업이 참여하고 있지만, 독일 크라우드소싱 플랫폼 협회(Deutscher Crowdsourcing Verband)가 해당 협약을 공식적으로 지원하고 있어 그 실질적 영향력은 훨씬 넓다. 지금까지는 독일 내 플랫폼 기업들을 중심으로 협약 가입이 이루어져 왔으나, 다른 국가 소재 플랫폼 기업에도 참여 기회를 열어둠으로써 국제적 플랫폼 기업 행동수칙으로 발전을 꾀하고 있다.

협약이 규정하고 있는 행동지침은 총 10개로 구체적인 내용은 다음과 같다 ① 협약에 가입한 플랫폼 기업들은 크라우드워커에게 불법적, 차별적, 사기성, 선동적, 폭력적, 반헌법적 직무를 제안하지 않으며, 법률 규정 준수 여부와 관련하여 플랫폼 업무와 프로젝트들을 정기적으로 점검할 의무를 지닌다; ② 협약에 가입한 플랫폼 기업들은 크라우드워커에게 크라우드워크와 관련된 일반적 법률 규정과 세금 규정을 알린다; ③ 협약에 가입한 플랫폼 기업들은 크라우드워커에게 공정하고 적절한 급여를 지급해야 한다. 여기서 말하는 적절한 급여란 플랫폼 작업의 복잡성, 법적인 임금 기준, 현지 평균 임금 수준, 예상 작업 소요 시간 등을 반영한 것이어야 한다; ④ 협약에 가입한 플랫폼 기업들은 사용자 친화적이고 직관적인 플랫폼을 제공하며, 동기부여와 업무수행에 관한 크라우드워커의 기대를 충족시킬 다른 수단들도 제공해야 한다; ⑤ 플랫폼, 고객, 크라우드워커의 관계는 신뢰, 정직, 개방성 및 상호 존중에 기초한다; ⑥ 크라우드워커의 작업은 명확하게 정의되어야 하며, 과업을 완수할 수 있는 충분한 시간을 보장받아야 한다; ⑦ 크라우드워커는 프로젝트에 대한 설명을 들어야 하고, 프로젝트를 수행할지 하지 않을지를 결정할 자유를 가진다; ⑧ 협약에 가입한 플랫폼 기업들은 크라우드워커에게 최고의 도움과 기술적 지원을 제공하고, 작업의 개선을 위해 작업 수행에 대한 즉각적인 피드백과 발전을 위한 제안을 제공할 책임을 진다; ⑨ 완료된 작업에 대한 승인 과정은 서면으로 작성되고 크라우드워커에게 투명하게 제공되어야 한다. ⑩ 크라우드워커는 개인정보를 보호받을 권리가 있다(Crowdsourcing, 2017).

크라우드소싱 행동수칙에 서명한 플랫폼들은 행동수칙을 지키도록 독려하고, 플랫폼 노동자와 플랫폼 기업 간의 분쟁을 해소하는 데 실질적 중재 역할을 담당할 수 있는 옴부즈 오피스를 독일 크라우드소싱 플랫폼 협회와 독일 금속노조와 협력해 공동으로 설치했다. 현재 옴부즈 오피스 이사회의 의장은 프랑크푸르트의 노동판사가 맡고 있으며, 독일 크라우드소싱 플랫폼 협회의 대표와 독일 금속노조의 대표가 각각 플랫폼 기업과 크라우드워커의 입장을 대변하는 구조로 운영되고 있다. 현재 옴부즈 오피스는 참여 플랫폼 기업과 소속 노동자 간의 갈등을 조정하고 협상안을 도출하는 역할을 담당하고 있다.

사실 독일 플랫폼 기업들이 노사협약에 적극적인 이유는 글로벌 플랫폼 기업과의 경쟁에서 우위를 확보하기 위해서다. Google, Uber, Airbnb처럼 굵직한 플랫폼 기업이 대부분 미국에 모법인을 두고 있기에, 이들과 경쟁해 입지를 다지기 위해서는 자사 플랫폼에서 판매하는 상품과 서비스의 질을 높여야 한다. 이때 플랫폼 노동자의 권리를 보장하고 업무조건을 개선해 실력 있는 플랫폼 노동자들을 많이 유치하는 것이 장기적으로 이득이 된다고 판단한 것이다. 독일의 플랫폼 기업과 노동자의 노사협력은 자국의 플랫폼 경제를 활성화하기 위한 전략인 것이다(Wass et al., 2017).

한국에서도 자국의 플랫폼 경제를 활성화하고 노사가 상생할 수 있는 전략으로 국내 플랫폼 기업과 노동자 사이의 협력 시스템 구축이 필요하다. 앞서 한국 네트워크 시장의 특성에서 살펴보았듯이, 지금까지 한국의 플랫폼 경제는 국내 기반 플랫폼 기업을 중심으로 성장해왔다. 하지만 2019년 배달의민족이 독일의 Delivery Hero에 인수되고, Uber 택시가 한국에 상륙하는 등 향후 다국적 플랫폼 기업의 한국 시장진출이 확대될 전망이다. 점차 개방되는 플랫폼 경제에서 한국의 플랫폼 기업과 노동자가 상생하려면, 미국 플랫폼 기업들로부터 경쟁력을 지켜나가고 있는 독일의 선례에서 배워야 한다. 아직 한국의 플랫폼 경제는 글로컬한 네트워크(glocalized network)의 모습을 보이기에, 이미 완전히 글로벌화된 유럽 시장보다는 자국의 플랫폼 기업과 노동자가 협상을 체결하기 상대적으로 용이한 상황이다.

그러나 한국에서는 1998년 노사정위원회가 설치된 이후 노사정 대화와 합의가 여러 차례 시도되어 왔지만, 지금까지도 실효성과 대표성을 충분히 확보하지 못하고 있다. 이는 정부가 탑-다운(top-down) 방식으로 노사정 합의를 끌어내고자 하면서, 실제로 합의의 이해당사자인 노와 사가 합의의 '주체'가 아니라 정부의 노사정 정책의 '대상'으로 전락해왔기 때문이다. 따라서 노사가 협상할 준비가 아직 되지 않았는데도 사회적 갈등을 빠르게 해결한다는 명목으로 정부가 일방적으로 협상을 강요하기보다는, 조금 느리더라도 노사협상의 실패와 성공경험을 쌓아나갈 필요가 있다. 특히, 플랫폼 경제는 집합적으로 이루어지는 아날로그 산업경제와 달리 매우 유동적이고 변화무쌍한 특성이 있다. 정부가 성급히 노사합의를 강제한다면, 다양한 방향으로 성장하고 발전할 수 있는 플랫폼 경제의 잠재력에 오히려 위해가 될 수 있다.

따라서 정부보다는 이해당사자인 플랫폼 기업들이 노사협상을 더욱 적극적이고 진지하게 검토할 필요가 있다. 독일의 크라우드소싱 행동수칙이 Testbirds를 위시한 플랫폼 기업들에서 시작된 것처럼, 한국에서도 플랫폼 기업이 노사협약을 주도적으로 고민해야 한다. 아직 한국의 플랫폼 기업들 대부분은 소규모 혁신 스타트업들이다. 따라서 창업주들이 상대적으로 진취적이고 개방적인 기업가인 경우가 많다. 이들은 노동문제에 기존의 대기업보다 포용적 태도를 보인다. 스타트업 기업가 모임인 코리아스타트업포럼(코스포)은 스타트업의 지속적인 성장과 스타트업 생태계 발전을 지원하고, 스타트업 공동이익을 대변하기 위해 2016년 9월 출범한 단체로 현재 약 1,300여 개의 스타트업이 회원으로 가입되어 있다. 현재 공동의장은 마켓컬리의 김슬아 대표, 직방의 안성우 대표, 비바리퍼블리카의 이승건 대표가 맡고 있으며, 이외에도 우아한형제들, 쏘카, 프립, 바로고, 부릉도 참여하고 있다. IT 혁신 기업가로 이루어진 코스포는 출범 직후부터 산업구조가 바뀌어 좋은 일자리에 대한 개념이 바뀐 만큼, 고용관계 중심의 기존 사회보험 체계를 넘어선 미래 노동을 위한 새로운 사회안전망이 필요하다고 주장해 왔다(한겨레, 2018.10.21.).

다행히 최근 들어 한국에서도 플랫폼 기업과 노동자의 사회협약을 위한 씨앗이 싹트고 있다. 민주노총 서비스연맹은 2019년 11월 플랫폼 기업과 정부에 배달앱 시장의 문제들을 해결하기 위한 노사정 논의를 제안했는데, 이에 코스포가 화답하면서 2020년 4월 사회적 대화 기구 구성 논의가 공식화된 것이다(한국경제, 2020.04.01.). 포럼은 활동 기간 6개월 동안 ① 플랫폼 노동의 보호 대상에 관한 당사자 협의 및 제안, ② 배달산업 시장질서 확립을 위한 기준 마련, ③ 종사자 처우 안정을 위한 사회안전망, ④ 법 · 제도 개선방안에 대해 논의하기로 했다. 비록 제1기 사회적 대화 포럼은 배달산업을 중심으로 한정하고 있지만, 플랫폼 경제의 노사가 주체적으로 참여해 문제해결책을 협의하기 시작했다는 점에서 관계 지향적 거버넌스 구축을 향한 의미 있는 걸음이라고 평가할 수 있다.

3) 방안 3: 정부의 산업 간 갈등조정

정부가 결단력과 책임감을 가지도 주도해 나가야 하는 사회적 협상은 플랫폼 경제 내부 갈등보다 오히려 디지털 플랫폼 경제와 아날로그 산업경제 사이의 갈등이다. 플랫폼 경제의 성장은 어떤 면에서는 같은 생태계에 살아가는 플랫폼 기업과 노동자 모두에게 이득일 수 있다. 따라서 두 주체가 미시적 · 단기적 이익을 양보하면서 협업하는 사회적 협상이 가능하다. 그러나 플랫폼 경제와 아날로그 산업경제는 다르다. 2019년 언론을 뜨겁게 달구었던 승차 플랫폼 TADA와 택시운송업의 첨예한 갈등에서 보듯이, 플랫폼 경제의 활성화는 곧 아날로그 산업의 쇠락과 직결된다. 윈-윈(win-win)보다 윈-루즈(win-lose)가 불가피한 상황인 것이다.

이러한 이유에서 2019년 택시기사들이 TADA의 운영을 반대하며 분신자살을 하는 등 갈등의 골이 깊어졌다(머니투데이.2019.05.15.). 하지만 이러한 산업의 전환을 둘러싼 갈등은 한두 개 기업이 해결할 수 있는 문제가 아니다. 경제 · 산업의 거시적 변화를 읽고 원칙을 세워야만 가능하기 때문이다.

산업 간 갈등에 대해서는 스웨덴과 핀란드 정부의 Uber와 택시업계 중재 사례를 눈여겨볼 만하다. 스웨덴과 핀란드는 사회 전반에 노동 친화적 정책을 모델링하고 실천하는 대표적 사민주의 복지국가로 꼽힌다. 그러나 겉보기에는 의외로 플랫폼 노동문제에 대해서 스웨덴과 핀란드 정부가 괄목할 만한 정책을 내놓고 있지는 않다. 언뜻 보면 플랫폼 노동자가 직면한 불안정 문제를 정부가 등한시하는 것으로 보일 수 있다. 그러나 사실 스웨덴과 핀란드에서 플랫폼 노동문제가 크게 이슈화되지 않고 있는 이유는 다른 국가와 비교했을 때 플랫폼 노동자 비율이 압도적으로 낮기 때문이다. European Commission(2018)의 추정에 따르면, 2017년 유럽 국가들의 플랫폼 경제활동 참여자 규모는 전체 노동인구 중 약 10%에 육박하는 반면, 스웨덴은 7.2%로 유럽 최하위에 속했다. 플랫폼 노동으로 노동자들이 유입되는 이유는 자유 노동을 지향하는 젊은 세대의 취향 변화도 있지만, 일반 노동시장의 불안정성과 실업률의 증가와도 맥이 닿아 있다. 그러나 스웨덴, 핀란드는 임금노동자 중심의 복지국가 체계가 안정적이고 확고하여, 비정규직 노동자와 정규직 노동자 사이의 고용 및 소득 격차도 적은 편이다. 따라서 일반 임금노동자의 플랫폼 노동으로의 이탈과 이직이 뚜렷하게 포착되지 않는 것이다. 이런 이유에서 플랫폼 노동을 둘러싼 가시적인 정책 마련이 다른 나라와 비교해 상대적으로 활발하지 않은 편이다.

그러나 스웨덴과 핀란드 정부는 Uber와 같은 플랫폼 산업이 부상할 때 기존 산업과의 갈등을 어떻게 중재할지 심각하게 고민해왔다. 플랫폼 기업으로 인해 기존 산업과 소속 노동자들의 입지가 불안정해질 수 있기 때문이다. 고민 끝에 스웨덴과 핀란드는 현재 활동하고 있는 아날로그 운송업과 택시노동자들의 생존권을 최우선으로 하는 원칙을 세웠다. 그렇다고 플랫폼 경제의 성장을 원천적으로 막은 것은 아니다. 이보다 택시업계와 택시노동자의 반발을 완화하면서 승차 플랫폼 산업을 연착륙시키는 전략을 택했다. 예를 들어, 스웨덴은 택시 면허증 없이 영업하는 Uber 운전자를 불법으로 간주했지만, 승차 플랫폼 운전자들이 택시 면허증을 따고 운송업 산별노조에 가입하도록 해 노동권을 보장받을 수 있도록 유도했다. 핀란드도 택시 면허증 없이 영업하는 Uber 운전자를 불법 영업으로 규정했다가, 플랫폼 운전자들도 택시 면허증을 취득할 수 있도록 기준을 대폭 완화하는 조치를 통해 기존 택시업계의 반발을 줄이고자 했다.

[참고] 노르딕 국가 정부의 산업 간 갈등 조정

스웨덴에서 택시 서비스를 제공하는 운전자는 반드시 면허증과 등록 차량, 택시미터기를 보유해야 하며 소득세를 내야 한다. 그러나 스웨덴 택시협회의 조사에 따르면, Uber 운전자 중 83%가 택시미터기를 사용하지 않아 투명한 요금 체계를 갖추고 있지 않고, 이로 인해 생겨난 수익 중 68%를 스웨덴 국세청에 신고하지 않는 것으로 나타났다(Gothia Protection Group AB, 2019). 이에 Uber의 서비스가 택시 서비스인지를 두고 법정 공방이 시작되었다. 스웨덴 택시 운전자 협회(Swedish Taxi Association)와 스웨덴 교통국(Swedish Transport Agency)은 국내법상 Uber를 택시서비스로 분류해야 한다고 주장했다. 2015년 9월에 열린 첫 법원 심리에서는 Uber 서비스를 택시서비스에 속한 것으로 간주했으며, Uber 운전자들은 택시운전자와 동일하게 스웨덴 교통국에서 제공하는 면허증을 반드시 소지하도록 요구받았다. 2016년 5월 스웨덴 교통국은 Uber 운전자들이 택시면허증을 갖추지 않았다는 이유로 Uber 운전자 30명에게 불법 택시운전에 대한 벌금을 부과했으며, 10월에는 그 수가 60명까지 늘어나기도 했다(송지원, 2019). 이에 Uber는 스웨덴 정부의 조치가 기업 경영방식과 배치된다고 판단하고 2016년 5월 스웨덴에서 철수하기도 했다.

한편 스웨덴의 자국 운송기업인 Bzzt는 Podtaxi라는 플랫폼 형태의 택시서비스를 운영하고 있는데, 이 기업은 택시산업에서 체결하는 산별 단체협약에 가입해 있으며, 현재 Podtaxi 운전자들은 다른 택시 운전사들과 같은 조건(임금, 기타 노동조건)으로 근무하고 있다. 이는 새로운 플랫폼 사업자가 기존의 스웨덴 운송산업에 편입되면서, Uber와 같은 다국적 플랫폼 기업들과의 차이를 보여준 사례라고 할 수 있다(Turula, 2017). 물론 Uber 사례로 일반화할 수 없지만, 스웨덴 정부는 플랫폼 경제에 대해서도 기존의 산업 모델을 적용하고자 하는 경향을 보이고 있다.

핀란드도 다른 나라에 비해 대표적 플랫폼 기업인 Uber의 진출을 늦게 받아들였다. Uber는 핀란드 헬싱키에서 2013년에서 첫 영업을 시작했지만, 그 법적 지위에 대한 논란이 있었다. 이에 2016년 항소법원(Court of Appeal)이 택시 운전 면허증 없이 운전하는 두 명의 Uber 운전자에 대해 핀란드 국내법에 어긋난다는 이유로 벌금형을 부과한다. 비슷한 30개의 소송에 대해서도 동일하게 해당 판결이 적용되었다. 이로 인해 Uber는 핀란드에서 영업을 철수하기에 이른다. 그러나 항소법원은 새롭게 부상하는 승차 플랫폼에 대한 새로운 법적 틀을 만들어야 한다고 보고, 기존의 택시운전의 조건을 질적으로 완화해야 한다는 판결을 내렸다. 이에 따라 실제 2018년 새로운 법이 제정되었으며, 완화된 택시법을 준수한다는 조건 아래

Uber는 2018년 7월 영업을 재개했다. 핀란드는 Uber라는 다국적 플랫폼 기업이 국내법과 정책에 적응하면서 영업하는 사례이다.

핀란드와 스웨덴의 사례에서 주목할 부분은 구체적 중재 내용이 아니라 정부가 산업변화로 인한 갈등을 다룰 때 중재자로서 확고한 원칙과 일관된 태도를 보이고자 노력했다는 점이다. 그러나 안타깝게도 〈표 IV-2〉에 정리한 TADA 사건 경과를 보면, 정부가 중재자로서의 일관성과 책임감을 보였다고 평가하기는 어렵다. 물론, 국토부는 2019년 '택시-플랫폼 상생 방안'을 마련하고, '택시-플랫폼 실무논의 기구'를 설치해 산업 간 타협안을 끌어내고자 노력했다. 그러나 택시업계와 플랫폼 기업 모두에게 권위와 신뢰를 얻지 못했다. 특히, 산업 간 갈등이 심화하고 협상 결과가 도출되지 않은 상태에서 2019년 10월 갑자기 검찰이 TADA를「여객자동차운수사업법」 위반 혐의로 기소하고, 2019년 11월 국회에서 일명 'TADA 금지법'으로 불리는「여객자동차운수사업법」 개정안이 통과되었다. 사회적 합의가 제대로 이루어지지 않은 상태에서 한 편이 일방적으로 불법화된 것이다. 이로 인해 승객들에게 선풍적 인기를 끌고 혁신 기업으로 손꼽히던 TADA 서비스가 2020년 4월 종료되기에 이른다.

플랫폼 경제로의 이동은 거대한 산업의 축이 변화하는 필연적 순서인 만큼, 국가는 기존 산업과 갈등을 최소화하면서 자국의 플랫폼 산업이 연착륙하면서 성장할 수 있는 전략을 모색해야 한다. 이를 위해서 국가는 사회정책의 로드맵을 가지고 갈등 당사자들에게 확고한 신뢰감과 권위를 보여주어야 했다. 하지만 이 부분에서 국가의 조처가 미숙했다. 무엇

표 IV-2 TADA-택시업계 갈등의 경과

날짜	내용	비고
2018.07.16	카셰어링 플랫폼 기업 쏘카 스타트업 VCNC 인수	
2018.10.18	VCNC, 차량공유서비스 '타다(TADA)' 출시	
2019.01.22	국회 더불어민주당 원내대표실 '택시와 플랫폼의 상생발전을 위한 사회적 대타협기구' 출범	국회 대응
2019.02.11	택시업계가 TADA를 「여객자동차운수사업법」 위반 혐의로 서울중앙지검에 고발	
2019.02.18	TADA 이재웅 대표, 택시업계에 업무방해와 무고 혐의로 강력 대응 예고	
2019.05.15	서울개인택시조합 집회에서 택시기사 안 모 씨 분신	
2019.05.27	TADA 서비스 회원 60만 명을 넘어섬, 승객 재탑승률 89%로 나타남	
2019.06.14	플랫폼 경제의 과감한 규제개혁을 주제로 국토부-모빌리티업계가 간담회 개최	국토부 대응
2019.07.17	국토부가 모빌리티 플랫폼 사업을 승인하는 내용의 택시 제도 개편안 발표	국토부 대응
2019.08.06	TADA가 서울개인택시조합, 서울택시운송사업조합을 공정위에 신고	
2019.08.29	국토부가 각 업체의 상생방안을 도모하기 위해 택시-플랫폼 실무논의 기구 설치, 첫 회의에 택시업계 불참	국토부 대응
2019.09.02	국토부 택시-플랫폼 실무논의 2차 회의 개최, 택시업계 참석	국토부 대응
2019.10.07	TADA 2020년까지 운행 차량 1만 대 확보와 운전자 5만 명 확대 계획 발표	
2019.10.15	택시기사들 TADA 퇴출 촉구 결의대회 개최	
2019.10.16	TADA 증차 계획 잠정 중단	
2019.10.23	국회 앞 TADA 규탄 집회에 1만 5천 명 참가	
2019.10.24	박홍근 민주당 의원이 모바일앱을 기반으로 한 플랫폼 택시를 제도화하는 「여객자동차운수사업법」 개정안 국회발의, 다만 11인승 승합차를 임차 운행하는 TADA 서비스에는 예외를 두어 사실상 TADA 서비스 불법화 제안	국회 대응
2019.10.28	검찰이 TADA 서비스를 불법 영업으로 결론짓고, 이재웅 대표와 박재욱 대표를 「여객자동차운수사업법」 위반 혐의로 불구속 기소	검찰 대응
2019.10.30	이재웅 대표는 택시업계와의 갈등이 국토부가 '네거티브규제'를 제대로 실천하지 못해 발생한 것이라고 비판	
2019.10.30	중소벤처기업부 장관과 국토부 장관이 검찰의 TADA 불법화 결론이 성급한 결정이었다고 비판	중소벤처기업부, 국토부 대응
2019.11.01	정부 고위 관료의 비판에 검찰 측은 정부 당국에 사전에 알렸다고 반박, 서로 책임 떠넘기기로 비난받음	
2019.11.26	여야가 일명 'TADA 금지법'이라고 불리는 「여객자동차운수사업법」 개정안 통과에 합의	국회 대응
2019.12.06	국회 국토교통위원회 「여객자동차운수사업법」 개안정 의결, TADA 서비스 불법화	국회 대응

보다 행정부, 검찰, 국회가 서로 의견의 합일 없이 지속해서 불협화음을 내어 갈등 중재에 오히려 혼선을 더한 점은 안타까운 사실이다.

4) 방안 4: 정부의 공공플랫폼 개발

공공플랫폼의 개발도 플랫폼 경제의 난제를 해결하는 방안이 될 수 있다. 예를 들어, 플랫폼 경제활동자의 역량과 숙련강화를 위해 정부가 선제적으로 진로 탐색 정보와 직업훈련 기회를 제공하는 공공플랫폼을 개설 · 운영하는 것이다. 플랫폼 경제가 미래의 주된 산업형태로 떠오르면서, 크몽, 오투잡, 숨고, 탈잉, 클래스101과 같은 재능공유마켓 플랫폼이 인기를 끌고 있다. 플랫폼 노동이 시공간의 자유와 자기 재능 활용을 가능하게 한다는 강점이 있기에, 여가와 노동의 균형을 원하는 디지털 세대에게 매력적인 선택지로 인식되고 있다(이민화, 2018; 김수영 외, 2020). 현재 재능공유마켓 플랫폼을 통해 일감을 구하는 경제활동자 수도 사이트마다 20만에서 38만 명에 육박하고 있다.

그러나 한편으로는 플랫폼 기업의 노동력 착취, 상품거래 정보독점에 대한 비판도 끊이지 않고 있다. 특히, 플랫폼 노동자에게 적지 않은 수수료를 부과함으로써 상당한 이익을 얻지만, 노동자들의 작업환경과 복지에 대한 책임을 지지 않으려는 플랫폼 기업의 회피적 태도가 비판받고 있다(서정희, 백승호, 2017; 이호근, 2020; Standing, 2014; Huws, 2015). 플랫폼에서의 노동이 단타 거래로 이루어지다 보니, 플랫폼 노동자들이 지속적으로 기량과 경력을 쌓을 수 있는 숙련 형성이 불가능하다는 단점도 있다. 이런 맥락에서 플랫폼 기업이 고용주적 책임을 지고 플랫폼 노동자의 복지권과 노동권을 제공하라는 요구도 있다.

물론 민간 플랫폼 기업의 노동환경 개선 노력도 병행되어야 한다. 하지만 조금 더 전향적으로 플랫폼의 공공화를 통해 민영 플랫폼의 문제를 개선할 수도 있다. 자본주의 시장의 부작용 중 하나는 공공재적 성격이 큰 재화는 시장을 통해 잘 공급이 되지 않는 경우가 많고, 사익을 추구하는 민간기업이 공공재 공급을 독점할 경우 경제적 불평등과 사회적 갈등이 더 심화할 수 있다는 것이다. 따라서 국가는 민간 영리기업에서 운영하기 어려운 공공재적 성격의 재화나 서비스를 공기업 · 공단을 설립해 제공해왔다. 사회보험과 고용서비스도 이에 포함된다. 마찬가지로 민간 플랫폼 기업이 제공하기 어려운 플랫폼 노동자에 대한 진로 탐색과 훈련 교육은 플랫폼 공공화를 통해 보완할 수 있다. 실제로 한국에서는 과도한 수수료를 받은 민간 배달앱에 맞서, 2019년 수수료가 무료인 공공배달플랫폼 '배달의 명수'가 실험되어 국민의 호응을 얻기도 했다. 그 이후 여러 지자체가 공공배달플랫폼 출시에 나서고 있다.

구체적으로, 공공 배달앱만이 아니라 정부가 운영하는 공공 프리랜서 마켓 플랫폼도 고안할 수 있다. 공공 프리랜서마켓 플랫폼은 기존의 아날로그 일자리 정책의 한계를 개선하는 데에도 긍정적 역할을 담당할 수 있다. 정부는 취업성공패키지, 지역뉴딜사업, 내일배움카드 같은 오프라인 일자리 정책을 통해 구직자에게 직업훈련의 기회를 제공해왔다. 하지만 현재의 직업훈련은 사실상 사설학원, 아카데미, 평생교육원, 전문학교 등에서 운영하는 단타성 교육에 대한 비용을 보조하는 데 그치고 있다. 훈련내용도 바리스타, 네일아트, 재무회계와 같이 한정된 직군에 집중되어 있어, 실제 참여자들이 원하는 진로에 부합하지 못하는 상황이다(전병유 외, 2012; 이병희 외, 2017; 최충 외, 2018). 더욱이 직업훈련이 최종적인 취 · 창업으로 연결이 되지 않아, 결국 취미활동에 그치고 있다는 뼈아픈 지적도 있다. 지역뉴딜사업을 통해 제공되는 공공일자리도 대부분 공공기관의 잔업 보조나 봉사활동에 가까워 개인의 흥미와 적성에 맞는 일을 경험해보고 진로를 탐색하고 싶어 하는 참여자의 욕구를 충족하지 못하는 경우가 많았다(양지윤, 2016; 강은나, 2017).

이에 민간 프리랜서마켓 플랫폼의 모티브를 차용하고, 기존 공공일자리 정책의 강점을 살린 솔루션으로 공공 일경험 플랫폼을 제안하는 것이다. 공공 일경험 플랫폼은 다음 두 가지 기능을 축으로 구축할 수 있다. 첫째, 일경험 플랫폼 회원과 공공기관, 비영리단체, 사회적 경제의 단기 일감을 연결하는 기능이다. 영리기업만이 아니라 공공기관이나 비영리단체에도 PPT, 포스터 디자인, 문서작성, 통 · 번역, 행사개최, 외국출장보조 등 다양한 인력이 시시때때로 필요하다. 하지만 단기 인력을 구할 수 있는 창구가 없거나 법적으로 막혀 있어 난항을 겪는 경우가 많다. 이때 공공기관과 비영리단체가 단기 인력이 필요한 일거리 정보를 공공 일경험 플랫폼에 등록하면, 일경험 플랫폼 참여자들은 자신의 재능과 시간에 맞는 일거리를 신청해 수행할 수 있도록 연계하는 것이다. 이를 통해 플랫폼 참여자는 수수료 없이 일경험과 소득을 얻고, 공공기관과 비영리단체는 맞춤형 인력을 신속하게 구할 수 있다. 향후 플랫폼 참여자의 일경험이 쌓이면, 공공 일경험 참여 활동을 공공기관, 민간기업, 비영리단체의 취업이나 프리랜서 창직 · 창업에 경력으로 활용할 수도 있다. 또한,

공공 일거리 연계를 주요 목적으로 하기에 기존의 민간 플랫폼 시장에 대한 교란을 최소화할 수 있으며, 민간 플랫폼과 다양한 훈련 파트너십을 모색할 수도 있다.

둘째, 일경험 플랫폼 참여자에게 체계적 교육 훈련 프로그램을 제공하는 기능이다. 현재 많은 네티즌이 유료 동영상 강의, 화상회의, 온라인 커뮤니티를 통해 진로 탐색과 구직에 필요한 정보를 얻고 있어, 민간 프리랜서마켓 플랫폼도 앞 다투어 동영상 강의를 플랫폼을 통해 판매하고 있다. 공공 일경험 플랫폼도 동영상 플랫폼을 활용해 일경험 플랫폼 참여자들의 희망분야에 대한 단계별 교육 훈련과 멘토링을 제공할 수 있다. 일경험 플랫폼의 참여대상은 청년에서 경력단절여성, 장애인, 유학생, 노인 등 지리적 · 신체적 장벽으로 취업이 어려운 사회집단에까지 확대할 수 있을 것이다.

이처럼 디지털 기술의 잠재력, 플랫폼 경제의 강점, 공공정책의 가치를 결합한 공공플랫폼은 미래의 노동문제를 해결하는 데 하나의 대안이 될 수 있다. 그러나 플랫폼 공공화가 무조건적인 해결책이 될 수는 없다. 공공배달앱의 혁신사례로 꼽히며 2020년 3월 본격적으로 출시한 '배달의 명수'의 이용자가 2020년 4월 68,111명에서 7월 28,416명으로 급감했다(한국경제, 2020.08.10). 수수료 면제라는 공감대를 얻긴 했지만 배달앱 경험과 노하우가 없는 지자체가 배달시장에 뛰어들면서 서비스 면에서 민간 배달앱을 따라갈 수 없었기 때문이다. 현재 서울시와 경기도 등 30여 개 지자체가 앞다투어 비슷한 공공배달앱을 준비하고 있는데, 정부재정만 낭비한 채 끝날 수 있다는 우려가 나오는 이유이다. 공공배달앱은 민간 배달앱의 과점현상에 경종을 울리고, 플랫폼 공공화의 가능성을 보여준 선례임은 분명하다. 하지만 공공재적 성격이 부족한 배달서비스를 겨냥한 점, 플랫폼 출시를 넘어 운영에 대한 정책적 고민이 미흡한 점이 현재 공공배달앱 사업의 한계이다. 따라서 향후 플랫폼 공공화를 고민할 때에는 시장과 충돌하지 않으면서도 공공성이 있는 재화와 서비스가 무엇인지 신중히 분류하고, 국세가 투자되는 만큼 플랫폼의 지속 가능한 운영을 위해 만전을 기해야 할 것이다.

3. 디지털 네트워크 국가의 난제에 대한 대응방안

근대 국민국가는 빈곤, 불평등, 실업과 같은 산업사회의 문제를 해결하기 위해 사회정책을 도입해왔다. 그러나 네트워크 국가의 도래는 복지국가의 전통적 정책개입을 어렵게 만들고 있다. 예측이 어려운 혹독한 난제가 곳곳에 발생하는가 하면, 이익집단 간 갈등이 심화하여 정책에 사회적 합의를 이루기 어려워지고 있다. 국민의 학력과 정치의식의 증대로 정부의 권위주의적 의사결정에 대한 반감도 심해지고 있다. 상명하달식 관료주의의 폐단을 최소화하기 위해 전자정부 시스템을 도입했지만, 정보시스템은 민주적 의사소통 채널로서만이 아니라 국민의 개인정보 흐름을 통제하는 데이터감시망으로 기능하는 부작용도 낳았다. 외부적으로도 글로벌 사회위험의 대두는 일개 정부가 단독으로 해결책을 마련하기 어렵게 만들었다. 네트워크 국가가 당면한 이러한 난제들을 타계하기 위해 몇 가지 방안을 제시하면 다음과 같다.

1) 방안 1: 난제에 대비하는 미래 예견적 거버넌스

먼저 디지털 시대에 정부는 사회적 위험에 선제적으로 대응하는 정책을 개발하고 실험해보는 전략이 필요하다. 지금까지 사회정책은 문제에 대한 사후대응책으로 뒤늦게 마련되는 경우가 많았다. 〈그림 IV-1〉의 전형적 정책형성과정 이론에서 보듯이, 특정 사회적 조건과 환경 속에서 문제가 발생한 다음, 이 문제가 사회적으로 이슈화되고, 정책의제로 설정된 이후에야 정책이 만들어지는 단계를 밟아온 것이다(송근원 · 김태성, 2002: 39).

하지만 디지털 시대에는 전통적 정책형성방식만으로 급변하는 사회적 환경과 위험에 대응하는 것이 불가능하다. 18개월마다 반도체 집적회로 성능이 2배 증가한다는 무어의 법칙(Moore's Law)이 시사하듯이(Moore, 1975), 정보통신기술을 통해 정보의 축적과 교류가 급속도로 방대해지고 있다. 이처럼 인간과 기계의 활동이 초고속으로 이루어지는 시대에는 어제의 해답으로 미래의 문제를 대비하기 어렵다. Galbraith(1977)의 용어를 빌리면, 디지털 기술혁신으로 인해 진정한 '불확실성의 사회(The Age of Uncertainty)'가 도래한 것이다.

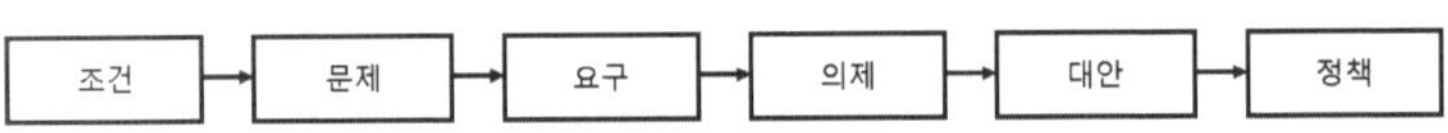

그림 IV-1 아날로그 시대의 정책형성 과정

출처: 송근원, 김태성(2002: 39).

특히 지금은 어떤 국가도 디지털 시대를 대비할 확실한 정책 비전을 갖기 어려운 상황이다. 근대적 산업화의 후발주자였던 한국은 산업사회의 선두에 있던 서구의 역사적 성과와 실패를 통해, 이른바 '선진적' 사회복지정책들을 답습해왔다. 그러나 기존의 정책학습(policy learning)과 정책 이전(policy transfer)은 이제 더는 적합하지 않다. 모든 인류가 디지털 지능정보시대의 초입에 놓여 있다고 봐야 하는 현시점에는 특정 사회를 디지털 기술혁신의 선발주자로 지목하기 어렵다. 굳이 정보화의 선두를 꼽으라고 한다면 IT 강국인 한국이 1~2위를 다투는 상황이다(OECD, 2017). 이제 한국은 우리가 선진국으로 동경해왔던 국가들도 아직 가보지 못한 길을 함께 탐험해야 하는 시점에 놓여 있다.

이때 최근 미래학에서 주목받는 미래 예견적 거버넌스(anticipatory governance)는 디지털 시대의 사회정책을 고안하는 데 유용한 관점을 제공한다. 1970년 Toffler(1970)의 『미래쇼크, *Future Shock*』를 기점으로 시나리오기법, 트렌드 분석, 시뮬레이션 기법, 델파이 조사와 같은 미래예측기법들을 활용해 다가올 미래를 예견하는 미래학이 부상했다. 그러나 대부분이 미래의 모습을 상상적으로 서술하는 데 그치고 있고, 예상되는 미래를 대비하기 위해 실제 사회가 어떤 정책을 마련해야 하는지에 대한 진전된 논의에는 이르지 못했다(박영숙 · 제롬 글렌, 2018; Kurzweil, 2005). 반면 미래 예견적 거버넌스 접근법은 미래에 대한 진단과 구체적인 정책적 실험을 연결하는 것을 지향한다(Fuerth, 2009; Fuerth & Faber, 2012; Guston, 2014).

특히 Fuerth(2009)는 미래 예견적 거버넌스의 3대 원칙을 다음과 같이

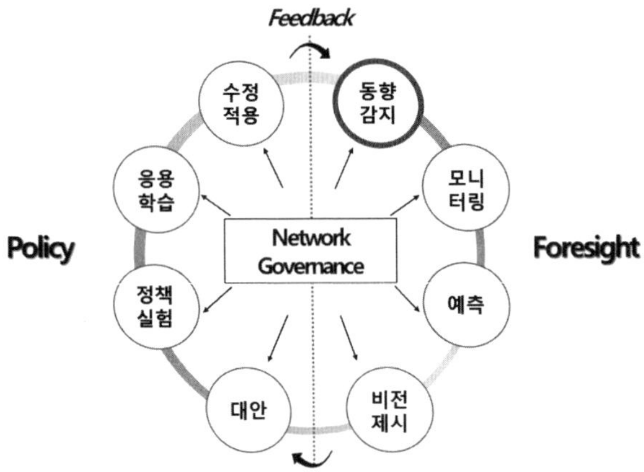

그림 Ⅳ-2 미래 예견적 거버넌스 접근법에 따른 정책형성 과정

출처: 저자 작성.

제시했다. ① 선찰과 정책연계(foresight and policy integration), ② 네트워크 거버넌스(network governance), ③ 응용학습을 위한 환류(feedback for applied learning)가 그것이다. 〈그림 Ⅳ-2〉는 미래 예견적 거버넌스의 정책형성 과정을 도식화한 것이다.

먼저 미래의 복잡한 난제들을 미연에 방지하려면 미래에 일어날 일을 선찰하여, 이것을 바탕으로 정책적 대안을 고안해야 한다. 여기서 선찰은 단순한 예견이 아니라 미래 사회문제의 전조가 되는 동향을 미리 감지해 이를 모니터링하면서 향후 발생할 상황들을 좀 더 정확히 예측하고 이를 바탕으로 비전을 제시하는 것을 말한다. 미래 예견적 거버넌스 접근법은 이 비전을 바탕으로 정책대안을 마련하고 이를 시뮬레이션해본 후 선찰 단계에서 예측하지 못했던 문제들을 포착하고 이를 다시 현장에 적용하는 응용학습을 수반한다. 이러한 과정은 다시 문제의 선찰과 정책 시뮬레이션 단계로 환류된다. 특히 주목할 점은 문제를 예견하고 대안을 실험하는 과정에서 네트워크 거버넌스를 표방한다는 것이다. 기존의 산업복지국가에서는 정책을 마련하고 집행하는 실질적 주체가 관료제적 정부로 한정되었다. 그러나 예견적 거버넌스 접근법에서는 정부라는 단일 주체가 정책을 고안하는 것이 아니라, 사회구성원들이 정책설계와 평가의 주체로 참여하는 것을 지향한다.

미래 예견적 거버넌스는 사회정책학계에서도 익숙한 정책실험(policy experiments) 논의와도 맞닿아 있다. 사회정책에서 정책실험이 대두된 이유는 기존의 소득보장기반 정책의 효과성에 대한 논란 때문이었다. 실험설계를 통해 정책효과를 정확히 측정하고, 정책선택과정에서 비편향적으로 정책을 기획할 수 있도록 돕는 절차로 정책실험이 제안된 것이다(Berk, et al., 1985; Hollister, 2008). 이후 정책실험은 아직 효과성이 검증되지 않는 정책대안에 대해 최대한 엄격한 연구설계와 실증적 증거를 가지고 정책의 정당성을 입증함으로써, 불필요한 정치적 논란을 최소화하고 실효성 있는 정책 도입을 추진하는 방안으로 관심을 받아왔다(Berk et al., 1985; 김부열, 2019).

한국 정부 역시 2018년 「경제정책방향」을 발표하면서, 근거기반의 정책 도입을 촉진하고 재정의 효과성을 높이기 위해 정책실험을 추진한다고 밝힌 바 있다(관계부처합동, 2017: 48). 특히 KDI 보고서는 한국에서의 정책실험을 적용할 수 있는 사업의 특징을 4가지로 정리하기도 했다(박윤수, 2018: 8-12). ① 목표의 구체성이 있는 사업: 일반교육정책보다 직업교육정책이 사업의 목표가 구체적이기 때문에, 해당 정책이 정책실험에 더 적합하다. ② 성과가 비교적 즉각적으로 나올 수 있는 사업: 오랫동안 지속해온 정규사업보다는 일시적으로 진행하고 성과를 측정할 수 있는 시범사업이 정책실험에 더 적합하다. ③ 측정의 용이성: 정책실험을 위해 표본을 설정하고 설문조사를 진행할 수도 있지만, 가급적 행정데이터를 활용해 측정한다면 정확도를 높이고 측정시간과 비용을 절감할 수 있다. ④ 대조군 확보가 쉬운 사업: 정책을 적용받는 실험군과 적용받지 않는 대조군을 설정하면, 혜택이 없는 대조군이 조사에 비협조적일 가능성이 크고 윤리적 이슈도 일어날 수 있다. 따라서 세금감면사업보다는 직접사업비가 지출되는 사업, 보편적 정책보다는 대상자를 선별해서 진행하는 사업이 정책실험에 적합하다는 것이다. 이처럼 한국에서 정책실험은 정부가 정책의 효과성을 측정하고 정당성을 확보하기 위한 방식으로 인식되고 있다.

하지만 최근 들어 정책실험 개념은 정책랩(policy labs) 개념으로 진화하고 있다. 정책랩은 다양한 이해관계자들이 정책을 디자인해나가는 과정을 강조한다. 근거기반 정책구상을 위해 정책실험을 설계할 뿐 아니라, 시민들과의 공동협업을 중시하는 것이 정책랩의 골자이다. 특히, 소통을 통해 정책아이디어를 공동으로 창출하는 공동창출(co-creating)과 재상상(re-imagining)을 추구하며, 이를 위해 시민들의 의사소통 역량을 강화할 수 있는 상호학습을 표방한다(Ansell, 2016). 시민들이 상향식(bottom-up)으로 정책개발에 참여하는 정책랩은 정부 주도 공공정책의 한계를 보완하고, 혁신적 제도를 창조하는 정책형성과정으로 주목받고 있다. European

Union(2016)에 따르면, 현재 핀란드, 영국, 프랑스, 네덜란드 등 약 13개 국가가 정책랩을 통해 새로운 사회정책을 도입하고자 기획 중이다. EU 차원에서도 EU Policy Lab을 두고 유럽 전역에 시행할 수 있는 사회정책들을 구상하고 있다.

특히 핀란드의 기본소득 실험은 미래 예견적 거버넌스이자 정책랩의 실천사례로 꼽힌다. 핀란드 정부는 일자리가 감소하고 불안정해질 미래 사회에 대비해 사회보장체계에 변화가 필요하다고 인식하고, 새로운 정책의 필요성에 대한 국민의 의견을 반영해 4가지 기본소득 모델을 개발했다. 그리고 그중 가장 실행 가능한 모델인 생계비 일부를 지원하는 부분 기본소득 모델을 채택해 정책 시뮬레이션을 진행했다(KELA, 2016). 2016년 핀란드 정부는 장기실업자를 무작위로 선발해 월 560유로의 기본소득을 제공하는 실험을 시행하기 위한 법안을 발표하고, 정부, 연구소, 대학의 컨소시엄을 만들어 2017년부터 2018년까지 2년에 걸쳐 기본소득 실험을 진행했다. 핀란드의 기본소득 실험은 참여적 선찰(participatory foresight)을 통해 정책대안을 모색하고 사회구성원들이 함께 검증을 시도한 정책 시뮬레이션 사례로 각국 정부와 정책학계의 관심을 받고 있다. Juha Sipilä 총리는 기본소득 실험을 시작으로 2018년부터 2019년까지 사회보장체계를 미래사회에 적합하게 개선하는 사회보장 2030(Sosiaali Turva 2030) 프로젝트를 기획하기도 했다.

[참고] 사회문제에 대비하기 위한 핀란드의 기본소득 실험

핀란드는 미래사회에 심화할 일자리 감소와 장기실업, 경제적 불평등과 빈곤문제를 사전에 방지하기 위해 2017년~2018년에 걸쳐 기본소득 실험을 진행했다. 기본소득 관련 논의는 세계적 경기불황과 실업이 심각했던 1970년대까지 거슬러 올라간다. 당시에는 핀란드 시민의 최저생계를 무조건부로 보장하는 소득보장정책으로 시민임금(Citizen's Wage), 음의 소득세(Negative Income Tax), 보장최소소득(Guaranteed Minimum Income)과 같은 용어들이 제안되었지만, 1990년대 중반부터는 기본소득(Basic Income)으로 수렴되었다.

기본소득 실험은 핀란드 사회보험청, 헬싱키대학, 탐파레대학, 투르쿠대학, 이스턴핀란드대학, VATT 경제연구소, 시트라 이노베이션 펀드 등 다양한 기관들이 컨소시엄을 구축하고 Oli Kangas 교수를 책임연구자로 진행된 연구프로젝트이다. 초기 실험설계 당시에는 실험모델로 부분 기본소득, 완전 기본소득, 음의 소득세, 참여소득과 같은 4개의 옵션이 제시되었는데, 실제 실험모델로는 부분 기본소득이 최종 결정되었다. 즉, 모든 국민에게 충분한 생활비를 지원하는 보편적 기본소득이 아니라, 장기실업자에게 생계비의 일부를 지원하는 모델로 실험을 진행한 것이다. 이는 실험이 단기적으로 진행된다는 한계가 있기도 했지만, 본래 실험의 목표가 기본소득이 고용에 어떤 영향을 미치는지, 기존의 실업급여가 대체되는지를 확인하려는 것에 있었기에 이를 충족할 수 있는 부분 기본소득 모델이 채택된 것이다.

정책실험은 25세에서 58세 사이의 실업자 2,000명을 특정 심사 없이 무작위로 선발하여 매달 560유로의 기본소득을 지급하는 방식으로 진행되었다. 실험은 2017년부터 2개년간 진행하였고, 통계를 기반으로 한 양적 연구와 인터뷰를 기반으로 한 질적 연구가 병행되었다. 기본소득을 받는 2,000명의 실험군과 대비되는 대조군으로는 핀란드 사회보험청이 실업자에게 지급하는 급여인 기초실업보장(basic unemployment security) 수급자 17만 3,000명이 선정되었다.

기본소득 정책실험 결과는 2020년 5월 발표되었다. 기본소득 실험의 주요 결과는 대략 다음과 같다. 대조군 집단과 비교했을 때 기본소득 수령인들에게 주관적 재정상태와 정신건강 상태를 질문한 결과, 경제적 안정과 정신적 웰빙이 나아졌다고 응답했다. 또한, 기본소득 수령인의 고용일수는 평균 78일로 대조군보다 6일가량 고용일이 긴 것으로 나타났고, 삶의 만족도 역시 대조군보다 0.5점 높은 수치인 7.3점을 기록한 것으로 분석되었다(Kela, 2020; 한국기본소득네트워크(2020)에서 재인용).

그러나 해당 실험결과에 대한 이견이 분분하다. 먼저 실험설계 면에서 대조군에 편향이 있다는 것이다. 핀란드의 실업자들은 노동조합이 운영하는 소득비례 실업급여를 받는 사람들과 정부의 기초실업보장을 받는 사람들로 구분되는데, 사회보험청의 기초실업보장 대상자만을 대상으로 했기 때문이다. 또한, 정책적 돌발변수도 한계로 지적되고 있다. 핀란드 정부는 실험 기간 도중인 2018년 실업자가 구직노력을 적극적으로 하지 않으면 실업급여 일부를 몰수하는 정책을 시행했는데, 이를 통해 순수한 기본소득의 고용 또는 노동 의욕 증진 효과를 평가하기가 어려워졌다. 그러나 설계의 미흡함에도 불구하고 상당한 논쟁이 있는 기본소득 실험을 최초로 실시하면서, 국내외 여론의 관심과 토론을 활성화하고, 연구결과에 기반해 정책의 함의와 효과를 검증하고자 했던 시도였기 때문에 그 의의가 크다고 평가받는다.

정책 도입에 앞서 정책대안들을 사회구성원들이 함께 논의하고 실제 실험하면서 정책효과를 검증하고자 했던 핀란드의 기본소득 실험은 기본소득의 찬반논쟁을 떠나서 한국의 정책 도입 과정에도 시사하는 바가 크다. Cobb 외(1976)는 정책의제 형성과정을 국가가 주도적으로 의제를 설정한 뒤 국민에게 확산하는 동원 모형(mobilization model), 국가가 의제를 형성하고 내부적으로 처리하는 내부 주도 모형(inside initiation model), 국민의 요구가 국가의 정책의제가 되는 외부 주도 모형(outside initiation model)으로 분류한다. 이때 한국에서 민주화 이전에 도입된 사회복지정책들은 주로 정부가 의제형성을 주도하는 동원 모형을 통해 도입되었다. 물론 민주화 이후부터는 시민사회조직의 문제 제기로 법제화된 국민기초생활보장법 사례처럼 외부 주도 모형을 통해 사회복지정책이 마련되기도 했다. 특히 〈국민청원〉, 〈국민신문고〉, 〈민주주의 서울〉과 같은 정부의 온라인 정책제안 플랫폼은 시민들이 국가에 정책아이디어를 제안할 수 있는 길을 열어주었다.

하지만 지금까지 국민의 정책 참여는 주로 소수의 시민이 정책아이디어를 제안하는 단계에 머물러 있다. 다양한 정책대안들을 함께 실험해보고 그 결과를 근거로 정책의 정당성과 효과성을 검증하는 정책랩 단계까지는 이르지 못하는 것이다. 한국에서 정책실험이라 하면 정부가 몇몇 행정구역을 선정해 시행하는 시범사업을 뜻한다. 정책실험과 집행 단계에서 국민은 여전히 정책을 공급받는 대상에 머물러 있는 것이다. 하지만 국민은 정책 도입을 통해 실생활에서 가장 크게 영향을 받는 이해당사자이다. 따라서 국민이 미래 정책의제를 토의하고 정책 시뮬레이션에 더욱 적극적으로 동참하는 미래 예견적 거버넌스는 네트워크 국가가 지향할 민주적 정책형성 모델로 잠재력이 크다.

2) 방안 2: 사회구성원이 동참하는 관계국가

정책형성과정만이 아니라 정책이 실제 실행되는 정책집행과정에서도 사회구성원들이 동참하는 기회와 채널들을 적극적으로 마련할 필요가 있다. 과거 Arnstein(1969)은 정부 정책에 시민이 참여하는 수준을 〈그림 IV-3〉과 같은 사다리 모형으로 제시한 바 있다. 시민참여 사다리는 크게 비참여, 명목참여, 시민세력화 구간으로 나뉘는데, 세부적으로는 8단계로 구분된다. 먼저 1단계 조정(manipulation)과 2단계 교정(therapy)은 시민 비참여 형태로, 정부가 시민을 계몽과 교정이 필요한 정책대상(policy target)으로만 간주하고, 시민들의 문제를 해결하기 위한 서비스를 제공하는 단계이다. 3단계에서 5단계는 명목적 시민참여 형태이다. 3단계 정보제공(informing)은 정부가 공공정책과 행정에 대한 정보를 시민에게 일방적으로 통보하는 단계이다. 4단계 의견조사(consultation)도 초보적

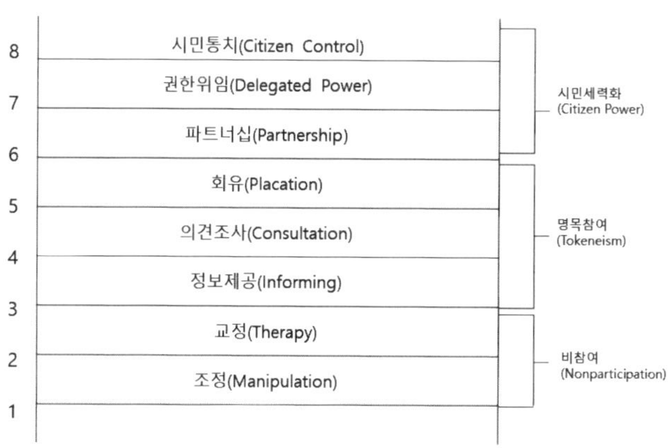

그림 IV-3 시민참여의 8단계 사다리 모형

출처: Arnstein(1969: 217).

단계의 시민참여로 정책에 대한 국민 인식조사나 공청회 개최를 들 수 있다. 5단계 회유(placation)는 논쟁이 될 만한 정책 현안에 관해 시민사회단체나 대표에게 자문을 요청하는 방식이다. 3~4단계에 비해 시민참여의 폭이 넓어졌지만, 여전히 특정 엘리트로 의견 개진 기회를 제한한다는 점에서 명목적 시민참여에 속한다. 이에 반해 6단계에서 8단계는 실질적인 시민세력화 단계이다. 6단계 파트너십(partnership)은 시민이 정책위원회 같은 메커니즘을 통해 정부와 협상하고 의사결정에 공동책임을 지는 방식이다. 7단계 권한위임(delegated power)은 시민이 정부로부터 정책집행에 있어 일부 권한을 부여받고 의사결정권을 행사하는 단계이다. 마지막 8단계 시민통치(citizen control)는 정책의 실행부터 관리까지 모든 단계에서 시민이 직접적 통제권을 갖는 완전한 시민참여를 뜻한다. 그러나 현재 많은 정부가 표방하는 시민참여는 대부분 정보제공, 의견조사, 회유와 같은 명목적 참여나, 일부 파트너십에 머물러 있는 경우가 많다.

이는 한국 정부도 마찬가지다. 특히 민주화 이후 한국 정부는 시민참여의 방식으로 주요 사회문제를 논의한다는 명목으로 시민사회단체, 기업, 학계 전문가와 대표들을 구성원으로 하는 대통령 직속 위원회를 발족하는 전략을 취해왔다. 디지털 시대의 사회적 난제를 해결하기 위해서도 한국 정부는 2017년 4차산업혁명위원회와 일자리위원회와 같은 위원회를 발족하는 방식을 택했다. 현재 4차산업혁명위원회는 민간전문가와 정부 소속 30명의 위원을 위촉하여 신산업 육성 및 사회변화에 대응하는 주요정책에 대해 활발하게 논의하고 있다. 이러한 국가운영위원회는 특정 행정부처나 조직에 전권을 부여하기보다 다양한 이해당사자의 수평적 의사결정을 존중하는 민주적 문제해결 방식으로 평가를 받아 왔다. 하지만 한편에서는 대통령 및 국무총리 직속 위원회가 지나치게 많이 발족되어 실효성이 떨어지고, 사회문제 해결 논의에 있어 국가 상부 쏠림현상이 일어나 여전히 소통구조가 위계적이고 비효율적이라는 비판도 제기되어 왔다(김정해 · 조성한, 2007; 시사저널, 2018.03.27.). Arnstein의 시민참여 8단계 사다리 모델에 따르면, 한국의 위원회 중심 의사결정 구조는 5~6단계의 중간 수준에 머물러 있는 것이다.

영국의 공공정책혁신 연구자이자 공익혁신재단 NESTA(National Endowment for Science, Technology and Arts)의 대표 Mulgan(2014)의 용어를 빌려 말하면, 시민참여의 수준이 7~8단계로 발돋움하지 못하는 이유는 그간 정부가 자기 역할을 국민에게 서비스를 전달하는 전달국가(delivery state)로 규정해왔기 때문이다. Mulgan(2014: 20)은 정부가 국민에 대한 자신의 역할을 어떻게 인식하는지에 따라 국가의 모습이 3단계로 발전할 수 있다고 본다. ① 정부가 시민에게 군인이자, 세금 징수자이자, 경찰로서 역할을 하며 온정주의적 보호자로 군림하는 단계; ② 정부가 시민에게 복지, 교육 보건의료 서비스를 공급하는 제공자 역할을 하는 단계; ③ 정부가 시민과 활발히 상호작용을 하며 공동의 목표, 지식, 자원을 쌓아나가는 단계가 그것이다. Mulgan은 현재의 복지국가가 2단계의 전달국가적 관점에 머물러 있다고 보고, 복지국가가 다음 3단계의 혁신을 이루려면 정부를 서비스의 배타적 제공자로 보기보다, 시민들을 스스로 사회문제를 해결할 수 있는 주체로 인정하고, 시민들과 함께 사회적 관계를 형성하는 데 주력해야 한다고 보았다. 특히 Mulgan은 국가가 전

그림 Ⅳ-4 국가가 시민에게 제공하는 서비스

출처: Mulgan(2014: 23).

통적으로 제공해온 공공서비스들을 〈그림 Ⅳ-4〉처럼 대중에게(services to), 대중을 위해(services for), 대중과 함께(services with) 협력해 제공해야 할 서비스로 삼분했는데, 이 중 시민들의 일상생활과 직접적 연관이 있는 건강, 교육, 환경, 노동, 노화 관련 복지서비스들은 관계국가 모델을 표방해야 할 대표적 공공서비스로 분류했다.

그러나 그간 복지국가 정부들은 관료제가 위계적이고 형식적이라는 비판을 받는 와중에도 전달국가의 관점을 고수하며 어떻게 하면 정부가 효과적이고 효율적으로 서비스를 공급할 수 있을지에만 고민의 초점을 맞추어 왔다. 시민의 공공행정 접근성을 높이기 위해 전자정부를 도입하거나, 신공공관리론(new public management)이라는 이름으로 시장기업의 성과제나 고객만족도 평가를 도입해온 것이 그 예이다. 그러나 이러한 정부의 내부 개혁과 혁신 모델은 또 다른 한계에 직면했다. 전자정부는 시민에 대한 데이터감시와 사회적 범주화를 강화하는 부작용을 낳았다. 비즈니스 모델을 빌린 신공공관리론은 측정 가능한 경제적 합리성을 추구하다 보니 정작 공공정책의 주요 가치인 인간관계의 중요성을 무시했다는 비판을 받고 있다. 즉, 치매 문제를 해결하기 위해서는 정부의 신속한 정보 처리와 처방만이 아니라, 치매 환자를 돌보는 사람과 지역사회와의 지속적 협력이 필요한데, 이런 정성적 측면에 대한 고려가 미흡했다는 것이다. 이런 맥락에서 Halpern(2009)은 『국가의 숨겨진 부, *The Hidden Wealth of Nations*』에서 유대문화(associational life)를 국가의 중요한 부로 주목하고, 복지국가가 서비스 전달을 통한 경제적 부의 재분배만이 아니라, 시민 간, 시민과 정부 간 관계와 유대감을 북돋는 역할을 해야 한다고 주장하기도 했다.

이때 영국의 공공정책연구소(IPPR: Institute for Public Policy Research)가 제안한 관계국가(relational state) 모델은 향후 네트워크 정부가 지향해야 할 방향을 잘 보여준다. Mulgan의 문제의식을 이어받은 IPPR(2014)은 기존 복지국가가 시민을 수동적 정책대상자로 간주하고 이들에게 공공서비스를 전달하는 전달국가의 역할을 해왔다면, 미래정부는 시민들이 함께 사회문제의 해결책을 모색할 수 있도록 지원하는 관계국가를 지향해야 한다고 주장한다. IPPR은 현재 정부가 시민의 정부신뢰(public trust)가 떨어지는 현상을 문제 삼고 있지만, 이와 반대로 실제 문제는 정부가 시민의 역량을 신뢰하지 않는 것이라고 문제의 초점을 반전시킨다. 이때 정부와 시민이 상호신뢰를 회복하려면 시민은 사회문제의 해결책을 설계하는 정책가로 활동하고, 국가는 정책실현의 장을 마련하는 플랫폼 역할을 해야 한다고 보았다. 실제 IPPR(2014)이 관계국가 실현을 위해 제시한 전략은 〈표 IV-3〉과 같다.

표 Ⅳ-3 관계국가를 실현하기 위한 전략

1. 공공서비스에 있어서 시민들에게 진정한 권력을 이양해야 한다. 관료만이 아니라 국민이 공공 서비스의 예산이나 공급 방식을 결정할 수 있어야 한다. 2. 시민들이 공공서비스의 전문가가 될 수 있도록 지원해야 한다. 3. 중앙정부의 통제를 벗어나 비영리단체, 마을, 지역사회가 공공서비스의 자생적 제공자가 될 수 있도록 지원해야 한다. 4. 독립성, 다양성, 전문적 자율성 및 지방 분권화에는 강력한 책임의식이 동반되어야 한다. 5. 공공서비스의 핵심(core)은 정부가 감당하고, 나머지 부분에 대해서 시민의 혁신을 위한 여지를 남겨두어야 한다. 예를 들어, 교육서비스에서 국가는 교육 수준이 뒤처질 위험이 큰 학생들을 '기본대상(floor target)'으로 정하고 이들에 대한 지원을 담당해야 한다. 정부는 시민들의 서비스 제공을 촉진해야 하지, 모든 부분에서 주체적이기를 재촉하면 안 된다. 6. 정부는 재정의 한계가 있기에 민주적 토론에 기반해 명확한 자금 조달의 우선순위와 원칙을 합의해야 한다. 예를 들어, 사회적 돌봄에 자원을 추가로 투입하기로 했다면, NHS(National Health Service)와 같은 다른 공공서비스에 긴축 재정이 수반될 수 있음을 감수하고 함께 전략적 지출 계획을 세울 필요가 있다. 7. 공공서비스의 공동형성을 위해 디지털 기술의 거대한 혁신을 활용해야 한다. 온라인 네트워크는 시민들이 함께 토론할 수 있는 공론장이 된다.

출처: IPPR(2014: 17-18) 재편집.

실제 영국 정부는 관계국가의 모델에 착안해 다양한 시민 주도 정책 프로젝트를 시도하고 있다. 정부가 지역사회의 빈 가게를 매입해 주민들에게 제공하고, 주민들이 그곳을 플랫폼으로 삼아 시민 프로젝트를 디자인하는 지역사회개선 프로그램을 진행하는가 하면(Buddery et al., 2016: 47), 지역주민들에게 인근 지역의 주택 소유 패턴을 파악할 수 있는 오픈데이터를 공개함으로써, 지역공동체 계획수립에 도움을 주는 크라우드소싱 사이트 'Who Owns My Neighbourhood'를 NESTA와 협력하여 개설하기도 했다. 특히 런던 시청(Greater London Authority)은 정부의 공공데이터 원자료를 무료로 시민에게 공개하고 해당 자료를 바탕으로 런던을 위한 공공정책을 개발할 수 있도록 독려하는 '런던 데이터스토어(London

Datastore)' 사이트를 운영하고 있다. 런던 데이터스토어에는 2019년 현재 일자리와 경제, 교통, 환경, 안전, 주택, 건강 등 8개 분야의 700여 개 공공데이터 세트가 공개되어 실시간으로 업데이트되고 있다. 런던 데이터스토어는 시내 부동산 가격부터 대중교통 소요시간까지 공유되고 있는데, 실제로 이런 오픈데이터를 통해 시민들이 공공정책을 제안하거나 모바일 앱을 제작하기도 한다. 현재 런던 시민들이 애용하는 대중교통 앱 '시티매퍼(City Mapper)'도 런던 데이터스토어에서 시작해 서울, 파리, 스톡홀름에까지 수출할 만큼 성장했다. 이러한 활동을 인정받아 런던 데이터스토어는 해외개발연구소(Overseas Development Institute)로부터 2015년 ODI 오픈데이터 발행상(ODI Open Data Publisher Award)을 수상하기도 했다.

3) 방안 3: 국가 간 플랫폼 과세협상

글로벌 플랫폼 기업의 과세에 대한 국가 간 협상도 네트워크 사회의 난제를 해결하기 위한 대응방안이 될 수 있다. 아날로그 산업사회에서는 국내기업이든 해외기업이든, 특정 국가에 공장이나 사무실 같은 고정사업장(permanent workplace)을 두고 영업활동을 해 수익을 창출하는 것이 일반적이었다. 따라서 기업은 사업장이 있는 국가에 법인세와 같은 직접세와 부가가치세와 같은 간접세를 냈으며, 이러한 세금이 근대 복지국가 재정의 바탕이 되었다. 그러나 디지털 플랫폼 기업은 특정 국가에 고정사업장을 두지 않고도 가상세계에서 네트워크 연결을 통해 전 세계를 상대로 수익을 창출할 수 있다. 이에 글로벌 플랫폼 기업들은 경제활동을 하는 모든 국가에 사업장을 설치할 필요가 없어, 세금납부를 최소화하기 위해 세율이 낮은 국가에 서버를 두고 기업활동을 해오고 있다. 예컨대 Google은 2017년 한국에서만 4조 9,722억 원 가까이 매출을 거뒀지만, 한국에 납부한 세금은 200억 원에 못 미쳤다(중앙일보, 2019.10.13.). 글로벌 기업들은 IT를 매개로 하는 이점을 살려 법인세율이 낮은 국가로 세원을 이전함으로써 국제적 조세 회피 행위를 광범위하게 벌이는 것이다. 이로 인해 국제적으로 글로벌 플랫폼 기업이 수익에 대해 합당한 세금을 부과해야 한다는 목소리가 나오고 있다.

실제로 일부 국가에서는 해당 국가에 유형의 사업장이 있든 없든 상관없이 자국에서 일정 액수 이상의 수익이나 거래를 하는 글로벌 플랫폼 기업에 세금을 징수하려는 움직임이 있다. 일례로, 영국은 글로벌 플랫폼 기업에 과세를 엄격하게 부과하는 편이다. 기본적으로 영국 시민을 대상으로 수익을 창출하는 플랫폼 기업은 국내 법인세의 적용대상이 되고 있으며, 해외에 법인이 있는 플랫폼 기업이라도 2020년부터 해당 기업이 영국에서 올리는 매출액의 2%를 디지털 서비스세(digital service tax)로 납부하도록 의무화했다. 이는 영국에서 수익을 발생시키는 플랫폼 기업에 대해 직접세와 간접세를 징수하려는 의지가 강함을 보여준다. 영국은 미국처럼 영어를 국어로 하기에, 영어로 소통하는 글로벌 플랫폼 기업의 진입장벽이 매우 낮은 국가다. 경쟁력 있는 플랫폼 기업의 영국 진출은 영국의 신생 플랫폼 기업의 성장을 막을 수 있다. 이에 영국 정부는 디지털 서비스세를 통해 관세장벽을 높임으로써 자국의 플랫폼 경제의 자생력을 기르고자 하는 것이다.

프랑스 역시 플랫폼 노동자의 권리가 법적으로 강력하게 보장되는 만큼 플랫폼 기업과 노동자에 대한 과세를 엄격하게 시행하고 있다. 디지털 경제 초창기에 프랑스 정부는 마크롱 법(Macron Law)으로 불리는 신 프랑스법을 통해 플랫폼 기업의 법인세율을 33.3%에서 25%로 인하하는 세금 인하 정책을 펴기도 했었다. 스타트업 창업과 외국 기업 유치를 통해 플랫폼 경제를 활성화하고 미래 산업의 안정성을 확보하고자 했기 때문이다. 그러나 최근 들어 글로벌 플랫폼 기업의 시장 점유가 심해지자, 이들에 대해 다소 엄격한 과세 규정을 공포했다. 특히 OECD나 EU에서 디지털세에 대한 합의가 불발되자 자체적으로 2019년 디지털 기업과 디지털 서비스에 세금을 부과하는 법안을 공포한다(임동원, 2020). 이 법안에 따르면, 매출액이 일정 금액 이상인 국외 플랫폼 기업은 총소득에 대해 3%의 세금을 직접세로 납부해야 한다. 프랑스 디지털 서비스세는 Google, Apple, Facebook, Amazon 등을 겨냥한 것으로, 이 4개 기업의 이름을 따 GAFA세로 불리기도 한다.

한국 기획재정부 역시 해외에서 뜨겁게 조명되는 디지털세 논의를 의식하여, 2019년 12월 기획재정부 내에 디지털세대응팀을 조직한 바 있다. 하지만 구체적으로 어떠한 방안과 입장을 명확히 한 상황은 아니다. 기획재정부는 영국, 프랑스처럼 자국 내 대응책을 내어놓지 않는 이유로 내국법인의 중복과세 가능성을 들었다(기획재정부, 2019.10.30.). 자국 IT 기업이 재정적 기반이 탄탄하지 않은 상태에서 디지털세가 도입되면, 자국 IT 기업들이 기존 법인세와 디지털세를 이중부담하게 되는 상황이 될 수 있다는 점을 우려한 것이다. 이와 더불어 미국에 글로벌 플랫폼 기업의 모법인이 많기에 디지털세를 부과하게 되면 미국과의 관계에 악영향을 미치게 되고 경제적 불이익을 당할 수 있으리라는 우려도 한국 정부가 유보적 견해를 취하는 배경이 되고 있다.

비록 프랑스, 영국, 인도, 이스라엘과 같은 일부 국가가 디지털세를 도입했지만, 사실 디지털 관세를 일개 국가가 일방적으로 시행하기에는 상당한 리스크가 존재한다. 따라서 국가들의 이해관계가 걸려 있는 사안에 대해서는 국가 간 협상이 필요하다. 역사적으로도 경제적 세계화가 가속화되고 이주노동자가 급증하게 되면서 타 국가의 사업장에서 일하는 자국민을 위해 각국 정부들이 상호협약을 맺어온 경험이 있다. 국제노동기구(ILO)의 외국인 노동자 보호를 위해 공포했던 1962년「사회보장에서의 균등대우협약(The Equality of Treatment (Social Security) Convention)」, 1982년「이주노동자의 사회보장에서의 권리 유지에 관한 협약(Maintenance of Social Security Rights Convention)」이 그 예시들이다. 한국 역시 세계 각국 간 사회보장협정을 체결하여 이러한 문제들을 해결하고자 하고 있다. 사회보장협정은 협약 국가의 국민이 상대 국가에 가게 되면 자국민과 동일한 사회보장을 적용받을 수 있도록 사회보장의 연계를 규정하는 조약으로, 협정이 발효되면 국내법과 같은 효력을 갖게 된다. 현재 한국은 9개국과 보험료 면제협정을, 20개국과 가입 기간 합산협정을 맺고 있는 상태다.

사회보장협정과 비슷하게 디지털 관세에 대해서도 국가 간 협정이 필요해 보인다. 실제로 OECD와 EU와 같은 국제기구는 적절한 직접세와 간접세율에 대해 합의안을 도출하기 위해 노력해왔다. 〈표 IV-4〉는 OECD와 EU가 플랫폼에 직접세를 부과하기 위해 합의했던 사안들을 정리한

표 Ⅳ-4 OECD와 EU의 디지털세 관련 합의 경과

OECD		EU	
2015	디지털 경제의 조세문제에 대한 보고서 Action 1 발간	2013.10	디지털 경제 관련 전문가 연구 용역 시작
2017.9	디지털 조세에 대한 공개토론회 개최	2016.6	'디지털 경제의 조세 문제' 보고서 발간
2018.3	디지털 조세에 대한 중간보고회 개최	2017.9	1차 기획안 제시(매출액 대비 균등세 적용, 디지털 고정사업장 개념 도입)
2019.2	디지털 조세 관련 정책 초안 논의 시작	2018.3	2차 기획안 제시(임시적 디지털 서비스세, 가상 고정사업장 개념 도입)
2019.3	디지털 조세 관련 정책 브리핑	2018.12	디지털 서비스세 합의 불발 → 디지털 홍보세 개념 도입 논의
2019.6	G-20 리더 중심 디지털 조세 계획 승인	2019.3	디지털 홍보세 합의 불발

출처: KPMG(2019) 내용 일부 각색.

것이다. 그러나 표에서 보듯이 디지털 플랫폼 경제가 부상하자 2010년 중반부터 두 국제기구는 디지털세 관련 논의를 시작했지만, 현재까지도 합의에 이르지 못하는 상황이다. 특히 고정사업장이 없는 디지털 서비스에 대해 어떻게 어느 정도로 세금을 부과할 것인지에 대한 회원국의 견해가 엇갈리고 있어 채택의 여부가 주목되는 상황이다. 이러한 협의 과정에서 EU 내에서 이뤄지는 전자상거래에 대해서는 2021년 7월부터 부가가치세를 적용하는 계획이 합의되었고, OECD와 EU 국가들이 지속해서 디지털세에 대해 논의하고 합의안 도출을 위해 노력하는 만큼 조만간 협상 결과가 도출될 것으로 기대한다.

4) 방안 4: 초국가적 사회보장시스템 구축

초국가적 사회보장시스템 구축도 네트워크 사회에서 국가들이 함께 모색해야 하는 대응방안이다. 앞서 언급했듯이, 현재 사회보장제도는 국

민국가를 기반으로 작동하고 있다. 사회보장제도의 주요재원 역시 자국의 사업장과 노동자가 내는 보험료와 조세로 조성된 것이다. 그러나 디지털 네트워크 사회에서는 자신이 생활하는 국가와 자신이 일하는 사업장이 소속된 국가가 다른 가상이주노동자들이 증가하고 있다. 이들은 사회보장을 요구할 수 있는 국가가 모호하기에 기존 국민경제 기반의 사회보장제도에서는 사각지대에 위치할 수밖에 없다. 특히 플랫폼 노동이 국제적이고, 유연하며, 단기적 성격을 가지기 때문에, 국가가 이들의 사회보장을 보장하고 싶어도 일개 국가의 의지와 행정절차만으로는 사회안전망을 구축하는 것이 불가능하다. 따라서 국경을 초월한 디지털 경제활동에 대응하려면 사회보장시스템도 탈국가화, 디지털화될 필요가 있다.

이때 디지털 사회보장제(DSS: Digital Social Security)는 대안적 정책아이디어로서 시사하는 바가 크다. DSS는 독일 노동조합총연맹(Deutscher Gewerkschaftsbund) 산하 한스-뵈클러 재단(Hans-Böckler-Stiftung)이 진행한 '미래의 노동(Arbeit Der Zukunft) 프로젝트'의 일환으로, 독일 레겐스부르크 대학 Enzo Weber 교수가 주도적으로 고안한 미래 사회보장체계이다. Weber(2018)는 디지털 기술의 발전으로 장소와 시간에 구애받지 않고 업무를 진행할 수 있게 되면서 노동환경이 급격히 세계화되어가고 있기에, 이에 부합하는 새로운 사회보장제도가 필요함을 주장한다. 특히 DSS는 플랫폼 경제만이 아니라 사회보장체계에도 디지털 기술을 활용해야 한다고 보았다. 즉, 복지국가가 노동자와 기업에 사회보장세를 걷듯이, 플랫폼 기업이 노동자에게 급여를 제공할 때 일정 비율을 플랫폼의 자동 메커니즘 기술을 통해 글로벌 DSS 계정에 적립하는 방안을 제시한 것이다.

구체적으로 DSS의 작동원리와 방식을 살펴보면 <그림 IV-5>와 같다. 먼저 플랫폼 노동자가 플랫폼을 통해 노동 활동을 하면 플랫폼 기업은 노동자에게 보수를 제공할 뿐만 아니라 DSS 계정에 DSS 분담금을 납부해야 한다. DSS 계정은 ILO, 세계은행과 같은 국제기구에 의해 관리된다. DSS 계정에 누적된 금액은 정기적으로 플랫폼 노동자가 소속된 국가 사회보장시스템으로 이체되며, 해당 노동자는 자국의 사회보장시스템 내에서 DSS 계정 기여금에 따른 사회보장을 청구할 수 있다. DSS는 각국이 운영하는 사회보장시스템의 수준과 내용이 상이하다는 점을 고려해, 각 국가가 운용하는 사회보장 보험료와 보험급여의 수준에 따라 금액을 다르게 설정해 DSS 기여금을 갹출한다. 사회보장제도를 갖추지 못한 국가에서는 민영 보험이나 지역사회단체를 통해 DSS 제도를 운용하는 것이 가능하다. 플랫폼 경제는 알고리즘에 기반한 자동 메커니즘을 통해 결제

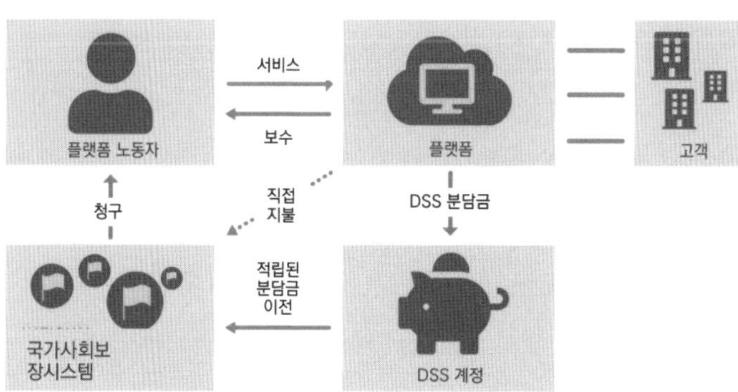

그림 IV-5 디지털 사회보장제도 작동원리와 방식

출처: Weber(2019: 131).

와 대금 지급이 진행되기 때문에, 보험료의 징수-지급 역시 쉽게 자동화할 수 있다. 따라서 국가, 플랫폼 기업, 노동자가 매번 일일이 연산과 행정처리를 할 필요가 없다는 점도 DSS의 강점이다.

그러나 이러한 초국가적 사회보장체계를 마련하기 위해서는 사전에 국가, 초국가적 기구, 글로벌 플랫폼 기업, 가상이주노동자 등 다양한 이해관계자들의 정치적 합의가 필요하다. 플랫폼 기업은 일정 수준의 보험료를 분담해야 하고, 각 국가도 DSS 계정과 연계하여 행정처리를 하는 번거로움을 감수해야 하기 때문이다. 특히 플랫폼 노동자들은 낮은 임금의 노동에 종사하는 경우가 많기에, 자발성에만 의존하면 DSS 가입보다 당장의 급여 환급을 선호할 가능성이 크다. 이런 이유로 Weber는 복지국가의 사회보험이 강제성을 갖듯이, DSS도 의무가입이 필요하다고 보았다. 특히 플랫폼 경제의 특성상 계약자나 거래금액에 대한 정보가 디지털 플랫폼에 투명하게 저장되어 있기에, 합의만 된다면 현금 기반의 오프라인 경제보다 DSS가 의무가입을 더욱 쉽게 추진할 수 있을 것으로 보인다.

물론 DSS와 같은 초국가적 사회보장시스템은 글로벌 플랫폼 경제활동이 활발한 유럽이나 인도, 방글라데시, 파키스탄 같은 제3세계에서 더 실효성이 커 보인다. 플랫폼 경제가 자국 중심으로 이루어지는 한국에서는 초국가적 사회보장시스템의 필요성이 상대적으로 약할 수 있다. 하지만 한국도 Youtube, Amazon과 같은 거대 플랫폼에서 활동하는 경제활동자들이 점차 증가하고 있고, Delivery Hero, Uber와 같은 해외 플랫폼 기업이 한국 시장에 진출하는 사례가 늘고 있다. 따라서 한국에서도 초국가적 사회안전망이 필요한 노동자가 증가하게 될 것이다. 특히 DSS는 국가 중심적 네트워크 사회인 한국의 맥락에도 적합한 측면이 있다. DSS는 글로벌 사회보장체계를 설계하면서, 완전히 새로운 체계를 구축하기보다는 자국의 기존 사회보장제도를 인정하고 이를 연결하는 절충적 방식을 채택한다. 즉, 글로벌 환경에 대응하면서도 각 사회의 독자성과 주권을 인정하는 글로컬화된 정책아이디어로써 함의가 있다.

4. 디지털 네트워크 시민사회의 난제에 대한 대응방안

근대 아날로그 사회에서 시민사회는 시장과 국가권력을 견제하는 역할을 담당해왔다. 시민들은 노동조합, 이익집단, 시민단체 조직화를 통해 의견을 결집하고, 시민권을 바탕으로 정부에 압력을 행사함으로써 자본주의 경제가 초래하는 부작용과 사회문제를 해결하는 데 이바지해왔다. 그러나 네트워크 사회는 시민사회의 구조와 역동을 변화시키고 있다. 시민사회의 기반이 가상공간으로 이동하면서 지역사회, 도시, 국가에 뿌리를 두었던 공동체성이 약화되었으며, 의사소통채널이 다변화하면서 시민사회의 다양한 의견들이 공론장에서 수렴되기보다는 파편화되는 측면도 있다. 네트워크 사회에서는 플랫폼 기업의 독점이 강해지고 전자정부의 데이터감시가 심화하는 경향이 있기에, 시민사회의 파편화는 시장과 정부의 견제 세력으로서의 영향력을 약화시킬 수 있다. 이에 네트워크 시민사회가 당면한 난제들을 타계하기 위해 몇 가지 방안을 제시하면 다음과 같다.

1) 방안 1: 시민사회조직의 네트워크적 혁신

먼저 기존 전통적 시민사회조직의 네트워크적 혁신이 필요하다. 보통 시민사회의 핵심적 행위자를 꼽으면 노동조합, 시민단체, 비영리단체, NGO와 같은 시민사회조직을 들 수 있다. 역사적으로 한국의 시민사회조직들은 민주화와 사회복지제도 도입에 실질적 기여를 해왔으며, 시민들이 사회에 목소리를 낼 수 있는 매개체로 역할을 수행해왔다. 현재도 시민사회조직들은 정치적 민주화와 경제적 민주화를 주장하며 지속적으로 대규모 사회운동을 주도하고 있다(최장집, 2005; 김경필, 2017).

그러나 기존 시민사회조직들이 네트워크 사회의 변화에 조응하기 위해 앞으로 어떤 전략을 세워야 할지에 대해서는 아직 논의가 부족한 상황이다. 지역공동체에서 가상공간으로 시민사회의 활동이 옮겨가면서, 시민들은 자신이 사는 오프라인 지역사회의 문제를 공동으로 해결하기 위해 결집하는 것만이 아니라, 지역과 관계없이 특정한 이슈와 취향을 중심으로 일시적으로 연결되고 접속하는 것이 가능하게 되었다. 따라서 디지털 네트워크 사회에서는 조직을 기반으로 한 시민사회의 결집이 상대적으로 약화할 수밖에 없다.

단적인 예시로 디지털 플랫폼 경제의 등장은 노동조합의 결집을 어렵게 만들고 있다. 플랫폼 경제에서 노동자들은 사업장에 출근해 다른 노동자들과 군집노동을 하는 것이 아니라, 시공간적으로 분산되어 업무를 수행하기 때문이다. 따라서 플랫폼 경제가 주요 생산양태가 되는 미래 사회에 노동자들은 노동조합을 통한 의견표출에 제약을 받게 된다. 물론 2019년에 설립한 라이더유니온 사례에서 보듯이, 한국의 대표적 플랫폼 노동자

유형에 속하는 배달앱 기사들이 노동조합을 조직하기도 했다. 하지만 배달앱 노동자가 약 5만 명이 넘을 것으로 추정되는 반면, 라이더유니온 조합원은 2020년 기준 약 300명에 불과한 상황이다. 노동조합의 전통적 조직화 방식으로는 산발적으로 활동하고 자율성을 중시하는 플랫폼 노동자들의 요구와 목소리를 모으는 데 한계가 있는 것이다.

이러한 한계를 돌파하기 위해 스웨덴과 독일의 노동조합이 시도한 네트워크적 혁신은 한국사회에도 시사점을 준다. 먼저 스웨덴의 사무직 노동조합 유니오넨(Unionen)은 기존의 노동조합을 디지털화해 플랫폼 노동자와의 연결을 시도하고 있다. 유니오넨은 사업장 노동자의 감소를 감지하고 일찍부터 자영업자와 임시직 노동자들을 노조원으로 받아왔다. 특히 최근 플랫폼 노동자가 증가하자 유니오넨은 플랫폼 노동자들에게도 노동조합 가입을 개방했다. 이들은 기존 노동조합들이 적극적으로 플랫폼 노동자들에게 다가가 노동조합의 역할과 필요성에 대한 정보를 전달하고, 별도의 사업장이 없는 플랫폼 노동자들을 위해 인터넷과 스마트폰을 활용한 디지털화된 노동조합 플랫폼 개발에 힘써야 한다고 주장했다. 실제로 유니오넨은 플랫폼 노동자들이 가상공간에서 활동한다는 점을 감안해 플랫폼 노동자들이 쉽게 접근할 수 있는 디지털 노동조합과 디지털 단체협약을 제안하기도 했다. 플랫폼 산업과 노동자들을 위해 새로운 노동조건, 단체협약의 기준 등을 담은 메타 플랫폼을 만들어 플랫폼 노동자들에게 노동환경에 대한 정보를 공유하고, 단체협약도 디지털로 진행해 더욱 많은 플랫폼 노동자들의 참여를 끌어낸다는 전략이다(Söderqvist, 2017). 이는 플랫폼 노동자가 노동조합에 수월하게 접근하게 해줄 뿐만 아니라, 노동자들의 온라인 공론장 구축을 시도했다는 점에서 의의가 있다.

독일의 금속노조(IG Metall)도 네트워크적 혁신사례에 속한다. 금속노조는 자국 제조업 노동자의 조직화를 위해 설립된 독일의 대표적 노동조합이다. 그러나 금속노조는 향후 산업기반이 플랫폼 경제로 옮겨갈 것을 예견하고 플랫폼 노동문제에 지대한 관심을 가져왔다. 특히 플랫폼 노동자들이 국경을 넘어 글로벌 플랫폼 기업에서 일한다는 사실에 착안해 플랫폼 노동자들을 위한 국제연대를 시도해 왔다. 글로벌 플랫폼 경제에서는 일개 국가의 노동조합이 플랫폼 노동문제에 대응하기 어렵기 때문에, 각국 노동조합들의 유기적인 공조가 필요하다고 본 것이다. 이에 금속노조는 2015년부터 유럽의 노동조합들과 연계해 글로벌 플랫폼 기업들의 근무여건, 평판, 급여 등에 대한 정보를 플랫폼 노동자들에게 제공하는 웹사이트 페어크라우드워크(Fair Crowd Work)를 설립해 운영하고 있다. 플랫폼 노동자들이 뿔뿔이 흩어져서 일하다 보니 플랫폼 기업에 대한 정보를 수집하고 공유하는 것이 어렵기 때문에, 플랫폼 기업들에 대한 정보를 제공하는 것이 플랫폼 노동자의 노동권을 보장하는 첫걸음이라고 본 것이다. 플랫폼 경제의 글로벌화에 대응해 유럽의 노동조합과 연대하고 플랫폼 노동자들의 실질적 권력 획득을 위한 방안으로 정보공유 플랫폼을 개설함으로써 네트워크적 혁신을 모색하고 있는 것이다.

[참고] 플랫폼 노동자 국제연대를 위한 독일의 페어크라우드워크

페어크라우드워크(Fair Crowd Work)는 독일 금속노조(IG Metall)에서 운영하고, 오스트리아, 스웨덴의 노동조합들이 공동 관리하는 온라인 사이

페어크라우드워크의 플랫폼 기업 리뷰 시스템

출처: Fair Crowd Work 홈페이지.

트이자 국제협력체계이다. 이 사이트의 기본 운영목적은 크게 2가지이다. 첫째, 플랫폼 노동자들을 위한 정보 수집이다. 플랫폼 기업은 플랫폼 노동자들의 거래정보, 평점 등의 다양한 활동정보를 취합해 플랫폼 기업을 경영하고 이익을 창출한다. 반면, 플랫폼 노동자들은 자신이 일하는 플랫폼 기업의 근로환경, 일당, 업무방식 등을 획득할 기회가 많지 않다. 페어크라우드워크는 다양한 플랫폼 기업에서 일했던 노동자들에게 설문조사를 시행해, 자신이 경험한 플랫폼 기업의 노동조건과 보수 등에 대해 역으로 평점을 매기고, 이를 취합해 다른 플랫폼 노동자들에게 제공하는 역할을 담당하고 있다. 둘째, 플랫폼 노동자들의 국제적 공조도 페어크라우드워크의 주요 목적이다. 해당 사이트는 독일 금속노조가 주도적으로 운영하고 있지만, 영국독립노동자연합(Independent Workers of Great Britain), 스웨덴의 사무직 노동조합 유니오넨(Unionen), 오스트리아의 노동조합총연맹(Österreichische Gewerkschaftsbund)과 노동회의소(Austrian Chamber of Labour), 미국의 프리랜서 유니언(freelancers Union) 등 서구의 노동조합과 연합단체들이 공동으로 참여하고 있다. 2016년에는 각국 노동단체들이 합의해 플랫폼 노동자들의 권리와 국제연대를 표방하는 프랑크푸르트선언(Frankfurt Declaration)을 발표하기도 했다. 플랫폼 노동자들은 페어크라우드워크에 접속하면 언제든지 자신이 속한 국가 내 노동조합에 가입을 신청할 수 있다. 또한, 플랫폼 노동자가 경험한 노동문제에 대한 법률적 자문도 제공하고 있다.

물론 한국의 노동조합이 스웨덴의 유니오넨이나 독일의 금속노조와 동일한 방식으로 네트워크적 혁신을 추구할 필요는 없다. 앞서 언급했듯, 한국은 글로벌 플랫폼 기업의 영향력을 상대적으로 적게 받는 자국 중심적 플랫폼 경제를 특징으로 하기에, 유럽만큼 국제협력을 추진할 동인이 크지 않다. 그러나 사회변화에 맞추어 조직내부의 혁신을 추구하는 자세는 한국의 시민사회조직에게도 참고할 만한 지점이 있다.

2) 방안 2: 시민사회의 의사소통역량 강화

네트워크 사회의 난제를 해결하기 위해서는 시민의 의사소통역량을 강화하는 협상교육이 활성화되어야 한다. 관계 지향적 거버넌스에서는 시민사회 역시 중요한 의사결정 행위자로 역할을 감당해야 한다. 이를 위해서는 시민들의 전반적 의사결정능력 배양이 필요하다. 과거 시민참여는 중앙정부나 지자체에 민간전문가나 활동가가 자문위원으로 위촉되는 방식이 주를 이루었지만, 관료나 엘리트 같은 특정 집단의 의사결정만으로는 네트워크 사회의 난제 극복에 한계가 있다. 따라서 민간전문가만이 아니라 일반시민들이 자신이 당면한 문제나 사회적 쟁점에 대해 함께 토론하고 의사결정을 할 수 있어야 하며, 실제 협상 권한이 부여되어야 한다.

이때 영국왕립예술학회(RSA: Royal Society for the Encouragement of Arts, Manufactures and Commerce)가 운영해온 시민교육 프로그램은 시민참여 및 협상교육에 영감을 준다. RSA는 시민의 정치참여가 상향식 정책제언에 그치지 않기 위해서는 시민들의 의사결정 기본역량이 강화될 필요가 있다고 보았다. 특히 RSA는 "시스템처럼 생각하고, 기업가처럼 행동하자(Think like a System, Act like an Entrepreneur)"는 모토아래 단지 국가의 경제 · 사회정책에 대한 지식을 단편적으로 전달하기보다는 사회의 구조적 시스템을 이해할 수 있고, 시민들이 더 공격적으로 공공정책에 개입할 수 있는 교육 프로그램을 기획하고자 노력했다(Patel & Gibbon, 2017: 11).

[참고] 시민협상 역량배양을 위한 RSA의 시민경제위원회 프로그램

RSA의 시민경제위원회 프로그램은 총 54명의 일반시민들이 5회에 걸쳐 국가의 경제정책 결정과정에 참여하는 경험을 제공한 프로그램이다. 이를 통해 시민에게 경제정책에 대한 단순 지식전달을 넘어서, 과제의 해법을 도출하는 정책결정 경험을 쌓게 하여 실질적으로 토론과 협상역량을 배양하는 것을 최종목표로 삼았다. 시민위원들은 사회, 경제, 시장(1일), 경제제도(2일), 노동과 경제(3일), 우리가 만드는 경제(4일), 경제적 민주화(5일)를 주제로 정책입안 교육과 토론에 참여하고 마지막 회에 정책입안자들과 협력해 시민경제를 위한 국가헌장을 공동으로 작성했다. 또한, 성소수자, 취약계층, 소수민족, 청년 등 경제정책에 대해 접근성이 떨어지는 190명의 시민을 직접 만나 의견을 공유한 '포용적 경제 로드쇼(Economic Inclusion Roadshow)'도 프로그램의 주요활동에 속한다. 로드쇼에서는 참여자들이

'스스로 생각하는 경제의 의미', '본인의 지역이나 정체성의 관점에서 경제 경험', '자신과 사회의 이익을 증진하기 위해 경제가 어떻게 움직였으면 좋을지'에 대해 토론하고 협의하는 장을 마련했다. 마지막으로 온라인 크라우드소싱 플랫폼 와조쿠(Wazoku)를 활용해 정책아이디어를 모으고 공유하는 활동을 수행했다. 지리적 한계로 시민경제위원회 프로그램에 참여할 수 없는 시민들을 위해 시민경제위원회와 로드쇼를 통해 수렴된 3가지 정책 난제(공정거래 방안; 경제 의사결정에 대중 참여 활성화 방안; 미래에 작동할 수 있는 경제정책 방안)를 중심으로 온라인 플랫폼을 통해 정책아이디어를 수집했는데, 이 과정에서 총 47개의 정책아이디어가 제안되었다. 런던에서 해당 프로그램을 운영한 이후 실시한 설문결과에 따르면, 프로그램 참여 전후 자신이 경제에 영향을 미치는 방법을 모른다고 말한 응답자는 감소했지만(43% → 18%), 자신이 경제에 영향을 미칠 수 있다고 응답한 비율은 급증했다(19% → 64%).

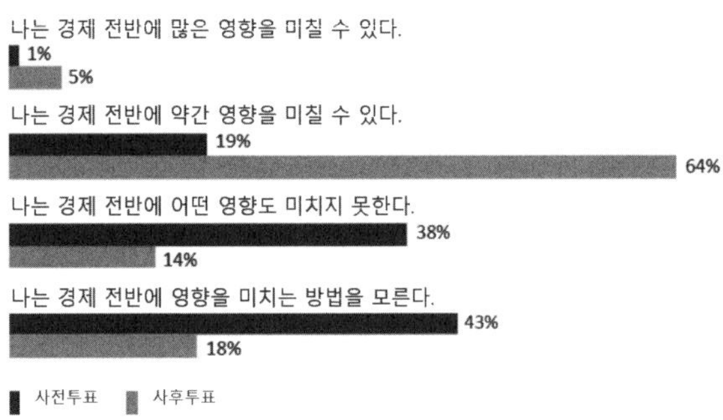

런던 시민경제위원회 프로그램 설문조사 결과

출처: Patel & Gibbon(2017: 40).

RSA는 이러한 시민교육철학을 바탕으로 2016년 시민경제위원회 프로그램(Citizen's Economic Council Program)을 운영했다. 본 프로그램은 시민들을 통해 사회시스템 전반의 균형을 잡고, 정책개발과정에서 끊임

없이 정책입안가들과 정부 그리고 시민들이 직접 토론하고 숙고할 수 있게끔 유도하고 있다. 또한, RSA는 시민들이 국가의 경제 · 사회정책을 이해하고 정책결정에 목소리를 낼 수 있는 역량을 배양하고자 시민들에게 기초적인 경제교육, 정책교육을 시행했다. 교육 이후 프로그램에 참여한 시민들에게 정책 의견을 구했고, 이 의견을 숙고하고 토론하는 절차를 거쳐 실제 공공정책에 반영해보게 함으로써 정책형성과정에서 민주적 정당성과 신뢰를 확보하고자 했다.

물론 한국에도 시민들이 중앙정부나 지방정부의 논의사안에 대한 의사결정에 참여하는 사례들이 존재한다. 한국의 4차산업혁명위원회에서 시행한 해커톤(hackaton)이 그것이다. 해커톤은 IT업계의 소프트웨어 개발자들이 1박 2일 동안 함께 모여 프로그래밍을 짜면서 일정한 프로토타입을 만드는 회의방식을 뜻하는데, 4차산업혁명위원회도 정책의제에 대해 난상토론을 펼치면서 해결책을 도출하는 해커톤 방식을 시도한 것이다. 4차산업혁명위원회는 기존의 전문위원 회의방식에서 탈피해, 일반시민들이 참여하는 해커톤을 6차례 운영하면서 4차 산업혁명으로 인한 사회문제에 대한 정책결정을 시도했다. 이는 기존에 대통령직속위원회가 수행해왔던 하향식 의사소통방식에서 벗어나, 보다 수평적인 의사소통을 통해 실질적인 해결방안을 도출하고자 했던 매우 의미 있는 실험이었다. 하지만 한국의 해커톤은 의료기기 규제개선, 데이터 활용과 개인정보보호, 공유숙박 허용처럼 세부 정책의제들을 미리 정부가 정해놓은 상태에서 해커톤이 진행되었고, 토론참석대상 또한 각 주제와 관련된 기업 및 공공기관의 일선전문가로 한정되었다.

서울시도 희망제작소와 협력해 〈서울시 예산학교〉라는 시민참여 교육 프로그램을 운영하고 있지만, 여전히 시민사회의 행위자들이 아니라 지방정부가 교육을 주도하고 있다는 점이 한계로 지적될 수 있다. 시민사회 내부에서 시민들의 협상역량을 강화할 수 있는 자생력이 아직 크지 않은 것이다. 물론 한국은 영국과 다른 사회구조와 맥락을 가지고 있기에, RSA와 동일한 시민참여 프로그램을 기획할 필요는 없다. 하지만 시민이 국가와 시장의 관계망 속에서 독립적 의사소통역량과 권력을 획득하기 위해서는 시민사회 내부에서 시민참여와 협상프로그램이 활성화되는 기회가 많아질 필요가 있다.

3) 방안 3: 시민사회의 국가에 대한 역감시

관계 지향적 거버넌스에서 시민사회는 국가의 데이터감시(data surveilance)에 대한 역감시(counter-surveillance)를 수행할 수 있어야 한다. 과거 Habermas(1981)는 복지국가의 부작용으로 행정체계에 의해 시민의 생활세계가 잠식되는 현상을 지적하면서, 생활세계를 탈식민화하기 위해서는 시민사회의 국가권력에 대한 견제와 감시가 필요하다고 보았다. Habermas의 통찰은 디지털 시대에 더욱 시사하는 바가 크다. 전자정부의 데이터감시로 인해 국가행정에 의한 시민사회의 식민화가 심화될 수 있기 때문이다. 따라서 디지털 사회의 시민들은 전자정부가 주도해온 시민의 개인정보수집과 유통에 대한 역감시를 통해 네트워크 권력의 균형을 이뤄가야 할 것이다.

전자정부가 시민의 개인정보를 수집 · 활용하는 일은 시민에게는 딜레

마적 상황이다. 복지서비스를 받기 위해 국가에 개인의 자산 · 가족 정보를 제공하고, COVID-19 사태처럼 국민의 생명을 지키기 위해 확진자의 개인정보를 공개하는 것을 용인하고 있지만, 그 과정에서 국민의 안전 보장과 개인의 사생활 보장 사이에 충돌이 일어날 수밖에 없기 때문이다. 이런 측면에서 일부 정보윤리학자들은 정부의 데이터감시와 시민의 자유권을 손익계산의 논리(win-lose framing) 안에서 트레이드오프 관계로 해석하기도 했다(Hartzel & Gerde, 2016).

하지만 초연결 정보망을 통해 각종 정보가 복잡하게 연계되어 흘러가는 현대사회에서 완벽한 개인정보보호는 불가능할 뿐만 아니라, 어떤 정보의 공개와 수집이 이득이고 손실인지에 대한 정확한 손익계산도 어렵다. 따라서 무조건적이고 완결한 정보 프라이버시를 주장하기보다는 절충적이고 전략적인 대안을 고민하는 것이 더 현실적이다. 아날로그 사회에서 프라이버시권은 물리적 공간에서 혼자 있을 수 있는 권리나 물질을 배타적으로 소유하는 권리를 의미했다(Warren & Brandeis, 1890, Westin. 1967). 그러나 현대 네트워크 사회에서는 공적 공간과 사적 공간, 사적인 것과 공적인 것의 분리가 점차 흐려지고 있다. Bauman(2000)은 현대사회가 고정된 사회가 아닌 유동하는 사회라고 진단한 바 있으며, Castells (2000)은 네트워크 사회의 영역들은 '장소(place)'가 아니라 '흐름(flow)'으로 전환되었다고 분석하기도 했다.

따라서 디지털 사회에서 개인의 정보 프라이버시권은 사적 장소의 보호를 넘어 정보의 흐름에 대한 보호로 재개념화할 필요가 있다. 즉, 국가가 수집한 개인정보가 어떻게 어디로 흘러가서 유통되고 활용되는지를 아는 것이 프라이버시권의 핵심이 되는 것이다. 프라이버시 보호를 위해서는 정보보호와 정보수집을 손익계산의 관계가 아니라, 변증법적 관계로 인식해야 한다. 국가가 개인정보를 무조건 수집하지 못하게끔 제지하기보다, 정보수집의 순기능을 인정한 상태에서 수집된 정보의 유통과 활용을 시민이 감시하고 견제할 필요가 있는 것이다.

물론 지금도 국가가 복지를 제공하거나 플랫폼 기업이 서비스를 제공할 때 시민에게 개인정보제공동의서를 받음으로써 의례적으로 개인정보 보호를 시행하고 있다. 그러나 여기서 '제공'이라는 용어는 매우 모호하다. 정보제공자의 입장에선 단지 개인정보를 제공했을 뿐이지만, 제공된 정보는 복제되어 정부에 소유권이 넘어가게 되기 때문이다. 소유권은 유형과 무형의 재산을 보유하는 것뿐만 아니라, 활용, 분배, 처분할 수 있는 권리를 포함한다. 따라서 시민들이 자신이 제공한 개인정보에 대한 소유권을 계속 유지하려면 국가에게 제공한 자신의 정보가 어떻게 활용, 분배, 처분되는지 그 과정을 알 권리를 요구할 수 있어야 한다.

이를 위해서 전자정부 데이터감시에 대한 시민의 역감시 체계가 구축될 필요가 있다. Mathiesen(1997)은 다수의 시민이 소수의 권력자를 감시하는 시놉티콘(synopticon)의 등장에 주목했다. 시놉티콘은 소수의 권력자가 다수의 시민을 감시하는 근대적 파놉티콘(panopticon)과 반대로, 권력자와 대중이 동시에 서로를 지켜보는 감시-역감시 메커니즘을 뜻한다. 최근 들어 IT 활용이 일반시민에게도 보편화되면서 역감시 기술이 속속 개발되고 있다. 예를 들어, 서유럽의 해적당은 대의제 정부의 대안으로 직접민주주의에 따른 의사결정을 지원하는 소프트웨어인 리퀴드 피드백

(Liquid Feedback)을 실험하기도 했다(Mele, 2013). 미국의 스왓(SWAT)은 경찰의 부당행위나 특정 인종에 대한 과잉검문을 방지하고자 경찰의 활동을 감시하기 위해 한 시민이 개발한 앱이다. 이처럼 정보 비대칭으로 인해 나타날 수 있는 권력 남용을 방지하고 시민들의 의사결정을 촉진할 수 있는 대안들이 나타나고 있다.

현재 여러 국가의 전자정부들도 시민의 역감시 요구에 부응하여 공공행정의 투명성과 정부에 대한 시민의 신뢰를 향상하고자 공공데이터를 공개하는 '오픈 데이터 운동(open data movement)'을 시행하고 있다. 즉, 정부가 공공데이터 플랫폼을 구축해 과거 정책 관료들이 독점적으로 소유했던 공공데이터를 시민들이 쉽고 편리하게 이용할 수 있도록 배포하기 시작한 것이다. 앞서 네트워크 국가의 대응방안에서 살펴본 런던의 데이터스토어도 대표적 사례이다. 하지만 전자정부의 질적 고양을 위한 노력이 온전히 정부의 역할로만 상정된 것은 아니다. 시민도 전자정부의 데이터를 활용해 시민에게 더욱 포용적이고 실효성 있는 정책을 개발하고 있다. 정부가 공개한 공공행정 데이터를 '재해석(reinterpret)'하여, 이를 시각화(visualization)하거나, 앱 · 웹 형식의 서비스를 개발하는 시민들의 '시빅 해킹(civic hacking)' 운동이 바로 그것이다.

시빅 해킹은 2000년대 말 미국에서 등장하기 시작한 새로운 형태의 시민참여로, 컴퓨터 시스템의 내부 구조와 작동에 심취해 그 원리를 캐려는 활동인 해킹(hacking)에 시민의 시빅(civic) 개념이 융합해 만들어진 용어이다. 어원상 불법적 정보 유출 및 이용을 의미하는 핵티비즘(hacktivism)과 유사해 보이지만, 정부가 공개한 데이터를 시민이 재가공하는 합법적 공공 활동이라는 점에서 의미가 완전히 다르다. 기본적으로 시민들이 자발적으로 정부가 제공하는 공공데이터에 웹 · 앱 기술을 접목해 공공행정의 혁신을 이루고, 공공서비스를 개선한다는 점에서 시민의 권익 향상은 물론 시민과 정부 간의 진정한 협치를 도모하는 사회활동으로 인식된다.

시빅 해킹이라는 사회운동이 본격적으로 공공에 알려지도록 이바지한 주체는 미국의 코드포아메리카(Code for America)라는 비영리단체이다. 코드포아메리카에 참여하는 시민들은 정부에 공공데이터를 요청(requesting)하고, 이를 바탕으로 자체적으로 모델링한 서비스를 기존 서비스와 경쟁(contesting)하는 활동을 하고 있는데, 그 과정에서 정부–시민 간의 정보교류가 활성화되고 기존의 공공서비스가 갖는 문제점이 드러나게 된다는 점에서 정부의 활동에 대한 역감시 목적도 달성하고 있는 것으로 평가받고 있다(Schrock, 2016).

[참고] 미국 코드포아메리카의 시빅 해킹

코드포아메리카는 2011년 '코딩을 통해 정부를 바꾸자'라는 표어 아래 웹 · 앱 기술을 활용해 정부의 공공서비스를 개선하고자 하는 목적으로 설립되었다. 매년 10~20명의 프로그램 개발자, UX 디자이너, 연구자, 일반시민으로 구성된 펠로우(fellow)를 선발해 1년 동안 활동비를 지원한다. 펠로우로 선정된 이들은 지방정부와 협력해 시민의 정책 참여를 도모하고, 사회문제를 해결하기 위해 공공데이터 기반의 새로운 접근 방법을 시도하며, 도시와 공동체의 과제들을 해결하기 위해 노력한다.

펠로우를 중심으로 코드포아메리카에서 이루어지는 프로젝트들은 주어진 공공데이터를 시각화하는 기초적 작업보다는, 사회문제 해결을 위해 서비스 앱 · 웹을 개발하는 경향을 보인다. 대표적 프로젝트 결과물로는 평소 세금 환급 정책에 대한 접근성이 떨어지는 저소득 계층을 대상으로 세금 공제 담당 공무원과 직접 연결해주는 '겟유어리펀드(GetYourRefund)' 앱이 있다. 이 밖에도 경범죄 이력을 가진 사람들이 합법적으로 자신의 범죄 이력을 삭제해 취업을 할 수 있도록 도와주는 '클리어마이리코드(Clear My Record)' 앱, 저소득 취약계층을 위한 식료품 구입비 지원 사업인 푸드스탬프의 신청 소요시간을 획기적으로 줄여주는 '겟콜프레쉬(GetCalFresh)' 앱을 개발한 바 있다. 모두 정부의 공공데이터를 활용해 기존의 존재했던 사회서비스를 보다 이용자 친화적으로 개선했다는 특징이 있다. 특히 클리어마이리코드 앱은 정부의 과도한 정보 통제 방침에 대한 시민들의 대안적인 대처로 인식되고 있다. 코드포아메리카는 매년 미국 정부와 연구기관, 벤처 펀드와 '시빅 해킹의 날(national day of civic hacking)' 행사를 공동으로 주관하고 있다. 해당 행사에는 시빅 해킹 네트워크에 속해 있는 연대 집단들이 모두 참여해 사회혁신을 위한 아이디어를 공유한다.

코드포아메리카는 미국 내 시빅 해킹 활동을 시작으로 세계적인 네트워크로 확대되고 있다. 2020년 기준 90개의 미국 내 공식/비공식 연대 집단과 해외 20개국 70여 개 이상의 연대 집단이 코드포아메리카의 협력 단체(brigade)로 활동하고 있으며, 이들은 서로 혁신 아이디어 사례와 앱 개발을 위한 코드를 공유하는 방식으로 협력을 이어나가고 있다. 한국에서는 코드나무(CodeNamu)가 코드포아메리카의 협력 단체로 등록되어 2012년부터 활동 중이다. 이 밖에도 미국 코드포아메리카의 시빅 해킹으로부터 영감을 받아 '코드포-(도시이름)' 운동(예: 코드포서울, 코드포인천 등)이 세계적으로 확산하고 있기도 하다. 코드포 운동은 시빅 해킹을 통해 특정 도시를 개선하고자 하는 목적하에 이루어지는 자발적인 시민참여 활동으로 자리매김하고 있다.

한국에서는 코드나무(CodeNamu)라는 시민단체가 국내 시빅 해킹 네트워크를 확산시키기 위해 노력하고 있다. 2012년에 공공데이터 캠프라는 이름의 해커톤을 계기로 형성된 개발자들 간의 네트워크가 연대 단체 설립으로까지 이어지면서 시작되었다. 이후 코드포아메리카의 협력 단체로 등록하게 되면서 한국을 대표하는 시빅 해킹 단체로 성장했다. 이들은 열린 정부와 열린 데이터에 대한 분석을 바탕으로 서적과 보고서를 출간하고, 정부의 공공데이터 개방과 관련된 컨설팅을 꾸준히 수행해오기도 했다. 동시에 공공데이터를 활용한 해커톤 행사를 주최하는 등 다양한 사업을 추진해왔다.

또한, 코드나무는 11개국 80여 개 도시에서 이루어지고 있는 '코드포-도시' 운동의 목적으로 2014년에는 코드포서울(Code for Seoul)이라는 커뮤니티를 설립해 서울이 가진 문제에 대한 해결책을 제시해왔다. 대표적으로 '알뜰 서울의 발견' 앱은 코드포 서울이 서울시의 공공서비스를 개인맞춤형으로 제공하기 위해 개발한 서비스이다. 이 밖에도 코드포서울은 영국의 '오픈스펜딩(openspending)'을 벤치마킹해 '내가 낸 세금은 어디에 쓰일까'라는 웹 서비스를 런칭하기도 하였다. 해당 웹 서비스에서는 개인의 세금이 어떤 분야에 얼마만큼 배분되고 있는지를 확인할 수 있다. 코드포서울 주관으로 매주 열리는 핵 나잇(hack night)은 공공서비스를 개선하기 위해 자발적으로 모인 시민 개발자들 간의 공론장 구실을 하고 있기도 하다.

그러나 시빅 해킹은 공공데이터를 조작하고 프로그램 개발을 주된 활동으로 하기에, 주로 개발자, UX 디자이너, 연구자의 참여가 두드러진 편이다. 물론 사회문제의 공동해결이라는 목적만 공유한다면 누구나 참여할 수 있지만, IT 기술에 대한 이해가 부족한 일반시민이 활발히 활동하기에는 진입장벽이 있다. 디지털 시대의 정보 권력은 정보의 단순한 소유와 접근만으로는 획득하기 어렵고, 정보와 지식을 조직화하여 활용하고 새로운 정보를 생산하는 능력, 즉 정보 리터러시(information literacy)가 경쟁력의 변수가 될 것이다(전기옥 · 김수영, 2018; Van Dijk, 2006). 따라서 정부의 데이터감시에 대한 시민의 다양한 역감시 활동을 활성화하기 위해서는 시민의 정보 리터러시 강화가 필요하다. 디지털 시대의 사회복지가 시민들에게 가치생산의 결과물인 물리적 자원을 배분하는 일 외에도, 지식정보를 조직하고 이해하며 활용할 수 있는 역량을 배양하는 데 힘을 기울여야 하는 이유가 여기에 있다.

4) 방안 4: 시민사회의 시장에 대한 역감시

국가에 대한 역감시만 아니라, 플랫폼 기업이 독점하는 정보에 대한 시민사회의 역감시도 필요하다. Bhatt(2017)는 디지털 시대의 핵심문제는 기업의 상품생산 독점이 아니라, 상품정보의 독점에 있다고 지적한 바 있다. 플랫폼 경제에서 상품정보와 거래정보의 독점은 플랫폼 기업이 막대한 부를 얻게 된 배경이 되어 왔다. 플랫폼 기업들은 자원제공자와 이용자를 연결해주는 활동으로만 이익을 창출하는 것이 아니다. Google, Facebook, 네이버와 같은 거대한 플랫폼 기업들은 회원들이 플랫폼에 접속하면서 남긴 정보를 집적해 방대한 빅데이터를 구축하고, 이를 분석해 고객의 소비패턴, 성향, 선호도를 파악해 마케팅에 활용해 왔다. 또한 빅데이터를 다른 기업에 판매해 추가적 이익을 남기기도 한다. Uber나 배달의민족 같은 앱 기반 플랫폼도 마찬가지이다. Uber는 운전자와 승객에게 수수료만 받는 것이 아니라 플랫폼에 축적된 운전자와 승객의 개인정보를 빅데이터화하고, 이를 바탕으로 교통수요가 급증하는 시간대나 장소를 포착해 운임료를 올리는 전략을 취해왔다. 특히 Uber는 Uber 운전자와 승객들의 축적된 이동정보를 활용해 교통흐름을 측정하는 웹사이트 우버무브먼트(Uber Movement)를 구축하기도 했다. 우버는 우버무브먼트의 원자료(raw data)를 공공기관과 연구기관 외에도 민간기업에 제공할 계획을 세우고 있다(주간조선, 2018.12.17.).

실제로 플랫폼 노동자에 대한 정보가 동의 없이 활용되고 있는 점에 대해 문제의식을 느끼고 시민사회 내에서 자정활동을 시도한 사례들이 존재한다. 미국의 Dynamo도 그중 하나이다. Dynamo는 스탠퍼드 대학 Michael Bernstein 교수가 2014년에 개설한 플랫폼 노동자 급여 정보 사이트다. 앞서 언급했듯이, 미국의 대표적 플랫폼 기업 Amazon Mechanical Turk(AMT)에서는 터커들이 초단기 과업(micro-task) 중심의 군중노동을 수행하고 있다. 특히 학자, 연구기관, 컨설팅업체들은 AMT 터커들을 대상으로 설문지를 돌려 학술연구나 시장조사를 하는 경우도 많다. 문제는 연구윤리에 대한 적절한 규제나 감독이 없다 보니 연구대상자인 터커의 개인정보에 대한 인권침해나 지나치게 낮은 급여지급 등의 문제가 발생해왔다. 이에 AMT를 이용해오던 Bernstein 교수는 터커들과 협력해 Dynamo를 개설했다(Salehi et al., 2015). Dynamo는 터커가 실험실의 쥐도, 숫자나 통계도 아니며, 존중과 품위를 갖고 대해야 하는 노동자임을 강조한다. 또한, 연구과정에서 터커를 피설문자로 활용할 때, 윤리적인 보상(ethical pay)을 제공하도록 독려하고 있다. 여기서 말하는 윤리적 보상은 연구가 진행되는 지역(주로 미국, 유럽)의 최저임금을 기준으로 사례를 책정해 터커들에게 제공해야 한다는 것이다(Berg et al., 2018). 2014년부터 2018년까지 Dynamo에는 75명이 넘는 연구자들이 이러한 윤리적 가이드라인을 준수하겠다고 서명한 상태다. Dynamo는 터커의 서비스 이용자들의 윤리적 서약 외에도 Amazon의 CEO Jeffrey Preston에게 거래 수수료 인상에 항의하는 공개서한을 보내고 캠페인을 진행하는 등 대외적 활동도 수행하고 있다.

영국의 Worker Info Exchange도 플랫폼 기업의 정보독점에 대한 시민사회의 정보 역감시 사례이다. Worker Info Exchange는 영국의 최대 운송 노조인 개인고용운전사연합(UPHD: United Private Hire Drivers)의 설립자이자 사무총장으로 활동했던 James Farrar가 '데이터가 힘이다(data is power)'라는 슬로건하에 2019년 3월에 설립한 비영리 플랫폼이다. Farrar는 과거 플랫폼 노동자로 일하면서 플랫폼 기업이 거래정보를 활용해 막대한 이익을 누리지만, 정작 플랫폼 노동자들은 이러한 정보에서 상대적으로 배제되어 있음을 절감했다. 이에 Uber나 Deliveroo 같은 운송 플랫폼 노동자들이 자신의 활동데이터에 접근할 수 있는 권리를 보장받고, 이를 자신의 영업을 위해 활용할 수 있도록 돕는 활동을 벌이기 시작했다.

이를 위해 Worker Info Exchange는 플랫폼 노동자들이 자체적으로 활동정보를 공유하고 분석하는 일뿐 아니라, EU가 제정한 보편적 개인정보보호법(General Data Protection Regulation)에 근거해 플랫폼 기업에 개인데이터를 요청하는 절차에 대한 안내서를 제공하고 있다. 특히,

플랫폼 노동자들이 플랫폼 기업에게 탑승객 후기, 평점, 거래횟수처럼 플랫폼에서 확인할 수 있는 정보 외에도 GPS 정보, 운행정보와 같이 원자료를 요구할 수 있도록 돕고 있다. 이러한 활동을 벌이는 이유는 플랫폼이 보유한 원자료가 플랫폼 노동자들에게서 나온 자료이기 때문에 정보의 소유권이 플랫폼 노동자에게 있음을 선언하기 위함이다. 또한, 플랫폼 기업이 어떤 정보들을 가공해 이익을 창출하는지 노동자도 알아야 그에 부합해 플랫폼 노동자의 권리를 주장할 수 있기 때문이기도 하다. 더 나아가 Worker Info Exchange는 차량운행을 통해 생산되는 데이터가 개인의 영리 목적을 위해 어떻게 활용될 수 있는지에 대한 교육서비스도 제공하고 있다. 예를 들어, Uber 운전자는 자신들의 데이터를 통해 어느 지점이 택시에 대한 수요가 가장 크며, 어느 정도의 거리를 운행했을 때 가장 많은 이익을 낼 수 있는지를 파악할 수 있다. 실제로 Worker Info Exchange는 Facebook, Twitter 같은 SNS 계정도 병행운영하면서 플랫폼 기업에 요청한 개인정보 청구사항을 실시간으로 공유하고 이와 관련된 옹호 활동을 전개해나가고 있다. 이처럼 Worker Info Exchange는 플랫폼 기업에 축적된 정보를 역이용함으로써, 플랫폼 노동자들의 정보주권을 신장하고자 노력하고 있다.

이에 반해 아직 한국에서는 플랫폼 기업에 대한 역감시 개념과 필요성이 거의 논의되지 않고 있다. 한국사회는 서비스를 제공하는 국가와 시장이 그 대가로 개인정보를 수집하는 행위에 상대적으로 관대한 편이다. 물론 「개인정보보호법」과 같은 데이터법이 도입되면서는 시민들도 개인정보에 대한 인식이 이전보다 많이 향상되었다. 하지만 기업이 배타적으로 활용해온 개인정보를 시민이 역으로 활용할 수 있다는 역발상까지는 미치지 못했다. 정보수집에 대한 국민의 관대성은 시장의 정보독점을 용이하게 만드는 요인이다. 정보 활용에 있어 기업과 대등한 위치에서 관계를 맺고 요구사항을 협상할 수 있으려면 정보주권에 대한 인식이 필요하다. 특히 2020년 정부가 민간기업과 협력해 데이터 개방을 활성화하는 한국판 디지털 뉴딜 정책을 발표한 만큼, 시민사회가 디지털 뉴딜로 발생할 수 있는 정보의 무차별적 활용을 역감시할 수 있는 구체적 대안들이 모색될 필요가 있다.

5. 소결

본 장에서는 디지털 네트워크 사회의 난제를 다룬 II장과 한국의 자국중심적 네트워크 사회의 특수성을 다룬 III장을 바탕으로, 디지털 네트워크 사회의 난제들을 해결하기 위한 대응방안들을 다양한 실천사례와 함께 살펴보았다. 이를 요약하면 〈표 IV-5〉와 같다. I장에서 언급했듯이, 초연결을 지향하는 디지털 네트워크 사회에는 한 영역에서 발생한 문제가 다른 영역에 파장을 미치기도 하고, 한 영역에서 문제였던 사안이 오히려 다른 영역의 문제를 해결하는 실마리가 될 수도 있으며, 전혀 다른 영역에서 의외의 해결책이 발견될 수도 있다. 따라서 미래에는 정부-기업-시민사회의 다양한 행위자들이 상호협력하여 문제를 진단하고 해결책을 모색하는 네트워크적 접근이 어느 때보다 중요하다(Koppenjan & Klijn, 2004). 이에 본 장에서는 각 영역에서 발생하는 새로운 난제를 해

표 IV-5 디지털 네트워크 사회의 난제 대응방안과 주요주체

영역	대응방안	주요주체	실천사례
디지털 시장	모든 노동 형태를 포괄하는 사회안전망	정부→노동자↔기업	프랑스 노동입법
	디지털 산업 내 기업과 노동자의 주체적 협상	기업↔노동자	독일 플랫폼 경제 행동수칙
	정부의 아날로그-디지털 산업간 갈등조정	기업/노동자↔정부↔기업/노동자	노르딕 국가 산업 간 중재
	정부의 공공플랫폼 개설	정부→노동자	한국 공공배달앱
디지털 국가	난제를 미리 대비하는 미래 예견적 거버넌스	정부↔시민	핀란드 기본소득 실험
	시민사회 구성원이 동참하는 관계국가	정부↔시민	영국 NESTA, IPPR 공공혁신전략
	국가 간 플랫폼 과세협상	정부↔정부	OECD, EU 디지털세 협의
	초국가적 사회보장시스템 구축	국제기구↔정부↔기업↔노동자	독일 디지털사회보장제 안
디지털 시민사회	시민사회조직의 네트워크적 혁신	시민↔시민↔국제 시민사회	독일 금속노조 페어크라우드워크
	시민사회의 의사소통역량 강화	시민↔시민	영국 RSA 시민경제위원회 교육
	시민사회의 국가에 대한 역감시	시민→정부	미국 코드포아메리카 시빅해킹
	시민사회의 시장에 대한 역감시	시민→기업	영국 Work Info Exchange

결하기 위해 사회적 주체 사이에 어떤 식의 의사소통이 필요할지 살펴보고자 했다. 본 장에서는 논의의 편의를 위해 영역마다 4개의 대응방안을 나누어 소개했지만, 실제로는 각 영역의 난제, 해결방안, 주요주체들이 서로 긴밀하게 연결되어 있음을 알 수 있다.

첫째, 플랫폼 기업의 독점과 플랫폼 노동의 불안정성 같은 디지털 네트워크 시장의 난제에 대응하기 위해서도 정부-기업-노동자의 공동노력이 필요하다. 먼저 한국의 플랫폼 경제는 자국 중심적 특성을 갖기에, 플랫폼 경제의 글로벌화가 진전된 서구와 제3세계에 비해 정부가 시장에 미칠 수 있는 영향력이 상대적으로 크다. 따라서 강제성을 띤 법과 제도를 마련할 수 있는 권한을 가진 정부가 기존의 고용관계를 벗어나 새롭게

등장한 플랫폼 노동자들을 위한 포괄적이고 유연한 사회안전망을 법제화하는 데 주도적 역할을 담당해야 한다. 또한, 공공성이 필요한 서비스와 재화의 생산 · 유통을 위해 공단 · 공기업을 설립하는 것처럼, 점차 거대화되는 민간 플랫폼 기업의 정보 및 유통독점을 제어하기 위해 공공 일경험 플랫폼과 같이 공유재적 성격의 공공플랫폼 개발을 고민해볼 수 있다. 나아가 아날로그 경제에서 디지털 경제로 전환하면서 발생하는 산업간 갈등은 개별기업과 노동자가 해결할 수 없는 구조적 문제이기 때문에, 정부가 지금보다 더욱 엄중한 책임감과 미래비전을 가지고 중재에 임할 필요가 있다. 그러나 국가의 플랫폼 경제에 대한 개입이 과도하면 디지털 네트워크 시장의 생태계가 갖는 특유의 자율성이 줄어들고, 시장의 주요 행위자들의 주체성이 제대로 발현되기 어렵다. 따라서 디지털 산업 생태계 내부의 기업과 노동자 갈등에 대해서는 정부가 인위적으로 노사정 협상을 강제하려 하기 이전에, 플랫폼 기업과 노동자의 주체적이고 자율적인 노사협상이 우선될 필요가 있다. 이를 위해서는 독일의 플랫폼 경제 행동수칙 사례에서처럼 기업들이 먼저 나서서 장기적인 상생방안을 고민하는 자리와 문화를 만들어나갈 수 있어야 한다.

둘째, 국가의 시민에 대한 데이터감시 심화와 초국가적 권력체에 의한 복지국가의 약화와 같은 디지털 네트워크 국가의 난제를 해결하기 위해서는 정부가 적극적으로 다양한 사회적 행위자들과 협업을 시도해야 한다. 지금까지 정부의 정책형성과정은 이미 일어난 사회문제를 진단하고, 해결책을 사후에 마련하는 방식을 취해왔다. 이때 시민은 정부가 설계한 사회서비스를 전달받는 정책대상에 불과한 경우가 많았다. 그러나 급변하는 미래사회에서는 사후약방문으로 사회위험에 대처하는 것이 불가능하다. 따라서 앞으로 발생할 문제를 선제적으로 예측하고, 시민들과 함께 대안들을 실험하고 보완하는 미래 예견적 거버넌스를 정책전략으로 추구할 필요가 있다. 또한, 미래의 복지국가는 시민에게 사회서비스를 제공하는 전달국가 모델을 넘어 정책형성 및 집행과정 전반에서 시민들의 의견을 적극적으로 수용하고 의사결정권을 공유하는 관계국가의 역할을 수행해야 한다. 사실 데이터감시는 시민을 정책적 관리와 보호대상으로 규정하기 때문에 심화되는 문제이다. 전자정부가 시민의 개인정보를 수집하고 활용하는 방향 외에도 정부가 가진 공공데이터를 시민과 공유하고 데이터를 기반으로 함께 사회정책을 만들어가는 관계국가 시스템을 만들어간다면 데이터감시의 부작용은 상당히 완화될 수 있다. 덧붙여, 초국가적 권력의 확대는 국민국가의 주권과 복지국가를 위협하는 요인으로 언급했지만, 다른 한편으로는 국경을 넘어선 플랫폼 경제 문제를 해결하는 채널로 활용될 수 있다. 본 장에서 살펴봤듯이 글로벌 플랫폼 기업에 대한 디지털 세금 부과나 가상이주 플랫폼 노동자를 위한 디지털 사회보장시스템은 개별 국가가 설계할 수 있는 방안이 아니며, 국가 간 협정과 초국가적 기구의 동참 없이는 불가능하기 때문이다.

셋째, 시민사회도 디지털 네트워크 사회에 맞추어 자체적인 혁신이 필요하다. 과거 시민사회조직들은 정부에게 대책 마련을 요구하고 시장기업과 대치하는 방어적 태도를 취해왔다. 그러나 시민사회 기반이 조직(organization)에서 네트워크(network)로 확장되고 있는 만큼, 시민사회 단체들은 기존의 조직구조와 운영방식을 보다 유연한 네트워크로 전환 · 확장하는 노력을 기울여야 한다. 또한, 시민사회조직만이 아니라 일반시민들도 정책개발에 주요주체로 참여할 수 있어야 한다. 이를 위해서는 시민들이 사회구조와 사회문제에 대해 숙의할 기회를 넓히고, 정책 의사결정과 협상능력을 배양할 수 있는 다양한 시민교육 프로그램이 실험될 필요가 있다. 특히 디지털 기술혁신으로 공공데이터를 기반으로 사회문제에 대한 해결책을 개발할 수 있는 통로들이 많아진 만큼, 시민들이 지금까지 국가와 시장이 독점해온 정보의 흐름을 역으로 감시할 수 있도록 실질적 정보 리터러시를 고양할 수 있는 시민교육과 활동들도 활성화되어야 할 것이다.

지금까지 살펴본 다양한 대응방식들을 종합하면 〈그림 IV-6〉과 같다. 이는 디지털 네트워크 사회에서 사회적 행위자들이 함께 미래의 난제를 해결하기 위해 구축할 수 있는 관계 지향적 거버넌스의 한 모델일 뿐이

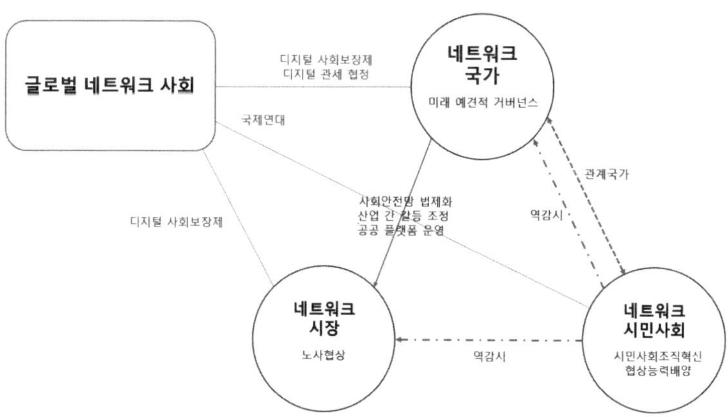

그림 IV-6 난제 해결을 위한 관계 지향적 거버넌스 모델

출처: 저자 작성.

다. 국가, 시장, 시민사회, 그리고 범국가적 행위자가 연결되면서 생성할 수 있는 대안들은 이외에도 무수히 많을 것이다. 관계 지향적 거버넌스란, 특정한 정책 내용이라기보다 사회적 난제를 해결하기 위해 추구하는 절차이자 태도이다. 따라서 개별 사회에 적합한 정책 내용은 협의, 협력, 상호견제의 과정에서 구체적으로 도출될 수 있을 것이다.

물론 관계 지향적 거버넌스는 단기간에 완성될 수 있는 시스템은 아니다. 국가-시장-시민사회의 다양한 행위자들이 자기 관점에서 한 걸음씩 물러나 다른 입장에 귀 기울이며 연결점을 찾아가려는 자세와 역량을 갖추었을 때, 비로소 조금씩 실현해나갈 수 있는 의사소통연결망이다. 이를 위해 각 영역의 행위자들은 자신의 위치에서 다른 행위자와 관계를 회복하기 위해 나아가려는 노력과 책임을 다해야 한다. 특히 중앙집권적이고 위계적인 의사소통방식에 익숙한 한국사회에서는 토론, 협상, 숙의 문화의 토대가 아직 미흡하기에, 관계 지향적 거버넌스로의 전환에 오랜 시간과 시행착오가 따를 수 있다. 그러나 개별 사회가 자신의 역사적 자원을 기반으로 고유의 사회시스템을 이루어 나가고 있듯이, 미래 한국도 자국 중심적 네트워크 사회에 적합한 방식으로 사회의 의사소통시스템을 만들어나갈 수 있을 것이다. 구체적으로 한국사회에서는 〈그림 IV-7〉처럼 3층위로 관계 지향적 거버넌스를 구축해나가는 방식을 모색해볼 수 있다.

첫째, 한국의 중앙집중적 네트워크 특성을 고려했을 때, 관계 지향적 거버넌스를 구축하기 위한 초기에서는 현실적으로 많은 자원을 가진 정부가 먼저 시장과 시민사회의 의사소통 역량강화를 위한 촉진자(facilitator) 역할을 담당해야 할 것이다. 한국사회에서 정부는 오랜 개발독재 시대를

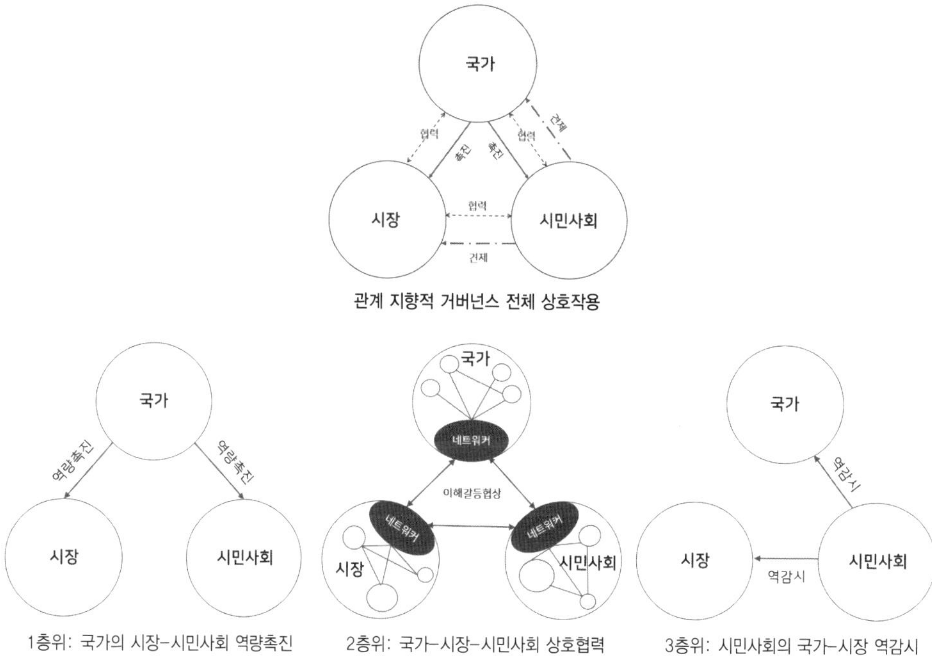

그림 Ⅳ-7 관계 지향적 거버넌스 모델 구축을 위한 단계

지나면서 시장과 시민사회를 규제하고 감시하는 개입자 기능을 수행해 왔다. 민주화 이후에도 정부의 노사정 합의 시도나 국고보조금을 통한 시민단체 지원사업에서 엿볼 수 있듯이, 시장과 시민사회의 활동에 미치는 정부의 영향력은 상당하다. 하지만 정부 중심의 의사소통은 민간의 자율성과 주체성을 해칠 수 있을 뿐만 아니라, 네트워크 사회에서 적합하지도 지속가능하지도 않다. 따라서 정부는 시장과 시민사회의 의사결정에 과도하게 개입하기보다는 이를 활성화하는 역할로 전환할 필요가 있다. 이를 위해 정부는 사회구성원들이 스스로 판단하고 행동할 수 있도록 공공

정보를 공유하고, 공론장으로서의 공공플랫폼을 마련하며, 협상교육 프로그램을 주최하는 일을 해나가야 한다. 디지털 사회에서 정보는 무형의 지식을 넘어 경제적, 사회적, 정치적 가치를 창출하는 실질적 자원이다. 따라서 정보공유와 정보역량 강화를 위한 공공채널 마련은 노사정위원회와 같은 기구설치나 보조금과 같은 금전적 지원만큼 자원의 재분배에 커다란 효과를 가질 수 있다.

다음 2층위에서는 국가-시장-시민사회가 상호협력자(cooperator)로서 디지털 난제를 해결하기 위한 협상 시스템을 구축하는 데 주력해야 할 것이다. 특히, 실질적이고 효과적인 3자 협상 체계를 구축하기 위해서는 다음 2가지에 집중적인 관심이 필요하다.

첫째, 정부, 시장, 시민사회 각 영역 내부에 토론문화가 조성되어야 한다. 집단 내부의 일상적 협의문화 없이 갑자기 이해갈등이 심한 외부집단과 원활하게 협상하는 것은 불가능하다. 산업사회의 공공기관, 기업, 시민단체는 조직(organization) 형태로 집단을 구성해왔기에, 관료제적 위계에 기반을 둔 상명하달의 의사소통구조를 가진 경우가 많다. 하지만 Castells(2000)이 지적했듯이, 네트워크 사회는 본질적으로 수평적이고 개방적인 구조로서 구성원들 사이의 민주적인 의사소통 거버넌스 확립이 필요하다. 이를 위해서는 집단 내 구성원들이 조직의 위계질서에 억눌리지 않고 평등하게 문제를 공론화하고 숙의하는 토대가 갖추어져야 한다. 이러한 토론문화는 단기간에 이룰 수 있는 것이 아니기에, 1층위에서부터 시민을 위한 꾸준한 협상교육을 통해 토대를 조금씩 축적해 나가야 할 것이다.

둘째, 다른 집단과 만나서 소통할 수 있는 네트워커로서 협상전문가를 양성할 필요가 있다. 보통 각 사회집단들은 자신만의 고유한 언어, 가치관, 아비투스(habitus)를 가지고 있다(Bourdieu, 1979/2006). 따라서 다른 집단과의 의견 조율과 협상이 원활하지 않은 경우가 많고, 자칫 오해와 왜곡을 불러일으켜 오히려 갈등이 심화될 우려가 크다. 이때 갈등이 일어난 특정 이슈에 대해 전문지식을 가지고 있을 뿐 아니라, 자기 집단의 관점과 의견을 상대집단에 일목요연하게 전달하고, 상대편과 함께 실현 가능한 해법을 고민할 수 있는 협상전문가가 필요하다. 다시 말해, 네트워크 사회에서 자기 집단(node)과 다른 집단(node)을 연결하는 링크(link)와 같은 역할을 담당하는 협상전문가가 필요한 것이다. Fishkin(1997: 44)은 전문가란 "일반시민과 구별되는 위협적 존재가 아니라, 한 사회가 공동체적 정체성을 만드는 시스템을 구축하는 데 있어서 연결고리의 형성(form of connectedness)에 이바지할 수 있는 존재"라고 정의하기도 했다.

실제로 국가-시장-시민사회의 3자 협상을 토대로 복지국가의 제도나 해결책을 모색해온 국가들을 보면, 각 집단 내부에서 육성된 전문가들의 역할이 결정적이었다. 일례로 성공적인 복지모델로 평가받는 스웨덴의 렌-마이드너 모델(Rehn-Meidner Model)은 스웨덴 정부에 의해서 고안된 것이 아니라, 노동조합 총연맹(LO)에 소속된 경제전문가 Gösta Rehn과 Rudolf Meidner에 의해 고안된 정책이었다. 지금도 스웨덴의 사무직 노동조합(Unionen)과 독일의 금속노조(IG Metall)는 플랫폼 노동문제에 관하여 정부나 기업과 대등하게 협상을 진행하고, 전문적이고 구체적인 정책을 제언하기 위해 해외에서 플랫폼 기술자와 박사급 연구자를 영입하는 등 역량 있는 내부 전문가들을 확보하기 위해 노력해왔다. 앞서 살펴본, 유럽의 플랫폼 노동자를 위한 사이트인 페어크라우드워크(Fair Crowd Work)도 IG Metall의 Silberman과 Unionen의 Söderqvist와 같은 노동조합 내 전문연구자들이 만들어낸 결과물이다(Silberman, 2017, Söderqvist, 2017). 반면 현재 한국사회에서는 사회적 난제와 집단 갈등이 발생할 때, 그 해결책을 정부가 제시해주기를 요구하고 기대하는 경향이 매우 강하다. 특정 집단을 대변하는 전문가도 학계나 정책연구소 같은 외부에 존재하기에, 각 사회집단 내부의 자생력이 크지 않다. 그러나 정부나 외부 전문가에 의존하는 방식은 개별 사회집단의 독자성과 협상력을 기르는 데 장기적으로는 큰 도움이 되지 않는다. 따라서 일반시민의 협상능력을 배양하는 과정에서 각 집단의 이해를 다른 집단이 이해할 수 있는 방식으로 대변해주는 통역자이자 링커로서의 협상전문가들의 발굴에도 힘을 기울여야 한다.

마지막 관계 지향적 거버넌스의 3층위에서는 시민사회가 국가와 시장의 정보독점을 감시하는 견제자(counter-surveillant)로 활동할 수 있어야 한다. Habermas(1981)는 자본주의 복지국가의 근본문제는 국가행정과 시장으로 대표되는 체계(system)에 의해 생활세계(life world)가 잠식되는 현상이라고 진단했다. 따라서 생활세계를 탈식민화하기 위해서는 시민사회의 견제와 감시가 필요하다고 보았다. Habermas의 통찰은 디지털 사회에서도 유효하다. 상술했듯이, 플랫폼 기업에 의한 정보독점과 전자정부의 데이터감시 문제처럼 네트워크 사회에서도 국가행정과 시장에 의한 시민사회의 식민화가 발생할 수 있기 때문이다. 따라서 디지털 사회의 시민들은 네트워크 정부와 시장이 주도하는 정보의 유통에 대한 역감시를 통해 네트워크 권력(network power)의 균형을 이뤄가야 한다. 한국에서도 미국 코드포아메리카의 시빅해킹이나 영국의 Worker Info Exchange와 같은 다양한 정보 역감시 시스템이 실험된다면, 네트워크 사회에서 국가-시장-시민사회의 힘의 균형을 맞추는 평형유지장치 역할을 할 수 있을 것이다. 이처럼 사회구성원들이 서로를 촉진하고, 협의하며, 견제하는 다층위의 의사소통시스템을 통해 사회문제에 대한 해결책들이 제안되고, 실험되고, 실행되면서 디지털 네트워크 사회에 적합한 사회정책들이 만들어질 수 있기를 기대한다.

V. 디지털 시대에 사회복지가 나아갈 길

Ⅴ. 디지털 시대에 사회복지가 나아갈 길

2016년 1월 세계경제포럼에서 Schwab이 '제4차 산업혁명'의 도래를 언급했을 때만 해도, 그것이 어떤 변화를 초래할지 인식하는 사람이 많지 않았다. 같은 해 3월 이세돌 9단이 Google의 AI 알파고와의 대결에서 1승 4패로 패배하는 과정을 지켜보면서, 우리는 제4차 산업혁명이 몰고 올 변화에 대해 막연한 공포심을 갖게 되었다. 향후 5년간 약 510만 개의 일자리가 사라진다는 당시 세계경제포럼의 전망으로 인해 디지털 기술에 의해 인간이 일자리를 잃게 되리라는 불안이 만연했다. 언론과 출판계에서는 미래사회에서 어떤 직업이 뜨고 어떤 직업이 지게 될 것인지를 예견하거나(한겨레, 2015.02.25.; 매일경제, 2019.06.05.), 미래에도 안전한 직장으로 갈아탈 수 있는 전략들이 유행처럼 소개되기도 했다(김혜양 외, 2018).

이러한 흐름 속에서 사회복지분야의 일자리는 나름의 안전지대로 인식되었다. 2013년 옥스포드 대학 Frey와 Osborne(2013)은『고용의 미래, *The Future of Employment*』에서 702개 주요직업 중에 기술발전으로도 사라질 가능성이 낮은 직업의 순위를 측정했는데, 의료사회복지사(Healthcare Social Workers)(8위), 지역사회 서비스 담당자(Social and Community Service Managers)(33위), 아동, 가족, 학교사회복지사(Child, Family, and School Social Workers)(102위), 사회서비스 실무자(Social and Human Service Assistants)(185위) 등 사회복지종사자들이 최상위권을 차지했다. 디지털 기술이 아무리 발전하더라도 대면 서비스 성격이 강한 사회복지는 여전히 존속할 것이라는 예견 때문이었다. 그러나 2020년 세계를 강타한 코로나19 사태로 인해 인간과 인간의 대면소통에 상당한 제약을 받으면서 이러한 전망도 흔들리고 있다. 사회복지기관과 시설들 역시 지금까지 아날로그 방식으로 제공하던 대면 서비스만으로는 충분치 않기에, 비대면 서비스를 지원할 수 있는 새로운 운영체계 구축의 필요성을 절감하고 있다(석희정, 2020).

단순히 사회복지현장만이 아니다. 원격업무의 증가로 시장경제의 플랫폼화가 가속화되고 있으며, 시민들의 모임도 화상 플랫폼을 통해 이루어지는 것이 일상이 되었다. 2020년 7월 한국 정부는 장차 산업과 국가시스템의 체질을 디지털 기반으로 완전히 탈바꿈하기 위해 2025년까지 총 160조 원을 투자하는 한국형 뉴딜 정책을 적극적으로 추진한다고 밝히기도 했다. 다시 말해, 사회복지가 대응할 사회현실 자체가 급격히 변하는 상황인 것이다.

사회복지는 사회문제를 해결하여 인간 욕구를 충족하는 사회적 제도와 실천을 뜻한다. 따라서 사회복지제도와 실천 활동을 기획하기에 앞서 사회문제가 발생하고 인간의 욕구가 규정되는 사회환경과 기반을 자세히 진단하는 작업이 선행될 필요가 있다. 물론 지금까지 고용 불안정과 일자리 감소처럼 기술혁신으로 인해 새롭게 대두된 사회문제에 어떻게 대응해야 하는지에 대한 논의가 있었다. 하지만 이러한 논의는 대부분 디지털 기술혁신이 초래한 현상에 대해 사후적으로 반응하는 선에 그치는 경우가 많았다. 하지만 디지털 기술혁명은 사회구조를 질적으로 전환시키고 있기에, 이러한 거대한 변환을 파악하고 대비하는 선제적이고 종합적인 대안이 모색될 필요가 있다.

이에 본 연구는 먼저 디지털 기술혁신이 추동할 사회구조의 변화를 근대 사회복지제도의 핵심행위자인 국가, 시장, 시민사회의 양태 변화를 중심으로 살펴보았다. 특히 Castells(2000)의 통찰을 빌려, 디지털 사회를 네트워크 사회로 규정하고 사회구조의 변화를 네트워크 시장-국가-시민사회로 나누어 짚어보았다. 이를 요약하면 〈그림 V-1〉과 같다. 먼저 아날로그 과학기술은 근대사회의 근간이 되는 산업화, 도시화, 관료화를 가속했다. 산업화는 산업경제의 성장을, 도시화는 시민사회조직의 증대를, 관료화는 정부개입의 확대를 가져왔다. 근대 복지국가는 강력해진 시장경제-시민사회-정부의 역학관계 속에서 탄생한 사회적 산물이었다. 그러나 디지털 과학기술의 등장은 근대사회의 기반을 재구조화하고 있다. 디지털

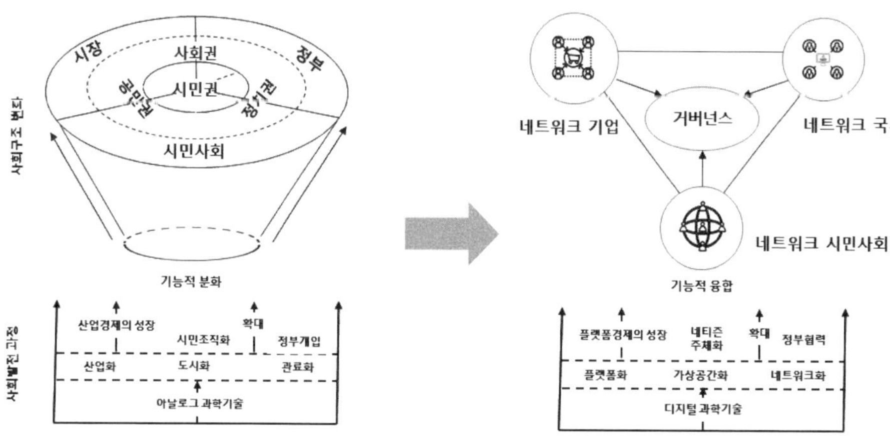

그림 V-1 디지털 시대의 네트워크 중심 사회발전과 사회구조

출처: (좌) Flora & Alber(1981: 39) 재구성, (우) 저자 작성.

기술은 시장을 플랫폼으로 이전시키고 있으며, 가상공간에서 활동하는 네티즌이 새로운 시민의 이미지가 되었다. 위계적 관료제를 특징으로 해온 정부는 수평적이고 유동적인 협력 네트워크를 지향하기 시작했다. 이처럼 사회가 플랫폼화, 가상공간화, 네트워크화되는 발전과정에서 모든 영역이 연결되고 융합된 디지털 네트워크 사회의 구조가 형성되어 가고 있다.

디지털 네트워크 사회에서는 복지국가와 같이 정부가 시장에서 발생하는 경제적 문제를 강력한 행정력을 동원해 조정하는 전략이 적합하지 않을 수 있다. 네트워크 사회에서는 시장영역만이 아니라 전 영역에서 다양한 난제들이 연쇄적으로 발생하며 유기적으로 연결되어 있다. 따라서 유동하고 불확정적인 사회구조상 특정 영역이 다른 영역을 관리하고 계획하는 방식으로 난제를 해결하기 어렵다. 따라서 네트워크의 문제를 네트워크적으로 대응하기 위해서는 함께 협력하고 조정하며 해결책을 모색하는 거버넌스 구축이 무엇보다 중요하다.

이에 본 연구에서는 네트워크 사회의 주요 난제들을 짚어보고, 이를 해결하는 대응방안을 제안하고자 했다. 먼저 네트워크 시장의 난제로는 국경을 초월한 노사관계와 고용관계로 설명할 수 없는 플랫폼 기업과 노동자의 갈등을 살펴보았다. 네트워크 국가의 난제로는 초국가적 연합체의 등장으로 복지국가의 주권이 약화하는 반면, 전자정부의 발달로 국민에 대한 국가의 통제와 감시가 심화할 가능성을 들었다. 네트워크 시민사회의 난제로는 지역공동체를 기반으로 해온 시민권 개념의 약화와 가상공간에서 비대면 의사소통으로 인해 사회집단 간의 갈등이 극단화되는 경향을 꼽았다.

네트워크 사회에서 발생하는 이러한 난제들은 단순히 현금 · 현물과 같은 물리적 자원의 결과적 재분배를 통해서 해결되지 않는다. 네트워크 사회의 난제가 갖는 본질을 기업과 노동자, 국민경제와 글로벌경제, 초국가적 기구와 국민정부, 전자정부와 시민, 시민사회집단이 서로 복잡하게 얽히게 되면서 발생하는 이해갈등과 불협화음이다. 따라서 시장, 국가, 시민사회의 행위자들이 자신과 사회가 당면한 문제를 함께 해석하고 대책을 마련하는 거버넌스 구축과정이 결과적 평등만큼 문제해결의 관건이 될 수 있다. 전통적 복지국가 이론들은 사회보장정책 마련에 있어서 국가중심이론처럼 정부의 정치적 개입(politics matters)을, 산업화이론이나 네오맑스주의처럼 시장의 경제적 변수(economics matters)를 중요시한다. 권력자원이론처럼 정치세력과 경제세력의 권력다툼으로 복지국가의 형성을 설명하는 관점도 있다(김태성 · 성경륭, 2000). 그러나 관계국가(relational sate) 모델을 제안한 Cooke와 Muir(2014: 10)는 복잡해진 현대사회에서 사회문제를 해결하는 열쇠는 "절차(혹은 수단)을 중요시하는 관점(the process (or means) matters)"이라고 피력한다. 비록 결과적으로는 사회적 토론과 협상을 통해 자신에게 물질적 이득이 돌아오지 못하는 재분배정책이 도입되었더라도, 이러한 정책형성과정에 자신이 실질적으로 참여하고 납득할 수 있었다면 이러한 결정은 받아들여질 수 있다. Fraser와 Honneth(2003)의 지적처럼, 경제적으로 풍요로워진 사회에서 사회정책의 핵심은 물질적 재분배(redistribution)를 넘어 사회구성원들의 지위와 참여에 대한 사회적 인정(recognition)이 될 것이다.

따라서 미래 거버넌스 시스템은 사회적 관계회복을 본질적 목표로 추구할 필요가 있다. 사실 디지털 정보통신기술을 기반으로 한 네트워크 사회는 관계망의 확장을 추구해왔다. 우리가 매일 같이 사용하는 월드와이드웹과 SNS는 모두 사회적 관계망의 확대에 기여했다. 하지만 네트워크 사회가 확장되는 과정에서 인간관계의 해체와 단절, 사회집단의 편향과 독점이 나타나면서 오히려 사회구성원의 소외와 갈등이 심화하는 경향도 관찰되고 있다. 네트워크 사회가 거스를 수 없는 미래이고, 본원적으로 인간이 사회적 관계 속에서 행복과 삶의 의미를 느끼는 존재임을 전제했을 때, 미래의 사회안전망은 사회집단 간 관계의 질을 높이고 회복하는 데 더 관심을 기울일 필요가 있다. 이를 위해서는 자기 이해를 관철하는 갈등과 투쟁만이 아니라, 공동이해를 인지하고 해결책을 모색하는 협상과 협력문화가 선행되어야 할 것이다. 물론 관계 거버넌스에서 사회적 행위자들 사이의 협력만이 지향해야 하는 최선의 가치는 아니다. 앞서 Ⅳ장의 네트워크 사회 난제에 대한 대응방안에서 살펴보았듯이, 시장과 정부의 정보독점을 견제하는 시민사회의 역감시, 플랫폼 기업의 독점을 제어하는 국가와 초국가 조직의 사회안전망처럼 각 영역 간 감시와 견제도 관계 거버넌스의 중요한 축이다.

물론 본 연구가 제시한 대응방안은 매우 미흡하고 기초적인 분석에 불과하다. 짧은 시간과 지면의 한계로 인해 디지털 시대의 사회복지 패러다임을 심도 있게 제시하는 게 불가능하기도 했다. 하지만 네트워크 사회 자체의 특성상 본 연구가 제안한 접근법이 만병통치약 같은 효과를 낳을 수도 없다. 따라서 앞으로 디지털 시대의 사회복지 관련 연구들이 활발하게 이루어져서 더욱 다양한 관점과 구체적인 대안들이 논의될 수 있길 기대한다.

참고문헌

강민성 · 박문수 · 김천곤 · 고대영 · 이동희(2017). 『온디맨드경제 확산에 따른 서비스산업의 역할과 과제』. 세종: 산업연구원.

강준만(2009). "왜 한국은 '시위 공화국'이 되었나?". 『인물과사상』, 133, 167-209.

고상원 · 권규호 · 김대일 · 이정민 · 홍석철 · 홍재화(2017). 『4차 산업혁명의 고용 효과』. 세종: 한국개발연구원.

고학수 · 구본호 · 김종윤(2019). "민주주의는 위협받고 있는가? 알고리듬, 프로파일링 시대의 명암". 『서울대학교 인공지능정책 이니셔티브 이슈페이퍼』, 2019(2), 1-17.

국회미래연구원(2019). 국민 삶의 질 제고를 위한 계획 의제 연구. 서울: 국회미래연구원.

김경필(2017). "한국의 사회운동과 민주주의". 『사회과학연구』, 56(2), 293-319.

김교성(2009). "기본소득 도입을 위한 탐색적 연구". 『사회복지정책』, 36(2), 33-57.

김교성 · 김성욱(2012). "복지의 양적 확대와 체계적 축소: 이명박 정부의 복지정책에 대한 평가". 『사회복지정책』, 39(3), 117-149.

김근주 · 정영훈 (2018). "플랫폼 노동의 고용보험 적용에 관한 법적 검토". 『노동리뷰』, 160, 40-52.

김부열(2019). "정책실험을 통한 근거기반 정책수립". 『KIPA 조사포럼』, 31, 12-21.

김상배(2008). "네트워크 권력의 세계정치: 전통적인 국제정치 권력이론을 넘어서". 『한국정치학회보』, 42(4), 387-408.

김선호 · 김위근(2019). "유튜브의 대약진(Digital News Report 2019)". 『Media Issue』, 5(3), 1-12.

김성태 · 김여진 · 최홍규 · 김형지(2011). "뉴미디어를 통한 소통 채널의 확장과 정치참여 변화 연구: 인터넷과 소셜미디어를 주목하며". 『평화연구』, 19(1),

5-38.

김수영(2019). “빈곤층의 온라인 공동체에 관한 탐색적 사례연구 - 수급자 인터넷 카페 회원들의 정보행태를 중심으로”.『한국사회복지학』, 71(1), 225-252.

김수영 · 강명주 · 하은솔(2018). “플랫폼 경제활동에 대한 시론적 고찰: 유형, 특성, 예상위험, 정책대안을 중심으로”.『한국사회정책』, 25(4), 199-231.

김수영 · 하은솔 · 김영(2020). “노동의 불안정성에 대한 다차원적 고찰: 자발적 비정형 노동자의 사례를 통하여”.『한국사회정책』, 27(1), 89-127.

김연명(2002). “‘국가복지 강화론’ 비판에 대한 재비판과 쟁점”.『비판사회정책』, 11, 51-84.

김영아 · 이승호(2019).『배달앱 확산이 고용에 미치는 영향』. 세종: 고용노동부, 한국노동연구원.

김은하(2015). “정보시스템을 활용한 복지 소외계층 발굴의 가능성과 한계”.『2015 사회정책연합 공동학술대회 자료집』, 489-501.

김정해 · 조성한(2007). “정부위원회의 운영 및 관리상의 문제점과 개선방안”.『현대사회와 행정』, 17, 173-204.

김종진(2020). “디지털 플랫폼노동 확산과 위험성에 대한 비판적 검토”.『경제와 사회』, 125, 296-322.

김준영 · 권혜자 · 최기성 · 연보라 · 박비곤(2018).『플랫폼경제종사자 규모 추정과 특성 분석』. 충북: 한국고용정보원.

김철규 · 이해진 · 김선업 · 이철(2010). “촛불집회 10대 참여자의 정체성과 사회의식의 변화: 추적조사 결과를 중심으로”.『경제와사회』, 85, 265-290.

김철식 · 장귀연 · 김영선 · 윤애림 · 박주영 · 박찬임 · 홍석만(2019).『플랫폼노동 종사자 인권상황 실태조사』. 서울: 국가인권위원회.

김태성 · 성경륭(2000).『복지국가론』. 파주: 나남.

김혜양 · 유재경 · 이은숙 · 백라미 · 권용주 · 문선경 · 정은주 · 이주연(2018).『4차 산업혁명 시대, 내 자리는 안전한가』. 서울: 틔움출판.

남성일(2017). “디지털 경제가 일자리에 미치는 영향: 고용관계의 변화를 중심으로". 정진호 · 허재준 · 남성일 · 이승욱 · 금재호 · 최강식 · 박가열. 『일의 미래와 노동시장 전략 연구』. 세종: 고용노동부, 한국노동연구원.

노법래(2018). "사회관계망 서비스에서 드러난 복지국가 관련 정보 확산 구조와 주요 논의 동향에 대한 탐색적 연구: 트위터 자료에 대한 그래프 모형(graphical model) 및 텍스트 마이닝 기법의 응용을 중심으로". 한국사회복지학회 2018 춘계학술대회 발표자료.

대도서관(2018). 『유튜브의 신』. 서울: 비즈니스북스.

류석진 · 조희정 · 이현아(2016). 『공동체의 오늘, 온라인 커뮤니티』. 서울: 미래인.

문세진 · 김민(2019). "정치참여에 대한 대학생의 인식 유형 연구". 『주관성 연구』, 48, 75-108.

문화체육관광부(2018). 『개인미디어컨텐츠 육성방안 연구』. 서울: 문화체육관광부.

민희 · 윤성이(2016). "정보의 풍요와 정치참여의 양극화". 『한국정당학회보』, 15(1), 131-157.

박상운(2014). "왜 SNS 에서 정치 양극화가 지속되는가?: 의사소통 대상, SNS 정보 신뢰도, 타인 신뢰도를 중심으로". 『사회과학연구』, 30(1), 235-252.

박영숙 · 제롬 글렌(2018). 『세계미래보고서』 이영래 역. 서울: 비지니스북스.

박윤수(2018). 사회정책효과성 평가를 위한 정책실험 도입방안 연구. 『KDI Policy Study』. 세종: 한국개발연구원.

박찬임 · 박제성 · 이승렬(2016). 『배달대행 배달원의 종사실태 및 산재보험 적용 강화 방안 연구』, 세종: 한국노동연구원.

백기웅(2019). "미국 · 영국 플랫폼 노동자 입법례". 『최신외국입법정보』. 서울: 국회도서관 법률정보실.

서메리(2019). 『회사 체질이 아니라서요』. 서울: 미래의창.

서정희 · 백승호(2017). "제 4차 산업혁명 시대의 사회보장 개혁". 『법과 사회』, 56(12), 113-152.

석희정(2020). "코로나19 감염병 발생과 지역사회복지관의 비대면서비스 운영실태". 『복지이슈 Focus』, 2020(6). 경기: 경기복지재단.

성정현(2007). “이혼 공동체의 현황과 특징: 온라인, 오프라인 공동체를 중심으로”,『한국가족복지학』, 20, 5-36.

송경재(2005). “네트워크 시대의 인터넷 정치참여 1)-탄핵정국 디시인사이드 정치토론 게시판을 중심으로”.『담론』201, 8(3), 123-160.

송근원 · 김태성.(2004).『사회복지정책론』. 파주: 나남.

신동윤(2019). “미국 캘리포니아 주의 플랫폼노동종사자 보호 사례 - AB-5 법: 근로자와 독립계약자 구별 검증요건을 중심으로”.『외국입법 동향과 분석』. 서울: 국회입법조사처.

신진욱 · 서준상(2016). “복지국가, 지방분권, 지방정치 역사 · 비교론적 관점에서 본 한국의 복지 분권화의 특성”.『한국사회정책』, 23(4), 61-89.

양재진(2001). “구조조정과 사회복지: 발전국가 사회복지 패러다임의 붕괴와 김대중 정부의 과제”.『한국정치학회보』, 35(1), 211-231.

여행자May(2018).『때때로 괜찮지 않았지만, 그래도 괜찮았어』. 서울: 더시드컴퍼니.

윤홍식(2020). “문재인 정부 2년 반, 한국 복지체제: 개발국가 복지체제의 해체와 과제”.『비판사회정책』, (66), 131-174.

이경아 · 김성천 · 장혜림 · 이은정(2014). “발달장애아동 부모의 온라인 공동체 상호작용과 성장과정 유형에 관한 연구”.『한국사회복지학』, 66(4), 181-205.

이다혜(2018). “디지털 노동 시대의 종속? 특수형태근로종사자의 ‘전속성’ 판단 문제: 대법원 2018. 4. 26. 선고 2017 두 74179 판결”.『노동법학』, (67), 234-240.

이민화(2016). “인공지능과 일자리의 미래”.『국제노동브리프』, 14(6), 11-24.

이상윤(2017). “한국 전자정부와 국가정보화에 관한 탐색적 연구: 시나리오플래닝 적용을 통한 거버넌스 추진 측면에서”.『한국지역정보화학회지』, 20(1), 21-55.

이승렬 · 박찬임 · 박제성 · 이정희 · 고혜원 · 오은진 · 장희은(2018).『플랫폼 종사자 보호를 위한 법·제도적 방안 마련 연구』. 서울: 대통령소속 경제사회노동위원회.

이준화(2018). 국회 청원제도에 관한 헌법학적 연구. 서울대학교 대학원 박사학위 논문.

이혜경(2002). “한국 복지국가 성격 논쟁의 함의와 연구방향”. 『비판사회정책』, (11), 13-49.

임동원(2020). “디지털세의 해외도입 현황과 시사점”. 『KERI Brief』, 20-03. 1-12.

장우영 · 송경재(2009). 『디지털 융합시대 온라인 사회운동 양식의 변화와 의미』. 충북: 정보통신정책연구원.

장혜영 · 마상윤 · 장훈 · 이민정 · 김상배 · 김치욱 · 조동준 · 배영자 · 이승주(2015). 『네트워크와 국가전략 - 세계정치의 변환과 연속성』. 서울: 사회평론아카데미.

전기옥 · 김수영(2018). “수급자의 수급자의 생활세계 관점에서 바라본 사회복지 정보화: 정보 리터러시 3차원을 중심으로”. 『사회복지연구』, 49(2), 257-295.

전제우 · 박미영(2018). 『시작은 언제나 옳다』. 서울: 21세기북스.

정무권(2007). “한국 발전주의 생산레짐과 복지체제의 형성”. 『한국사회정책』, 14(1), 256-307.

정부연(2016). “주요국의 ICT 발전지수 변화 추세 분석”. 『KISDI STAT Report』, 16(2), 1-7.

정성전(2018). “국민청원제도의 놀이적 속성과 정치 참여에 관한 고찰”. 『문화콘텐츠연구』, (12), 131-152.

정영호 · 고숙자(2015). “사회갈등지수 국제배교 및 경제성장에 미치는 영향”. 『보건복지포럼』, 2015(3), 44-55.

정흥준 · 송민수 · 남궁준 · 김가람 · 남선우(2019). 『배달업 종사자 현황실태파악과 보호방안 연구』. 세종: 고용노동부, 한국노동연구원.

조정환(2011). 『인지자본주의: 현재 세계의 거대한 전환과 사회적 삶의 재구성』. 서울: 갈무리.

차두원 · 김서현(2016). 『잡 킬러: 4차 산업혁명, 로봇과 인공지능이 바꾸는 일자리의 미래』. 서울: 한스미디어.

최기산 · 김수한(2019). "글로벌 긱 경제(Gig Economy) 현황 및 시사점". 『국제경제리뷰』 2019-2. 1-22.

최병삼 · 김주한(2011). "플랫폼의 일반적 정의가 기업의 경제적, 전략적 의사결정에 미치는 효과에 대한 연구". 『상업교육연구』, 25(3), 157-176.

최영훈(2017). "전자정부의 '맞춤화, 연결성': 정부 24 정부서비스포털 일부검색기능에 대한 탐색적 기초분석". 『한국지역정보화학회지』, 20(3), 135-166.

최장집(2005). 『민주화 이후의 민주주의』. 서울: 후마니타스.

최현수 · 오미애(2017). "4차 산업혁명 및 지능정보사회의 사회적 위험과 복지 패러다임 전환 필요성". 『보건 · 복지 Issue & Focus』, 333, 1-8.

최현수 · 오미애 · 이태한 · 이대영 · 진재현 · 천미경(2017). 확인조사 경제성 분석 및 차량가액 산정기준 연구. 세종: 한국보건사회연구원.

추병주 · 박선미(2017). "사회보장정보시스템의 운영 경과 및 과제". 『보건복지포럼』, 2017(11), 74-87.

한국소비자원(2017). 『신유형 1인 미디어 콘텐츠 소비 실태조사』. 충북: 한국소비자원.

허팝 · 강전희 · 안정기(2017). 『허팝과 함께하는 유튜브 크리에이터 되기』. 서울: 한빛미디어.

황덕순(2016). "디지털 기술과 플랫폼 노동이 제기하는 사회정책 과제들". 『국제노동브리프』, 14(9), 3-6.

황승구 · 최완 · 허성진 · 장명길 · 이미영 · 박종열 · 원희선 · 김달(2013), 『빅데이터 플랫폼 전략』. 서울: 전자신문사.

황종성(2016). "지능사회의 패러다임 변화 전망과 정책적 함의". 『정보화정책』, 23(2), 3-18.

Adams, G., and Dzokoto, V. A.(2003). Self and identity in African studies. *Self and Identity*, 2(4), 345-359.

Ajana, B.(2012). Biometric citizenship. *Citizenship Studies*, 16(7), 851-870.

Anderson, B.(1983/2018). 『상상된 공동체』 서지원 역. 서울: 길.

Aneesh, A.(2006). *Virtual migration: The programming of globalization*. Durham: Duke University Press.

Ansell, C.(2016). "Collaborative Governance as Creative Problem-Solving". In J, Torfing and P, Triantafillou(Ed.). *Enhancing Public Innovation by Transforming Public Governance*. Cambridge: Cambridge University Press.

Arnstein, S. R.(1969). A ladder of citizen participation. *Journal of the American Institute of planners*, 35(4), 216-224.

Atkinson, R. D., Castro, D., and Ezell, S. J.(2009). The digital road to recovery: a stimulus plan to create jobs, boost productivity and revitalize America. *Boost Productivity and Revitalize America* 1-22.

Bagwell, T. C., and Jackson, S. L.(2016). "The Mode of Information–Due Process of Law and Student Loans: Bills of Attainder Enter the Digital Age". In R. A. Cropf & T. C. Bagwell(Ed.). *Ethical Issues and Citizen Rights in the Era of Digital Government Surveillance*. Pennsylvania: IGI Global.

Ballatore, A., Graham, M., and Sen, S.(2017). Digital hegemonies: the localness of search engine results. *Annals of the American Association of Geographers*, 107(5), 1194-1215.

Barnes, S. A., Green, A., and de Hoyos, M.(2015). Crowdsourcing and work: individual factors and circumstances influencing employability. *New Technology, Work and Employment*, 30(1), 16-31.

Bauman, Z.(2000/2013). *Liquid modernity*. Cambridge, Malden: Polity Press.

Bauman, Z.(2004). *Work, consumerism and the new poor*. London: Open University Press.

Bauman, Z.(2004/2010). 『새로운 빈곤: 노동, 소비주의 그리고 뉴푸어』 이수영 역. 서울: 천지인.

Beck, U.(1986/2006). 『위험사회: 새로운 근대성을 향하여』 홍성태 역. 서울: 새물결.

Beck, U.(2009). *World at risk*. Cambridge, Malden: Polity Press.

Beerepoot, N., and Lambregts, B.(2015). Competition in online job marketplaces: towards a global labour market for outsourcing services?. *Global Networks* 15(2), 236-255.

Benedetto, G., Hix, S., and Mastrorocco, N.(2020). The rise and fall of social democracy, 1918-2017. *American Political Science Review*. (in press).

Beniger, J. R.(1986). The information society: Technological and economic origins. *Media, audience and social structure*, 51-70.

Berg, J., Furrer, M., Harmon, E., Rani, U., and Silberman, S.(2018), *Digital labour platforms and the future of work. Towards Decent Work in the Online World*, Geneva: International Labour Organization.

Berk, R. A., Boruch, R. F., Chambers, D. L., Rossi, P. H., and Witte, A. D.(1985). Social policy experimentation: A position paper. *Evaluation Review*, 9(4), 387-429.

Bernal, V.(2013). Please forget democracy and justice: Eritrean politics and the powers of humor. *American Ethnologist*, 40(2), 300-309.

Bhatt, S.(2016). *How Digital Communication Technology Shapes Markets: Redefining Competition, Building Cooperation*. New York: Springer.

Bhatt, S.(2017). "The Three Trends: Granularity, Behemoths and Cooperation". In *How Digital Communication Technology Shapes Markets*. London: Palgrave Macmillan.

Bonchek, M. S.(1998). From broadcast to netcast: The Internet and the flow of political information. Doctoral dissertation, Harvard University.

Boughton, J. M., and Bradford Jr, C. I.(2007). Global Governance: New Players, New Rules. *Finance & Development*, 44(4), 10-14.

Bourdieu, P.(1979/2006).『구별짓기(상)』 최종철 역. 서울: 새물결.

Braesemann, F., Lehdonvirta, V., and Kässi, O.(2020). ICTs and the urban-rural divide: can online labour platforms bridge the gap?. *Information, Communication & Society*, 1-21.

Broekens, J., Heerink, M., and Rosendal, H.(2009). Assistive social robots in elderly care: a review. *Gerontechnology*, 8(2), 94-103.

Brynjolfsson, E., and McAfee, A.(2014). 『제2의 기계시대』 이한음 역. 서울: 청림출판.

Bucher, B.(2020.10.30.). WhatsApp, WeChat and Facebook Messenger Apps – Global useage of Messaging Apps, Penetration and Statistics. Messengerpeople. https://www.messengerpeople.com/global-messenger-usage-statistics/

Buddery. P. Parsfield, M. and Shafique, A.(2016). *Changing the Narrative: A new conversation between the citizen and the state*. Manchester: The Staff College.

Castells, M.(2000). 『네트워크 사회의 도래』 김묵한, 박행웅, 오은주 역. 파주: 한울아카데미.

Castells, M.(2008). The new public sphere: Global civil society, communication networks, and global governance. *The ANNALS of the american academy of Political and Social Science*, 616(1), 78-93.

Castells, M.(2012). *Networks of Outrage and Hope: Social Movements in the Internet Age*. Cambridge: Polity.

Castells, M., and Himanen, P.(2014). *Reconceptualizing development in the global information age*. Oxford: Oxford University Press.

Castles, F. G.(1999). Decentralization and the post-war political economy. *European Journal of Political Research*, 36(1), 27-53.

Chatman, E. A.(1996). The Impoverished Life-world of Outsiders, *Journal of the American Society for Information Science,* 47(3), 193-206.

Christakis, N. A., and Fowler, J. H.(2008/2010). 『행복은 전염된다』 이충호 역. 서울: 김영사.

Clarke, R. A.(1988). Information Techonology and Dataveillance. *Communications of the ACM,* 31(5), 498-512.

Cobb, R. W., and Elder, C. D.(1983). *The political uses of symbols*. New York: Longman.

Cobb, R., Ross, J. K., and Ross, M. H.(1976). Agenda building as a comparative political process. *The American political science review*, 70(1), 126-138.

Cohen, J. L., and Arato, A.(1992). Politics and the Reconstruction of the Concept of Civil Society. *Cultural-political interventions in the unfinished project of enlightenment*, 121-142.

Cooke, G., and Muir, R.(Ed.)(2012). *The Relational State*. London: the Institute for Public Policy Research.

Cota, W., Ferreira, S. C., Pastor-Satorras, R., and Starnini, M.(2019). Quantifying echo chamber effects in information spreading over political communication networks. *EPJ Data Science*, 8(1), 1-13.

Coursey, D., and Norris, D. F.(2008). Models of e-government: Are they correct? An empirical assessment. *Public Administration Review*, 68(3), 523-536.

Deleuze, G., and Gautarri, F.(1980/2003). 『천 개의 고원』 김재인 역. 서울: 새물결 출판사.

DiMaggio, P., Hargittai, E., Celeste, C. and Shafer, S.(2004). "Digital Inequality", 355-400, In K. Neckerman(Ed.). *Social Inequality*. New York: Russell Sage Foundation.

Donovan, K. P.(2015). The Biometric Imaginary: Bureaucratic Technopolitics in Post-Apartheid Welfare. *Journal of Southern African Studies,* 41(4), 815-833.

Drucker, P. F.(1993). The rise of the knowledge society. *The Wilson Quarterly*, 17(2), 52-72.

Easterlin, R. A.(1974). "Does economic growth improve the human lot? Some empirical evidence". In P. A. David and M. W. Reder(Ed.). *Nations and households in economic growth.* 89-125. New York, London: Academic Press.

Education First.(2019). *EF EPI: EF English Proficiency Index.* Miami: Education First.

Epstein, R., Robertson, R. E., Lazer, D., and Wilson, C.(2017). Suppressing the search engine manipulation effect(SEME). *Proceedings of the ACM on Human-Computer Interaction*. 42, 1-22.

Esping-Andersen, G.(1990). *The three worlds of welfare capitalism*, New Jersey:

Princeton University Press.

Eurofound(2018). *Employment and working conditions of selected types of platform work*, Luxembourg: Publications Office of the European Union.

European Commission(2018). *Platform Workers in Europe Evidence from the COLLEEM Survey*, Luxembourg: Publications Office of the European Union.

European Union(2016). *Public Policy Labs in European Union Member States*. Luxembourg: European Union.

Evans, D. S., and Schmalensess, R.(2016). *Matchmakers: The New Economics of Multisided Platforms*. Brighton, MA: Harvard Business Review Press.

Evans, P. P., Evans, P. B., Rueschemeyer, D., and Skocpol, T.(Eds.)(1985). Bringing the state back in. Cambridge: Cambridge University Press.

Falk, S., Römmele, A., and Silverman, M.(2017). "The Promise of Digital Government". S. Falk, A. Römmele, and M. Silverman(Ed.). *Digital Government: Leveraging Innovation to Improve Public Sector Performance and Outcomes for Citizens*. London: Springer.

Fishkin, J. S.(1997). *The Voice of the People: Public Opinion and Democracy*. New Haven: Yale university press.

Flora, P. and Alber, J.(1981). "Modernization, democratization and the development of welfare states in Western Europe" In P. Flora and A. J. Heidenheimer(Ed.). *The development of welfare states in Europe and America*. New Brunswick, London: Transaction Publishers.

Foucault, M.(1975/2020).『감시와 처벌』오생근 역. 파주: 나남.

Fraser, N., and Honneth, A.(2003). *Redistribution or recognition?: a political-philosophical exchange*. London, New York: Verso.

Frey, C. B., and Osborne, M. A.(2013). *The future of employment : how susceptible are jobs to computerisation?*. Oxford: Oxford University.

Friedlander, W. A., and Apte, R. Z.(1980). *Introduction to Social Welfare (5th ed)*. New Jersey: Prentice-Hall.

Friedman, G.(2014). Workers without employers: shadow corporations and the rise of the gig economy, *Review of Keynesian Economics* 2(2), 171-188.

Fuerth, L. S.(2009). Foresight and anticipatory governance. *Foresight*, 11(4), 14-32.

Fuerth, L. S., and Faber, E. M.(2012). *Anticipatory Governance Practical Upgrades: Equipping the Executive Branch to cope with increasing speed and complexity of major challenges*. Washington: National Defense University, Institute for National Strategic Studies.

Galbraith, J. K.(1977). *The age of uncertainty*. Boston: Houghton Mifflin Company.

Garland, D.(1985). *Punishment and Welfare*. Aldershot: Gower.

Gartner(2011). *How to Plan, Participate and Prosper in the Data Economy*. Stamford: Gartner.

Gavison, R. E.(1975). Privacy and its Legal Protection. Doctoral dissertation, University of Oxford.

Giddens, A.(1985). *The Nation-State and Violence*. London: Polity Press.

Gough, I.(1979). *The Political Economy of the Welfare State*. London: Macmillan.

Gough, I.(2010). Economic Crisis, Climate Change and the Future of Welfare States. *Twenty-First Century Society*, 5(1), 51-64.

Granovetter, M. S.(1973). The strength of weak ties. *American Journal of Sociology*, 78(6), 1360-1380.

Guston, D. H.(2014). Understanding 'anticipatory governance'. *Social Studies of Science*, 44(2), 218-242.

Gygli, S., Haelg, F., Potrafke, N., and Sturm, J. E.(2019). The KOF globalisation index–revisited. *The Review of International Organizations*, 14(3), 543-574.

Habermas, J.(1981). *The Theory of Communicative Action Vol.2: Lifeworld and System: A Critique of Functionalist Reason* (T. McCarthy, Trans.). Boston: Beacan Press.

Hage, J.(1965). An axiomatic theory of organizations. *Administrative Science Quarterly*, 289-320.

Hall, J. V., and Krueger, A. B.(2018). An analysis of the labor market for Uber's driver-partners in the United States, *ILR Review* 71(3), 705-732.

Halpern, D.(2009/2012). 『국가의 숨겨진 부: 국가에 내 행복의 책임을 묻다』 제현주 역. 서울: 북돋움.

Hargittai, E., and Walejko, G.(2008). The participation divide: Content creation and sharing in the digital age. *Information, Community and Society*, 11(2), 239-256.

Hartzel, K. S., and Gerde, V. W.(2016). Using Duality Theory to Reframe e-Government Challenges. In R. A. Cropf and T. C. Bagwell(Ed.). *Ethical Issues and Citizen Rights in the Era of Digital Government Surveillance*. Pennsylvania: IGI Global.

Harvey, D.(1988). Urban Places in the "Global Village": Reflections on the Urban Condition in Late Twentieth Century Capitalism. *World Cities and the Future of the Metropolis*, 21-33.

Held, D.(1991). Democracy, the nation-state and the global system, *International Journal of Human Resource Management*, 20(2), 138-172.

Hicks, A., and Zorn, C.(2005). Economic globalization, the macro economy, and reversals of welfare: Expansion in affluent democracies, 1978-94. *International Organization*, 631-662.

Hoffman-Goetz, L., and Donelle, L.(2007). Chat room computer-mediated support on health issues for aboriginal women. *Health Care for Women International*, 28(4), 397-418.

Hofstede, G.(1984). *Consequences of Culture*. California, London, New Delhi: Sage Publication.

Holliday, I.(2000). Productivist welfare capitalism: Social policy in East Asia. *Political Studies*, 48(4), 706-723.

Hollister, R. G.(2008). The role of random assignment in social policy research. *Journal of Policy Analysis and Management*, 27(2), 402-409.

Hort, S. O., and Kuhnle, S.(2000). The coming of East and South-East Asian welfare states. *Journal of European Social Policy*, 10(2), 162-184.

Horton, J. J.(2011). The condition of the Turking class: Are online employers fair and honest?. *Economics Letters*, 111(1), 10-12.

Høstaker, R.(2017). The rhizome, the net and the book. *Empedocles: European Journal for the Philosophy of Communication*, 8(2), 151-165.

ILO(2018). *Digita Labour Platforms and the Future of Work Towards Decent Work in the Online World*. Geneva: International Labour Office.

IPPR(2014). *Many to Many: How the Relational State will Transform Public Service*. London: The Institute for Public Policy Research.

John, R, R. (2010). *Network Nation: Inventing American Telemcommunication*. Cambridge: The Belknap press of Harvard university press.

Jones, C.(1990). Hong Kong, Singapore, South Korea and Taiwan: Oikonomic welfare states. *Government and Opposition*, 446-462.

Jones, C.(1993). "The Pacific challenge: Confucian welfare states". In C. Jones. (Ed.). *New Perspectives on the Welfare State in Europe*. London: Routledge.

Kangas, O.(2010). "Work accident and sickness benefits" In F. G. Castles, S. Leibfried, J. Lewis, H. Obinger and C. Pierson(Ed.). *The Oxford handbook of the welfare state* (pp. 391-405). New York: Oxford University Press.

KELA(2016). *From Idea to Experiment*. Helsinky: KELA.

Kim, K. D.(1994). Confucianism and capitalist development in East Asia. *Capitalism and Development*, 87-106.

Kim, S. H.(2009). Civic Engagement and Democracy in South Korea. *Korea Observer*, 40(1), 1-26.

Kollock, P., and Smith, M.(1996). Managing the virtual commons. *Computer-mediated communication: Linguistic, social, and cross-cultural perspectives*, 109-128.

Koppenjan, J., and Klijn, E. H.(2004). *Managing Uncertainties in Networks: Public Private Controversies*. London, New York: Routledge.

Korpi, W.(1989). Power, politics, and state autonomy in the development of social citizenship: Social rights during sickness in eighteen OECD countries since 1930. *American Sociological Review*, 309-328.

KPMG(2019). *Taxation of the Digitalized Economy*. Amstelveen: KPMG.

Kuhn, T. S.(1962). *The Structure of Scientific Revolution*. Chicago: University of

Chicago Press.

Kusserow, R. P.(1984). The government needs computer matching to root out waste and fraud, *Communications of the ACM*, 27(6), 542-545.

Kwon, H. J.(1999). *The Welfare State in Korea: the Politics of Legitimation*. New York: St Martin's Press.

Kwon, H. J.(2002). Welfare reform and future challenges in the Republic of Korea: Beyond the developmental welfare state?. *International Social Security Review*, 55(4), 23-38.

Landow, G. P.(2006). *Hypertext 3.0: Critical Theory and New Media in an Era of Globalization*. Baltimore: The Johns Hopkins University Press.

Lehdonvirta, V.(2016). "Algorithms that divide and unite: delocalisation, identity and collective action in 'Microwork'". In E. Flecker(Ed.). *Space, Place and Global Digital Work*. London: Palgrave Macmillan.

Lewis, J. D., and Weigert, A.(1985). Trust as a social reality. *Social Forces*, 63(4), 967-985.

Li, C., and Bernoff, J.(2008). *Groundswell: Winning in a world transformed by social technologies*. Boston: Harvard Business Press.

Lister, R.(2002). Citizenship and changing welfare states. In J. G Andersen and P. H. Jensen(Ed.). *Changing Labour markets, Welfare policies and Citizenship*. Bristol: The Policy Press.

Lorenz, M., Rüßmann, M., Strack, R., Lueth, K. L., and Bolle, M.(2015). *Man and Machine in Industry 4.0: How will Technology Transform the Industrial Workforce through 2025*. Boston: The Boston Consulting Group.

Luhmann, N.(1979). *Trust and Power*. New Jersey: Wiley.

Lyon, D.(1994). *The Electronic Eye: The Rise of Surveillance Society*. Minnesota: University of Minnesota Press.

Marshall, T. H.(1950). *Citizenship and Social Class*. London: Pluto Press.

Marx, K.(1867/1992). *Capital: a critique of political economy(Vol. 1)*. London: Penguin.

Maslow, A. H.(1943). A theory of human motivation. *Psychological Review*,

50(4), 370-96.

Mathiesen, T.(1997). The viewer society: Michel Foucault's 'Panopticon' revisited. *Theoretical Criminology*, 1(2), 215-234.

McKenna, K. Y., and Bargh, J. A.(1998). Coming out in the age of the Internet: Identity "demarginalization" through virtual group participation. *Journal of Personality and Social Psychology*, 75(3), 681-694.

McKinsey(2011). *Big Data: The Next Frontier for Innovation, Competition, and Productivity*, McKinsey Global Institute.

McKinsey(2016). *Independent work: Choice, Necessity, and the Gig Economy*. New York: McKinsey & Company.

McKinsey(2017). *Jobs Lost, Jobs Gained: Workforce Transitions in a time of Automation*. New York: McKinsey & Company.

Mele, N.(2013). *The end of big: How the Internet makes David the new Goliath*. New York: Macmillan.

Merton, R. K.(1968). *Social Theory and Social Structure (Enlarged Edition)*. New York, London: The Free Press.

Mill, J. S.(1859/2000). 『자유론』 박홍규 역. 서울: 문예출판사.

Mishra, R.(1999). *Globalization and the Welfare State*. Cheltenham, Northampton: Edward Elgar.

Miyahara, A.(1998). "Philosophical Issues in Cross-Cultural Research on Communication Competence between Asians and Westerners". In D. R. Heisey, and W. Gong(Ed.). *Communication and Culture: China and the World Entering the 21st Century*. Amsterdam: Rodopi.

Moemeka, A. A.(1998). Communalism as a fundamental dimension of culture. *Journal of Communication*, 48, 118-141.

Moore, G. E.(1975). Progress in digital integrated electronics. *Electron Devices Meeting*, 21, 11-13.

Moulier-Boutang, Y.(2011). *Cognitive capitalism* (E. Emery, Trans.). Cambridge: Polity Press.

Mulgan, G.(2012). "Government with the people: the outlines of a relational state". In G. Cooke and R. Muir(Ed.). *The Relational State*. London: the Institute for Public Policy Research.

Nash, K.(2009). Between citizenship and human rights. *Sociology*, 43(6), 1067-1083.

Nishida, T.(1996). Communication in Personal Relationships in Japan. In W. B. Gudykunst, S. Ting-Toomey, and T. Nishida(Ed.). *Communication in Personal Relationships Across Cultures*. California: Sage.

Norris, P.(2001). Digital Divide: *Civic Engagement, Information Poverty, and the Internet Worldwide (Communication, Society and Politics)*. London: Cambridge University Press.

O'Connor, J.(1973). *Fiscal Crisis of the State*. New York: St. Martin's Press.

Obinger, H., Leifried, S., and Castles, F. G.(2005). Bypasses to a social Europe? Lessons from federal experience. *Journal of European Public Policy*, 12(3), 545-571.

OECD(2016). *ICTS and Jobs: Complements or Substitutes?*. Paris: OECD.

OECD(2017). *OECD Digital Economy Outlook 2017*. Paris: OECD.

Offe, C.(1984). *Contradictions of the Welfare State*. Cambridge: MIT Press.

Ohler, J. B.(2010). *Digital Community, Digital Citizen*. California: Corwin.

Pampel, F. C., and Williamson, J. B.(1989). *Age, Class, Politics, and the Welfare State*. Cambridge: Cambridge University Press.

Papacharissi, Z.(2004). Democracy online: Civility, politeness, and the democratic potential of online political discussion groups. *New Media & Society* 6(2), 259-283.

Pariser, E.(2011). *The Filter Bubble: How the New Personalized Web is Changing What We Read and How We Think*. New York: Penguin.

Patal, R., and Gibbon, K.(2017). *Citizens, Participation and the Economy*. London: Citizen's Economic Council, The RSA.

Pesole, A., Brancati, M. C., Fernández-Macías, E., Biagi, F., and González Vázquez, I.(2018). *Platform workers in Europe*. Luxembourg: Publications Office of the European Union.

Pierson, P.(2001). The new politics of the welfare state. Oxford: Oxford University Press.

Poster, M.(1996). "Databases as Discourse; or, Electronic Interpellations". In D. Lyon, E. Zureik(Ed.). *Computers, Surveillance, and Privacy. Minneapolis.* London: University of Minnesota Press.

Poulantzas, N. A.(1978). *Classes in Contemporary Capitalism.* New York: Verso.

Putnam, R.(1993). The prosperous community: Social capital and public life. In K. Blair, R. M. Murphy and J. Almjeld(Ed.). *Cross Currents: Cultures, Communities, Technologies.* Boston: Wadsworth, Cengage Learning.

PwC(2015). *The Sharing Economy.* London: PwC Report.

Raynor, P.(1985). *Social Work, Justice and Control.* Oxford: Basil Blackwell.

Rhodes, R. A. W.(1997). *Understanding Governance: Comparing public sector reform in Britain and Denmark.* Copenhagen: Copenhagen Business School.

Rifkin, J.(1995). *The End of Work*, New York: Putnam.

Rifkin, J.(2001). *The Age of Access: The New Culture of Hypercapitalism.* New York: Penguin.

Rittel, H. W. and Webber, M. M.(1984). "Planning problems are wicked" In N. Cross(Ed.). *Developments in Design Methodology.* Chichester: John Wiley & Sons.

Rogers, B.(2016). Employment Rights in the Platform Economy: Getting Back to Basics, *Harvard Law & Policy Review*, 10, 479-520.

Rose, N., and Miller, P.(2010). Political power beyond the State: problematics of government. *The British Journal of Sociology*, 61, 271-303.

Ryner, M.(2000). "European welfare state transformation and migration". In M. Bommes and A. Geddes(Ed.). *Immigration and Welfare: challenging the borders of the welfare state.* London, New York: Routeledge.

Salehi, N., Irani, L. C., Bernstein, M. S., Alkhatib, A., Ogbe, E. and Milland, K. (2015). "We are dynamo: Overcoming stalling and friction in collective action for crowd workers", In *Proceedings of the 33rd annual ACM conference on human factors in computing systems*, 1621-1630.

Schiller, D.(1999). *Digital Capitalism: Networking the Global Market System*, Cambridge: MIT Press.

Schmidt, F. A.(2017). *Digital Labour Markets in the Platform Economy; Mapping the Political Challenges of Crowd Work and Gig Work, Good Society-social Democracy*. Heidelberg: Friedrich-Ebert-Stiftung,

Schrock, A. R.(2016). "Case Study; Code of America-Scaling Civic Engagement through Open Data". In E. Gordon and P. Mihailidis(Ed.). *Civic Media: Technology, Design, Practice*. Massachusetts: Massachusetts Institute of Technology.

Schwab, K.(2017). *The Fourth Industrial Revolution*. London: Portfolio.

Shattuck, J.(1984). "Computer matching is a serious threat to individual rights", *Communications of the ACM*, 27(6), 538-541.

Silberman, M. S.(2017). "Fifteen criteria for a fairer gig economy" In Graham., M. and Shaw, J.(Ed.). *Towards a Fairer Gig Economy*. London: Meatspace Press.

Skocpol, T., and Amenta, E.(1986). States and social policies. *Annual Review of Sociology*, 12(1), 131-157.

Smith, A.(1776). *The wealth of nations*. New York: The Modern Library.

Smith, M. A., Kollock, P., and Heywood, I.(1999). *Communities in Cyberspace*. London: Routledge.

Söderqvist, F.(2017). A Nordic Approach to Regulating Intermediary Online Labour Platforms. *Transfer: European Review of Labour and Research*. 23(3), 349-352.

Sprecher, M. H.(2000). Racing to e-government: Using the Internet for citizen service delivery. *Government Finance Review*, 16(5), 21-22.

Spruyt, H.(1994). Institutional selection in international relations: state anarchy as order. *International Organization*, 527-557.

Srnicek, N.(2017). *Platform Capitalism*. London: Polity Press.

Standing, G.(2014). *A Precariat Charter: From Denizens to Citizens*. London:

Bloomsbury.

Sunstein, C. R.(2001). *Echo chambers: Bush v. Gore, impeachment, and beyond.* Princeton, New Jersey: Princeton University Press.

Therborn, G.(1993). Beyond the lonely nation-state. In F. G. Castles(Ed.). *Families of Nations: Patterns of Public Policy in Western Democracies.* Aldershot: Darmouth.

Titmuss, R.(1970/2018). *The Gift Relationship: From Human Blood to Social Policy*. Bristol: Policy Press.

Toffler, A.(1970). *Future Shock*. New York: Random House.

Tolbert, C. J., and Mossberger, K.(2006). The effects of e-government on trust and confidence in government. *Public Administration Review*, 66(3), 354-369.

Tönnies, F.(2012). "Gemeinschaft und gesellschaft". In F Tönnies. *Studien zu Gemeinschaft und Gesellschaft*. Wiesbaden: Springer VS.

Turner, B. S.(2001). The erosion of citizenship. *The British Journal of Sociology*, 52(2), 189-209.

Van Dijk, J. and Hacker, K.(2003). "The Digital Divide as a Complex and Dynamic Phenomenon". *The Information Society*, 19: 315-326.

Van Dijk, J.(2006). Digital Divide research, achievements and shortcomings. *Poetics*, 34(4-5), 221-235.

Van Parijs, P.(2004). Basic income: a simple and powerful idea for the twenty-first century. *Politics & Society*, 32(1), 7-39.

Vashistha, A., Sethi, P., and Anderson, R.(2018). BSpeak: An accessible voice-based crowdsourcing marketplace for low-income blind people. In *Proceedings of the 2018 CHI Conference on Human Factors in Computing Systems*. 1-13.

Vieira, L. M. M., and Ferasso, M.(2010). The rhizomatic structure of cyberspace: virtuality and its possibilities. *International Journal of Networking and Virtual Organisations*, 7(6), 549-559.

Warren, S. D., and Brandeis, L. D.(1890). The right to privacy. *Harvard Law*

Review, 4, 193-220.

Wass, B., Liebman, W. B., Lyubarsky, A. and Kezuka, K.(2017). *Crowdwork –A Comparative Law Perspective*. Frankfurt am Main: Bund Verlag.

Weber, E.(2018). *Setting Out for Digital Social Security*. ILO Working Papers. Geneva: International Labour Organization.

Weber, E.(2019). "디지털 사회보장". 『2019 사회보장 국제 학술대회 발표자료』. 세종: 한국보건사회연구원.

Weber, M.(1978). *Economy and Society: An Outline of Interpretive Sociology*. California: University of California Press.

Wellman, B.(2002). Little boxes, glocalization, and networked individualism. Digital Cities II: *Computational and Sociological Approaches*. 2362, 10-25.

Westin, A.(1967). *Privacy and freedom*. New York: Athenaeum.

Wilensky, H. L.(1975). *The Welfare State and Equality: Structural and Ideological Roots of Public Expenditure*. California: University of California Press.

Wilensky, H. L., and Lebeaux, C.(1965). *Industrial Society and Social Welfare*. New York: The Free Press.

World Economic Forum(2016). *The Future of Jobs*. Geneva: World Economic Forum.

World Economic Forum(2018). *The Future of Jobs Report 2018*. Geneva: World Economic Forum.

Yin, M., Gray, M. L., Suri, S., and Vaughan, J. W.(2016). The communication network within the crowd. *Proceedings of the 25th International Conference on World Wide Web*, 2016, 1293-1303.

기사

경향신문(2012.04.26.) 복지수급자 2010년 이후 45만명 탈락. http://news.khan.co.kr/kh_news/khan_art_view.html?artid=201204262059431&code=940702#csidx372828752c1202d988f8bd299d2182f

경향신문(2013.06.13.). 미국, 개인정보 판매 성행… 나이 · 성별 · 주소 0.75원이면 산다. http://news.khan.co.kr/kh_news/khan_art_view.html?artid=201

306132216045&code=970201#csidxc987178f90029fab95ce9b0e24f98d7
동아일보(2020.03.10.). 코로나19 사태에 "라이더 귀하신 몸"…시급 오르고 추가 수당까지. https://www.donga.com/news/Economy/article/all/20200310/100088005/1
동아일보(2020.09.09.). "코로나로 집콕"… 지난달 배달앱 결제액 1조2050억 역대 최대. https://www.donga.com/news/Economy/article/all/20200909/102849671/1
라포르시안(2014.10.14.). 무심한 복지정책…4년간 자살한 기초생활수급자 1238명. http://www.rapportian.com/news/articleView.html?idxno=19698
매경이코노미(2020.05.22.). [코로나가 바꾼 新직업 시대] 유형 3 : 경력 단절 후 재능 공유로 인생 2막. http://news.mk.co.kr/v2/economy/view.php?sc=50000001&year=2020&no=525345
매일경제(2019.06.05.). [4차 산업혁명 시대의 유망 직업] 미래 살아남을 직업…인공지능과 협업에 달렸다. https://www.mk.co.kr/news/economy/view/2019/06/385137/
매일경제(2020.05.22.). [코로나가 바꾼 新직업 시대] 프리랜서, 재능 팔아 억대 연봉 긱워커 · N잡러 신인류 속속 등장. https://www.mk.co.kr/news/economy/view/2020/05/525407/
머니투데이(2019.05.15.). "타다 OUT!" 택시기사들, 타다에 분노하는 이유는…. https://news.mt.co.kr/mtview.php?no=2019051516054127537
서울경제(2020.10.06.). 공공배달앱 봇물...시장서 통할까. https://www.sedaily.com/NewsView/1Z90ZGE949
서울신문(2020.10.07.). 요즘 중학교 한 반에 4~5명은 "내 장점 살려 유튜버 될래요". https://www.seoul.co.kr/news/newsView.php?id=20181008011007
시사저널(2018.03.27.). "대한민국은 '위원회 공화국'인가". www.sisajournal.com/news/articleView.html?idxno=174502
아시아경제(2018.08.20.). [인플루언서 명암①] 팔로워가 고객…수입 '억소리' 희망직업 '1순위'. http://www.asiae.co.kr/news/print.htm?idxno=2018082010312988174&udt=1

에이블뉴스(2014.12.26.). 복지 사각지대 해소(?), 세모녀법의 '덫'. https://www.ablenews.co.kr/News/NewsSpecial/NewsSpecialContent.aspx?CategoryCode=0014&NewsCode=001420141222145646907425
오마이뉴스(2020.04.17.). '배달의 명수' 직접 만난 이재명 지사가 강조한 말. http://www.ohmynews.com/NWS_Web/View/at_pg.aspx?CNTN_CD=A0002634119
조선일보(2013.03.22.). "배부른 투정? 내일을 꿈꿀 희망조차 바닥" 자살 공무원의 절규. https://www.chosun.com/site/data/html_dir/2013/03/21/2013032101945.html
조선일보(2020.10.12.). 시무 7조 상소문 청원 20만 돌파, 이제 '폐하'가 답할까. https://www.chosun.com/site/data/html_dir/2020/08/28/2020082800676.html
주간조선(2018.12.17.). "도로 위 데이터를 노린다: 카카오가 카풀 밀어 붙이는 진짜 이유" http://weekly.chosun.com/client/news/viw.asp?nNewsNumb=002537100015&ctcd=C05
중앙선데이(2019.12.14.). 독일 DH가 인수…'배민' 4조7500억 잭팟 터뜨렸다. https://news.joins.com/article/23656653
중앙일보(2019.10.13.). [이코노미스트] 불붙는 디지털세 논란. https://news.joins.com/article/23602165
중앙일보(2020.01.22.). [2020 대한민국 브랜드 명예의전당] MS와 경쟁하며 국내 시장 점유율 30%대 유지. https://news.joins.com/article/23687731
중앙일보(2020.08.28.). 文에 직언한 '시무7조' 靑청원…공개 전환 하루만에 20만 돌파. https://news.joins.com/article/23859017https://www.chosun.com/site/data/html_dir/2015/04/02/2015040200369.html
프레시안(2013.05.20.). 사회복지공무원의 연이은 자살의 이유. https://www.pressian.com/pages/articles/6520?no=6520#0DKU
한겨레(2015.02.25.). 일자리의 미래, 희망적 시선 3가지. http://www.hani.co.kr/arti/economy/working/679644.html#csidxb94553531b83e8bb263cc9bd1001481
한겨레(2017.01.10.). 나는 사이버 국가 '비트네이션' 국민입니다. http://www.han

i.co.kr/arti/science/science_general/778062.html#csidxa0f44f51921a99485edf2cb8e066523

한겨레(2018.10.21.). '플랫폼 일자리' 쏟아지는데…'노동자 안전망' 어찌하나요. http://www.hani.co.kr/arti/economy/it/866703.html

한국경제(2020.04.01.). "플랫폼 노동 논의"...'사회적 대화 포럼' 출범. https://www.hankyung.com/it/article/202004018661j

헤럴드경제(2019.05.15.). "회사 체질이 아니라서요"…서점가에 부는 '긱 워커 바람'. http://biz.heraldcorp.com/view.php?ud=20190515000442

Bluemink, M.(2015.07.15.). The Web as Rhizome in Deleuze and Guattari. Bluelabyrinths. https://bluelabyrinths.com/2015/07/15/the-web-as-rhizome-in-deleuze-and-guattari/

Burke, L.(2018.03.09). The #MeToo shockwave: How the movement has reverberated around the world. The Telegraph. https://www.telegraph.co.uk/news/world/metoo-shockwave/

McCue, T. J.(2018.08.31.). 57 Million U.S. Workers Are Part Of The Gig Economy. Forbes. https://www.forbes.com/sites/tjmccue/2018/08/31/57-million-u-s-workers-are-part-of-the-gig-economy/#d4d928a71186

Parkins. D.(2012.12.01.). The world's most valuable resource is no longer oil, but data. The Economist. https://www.economist.com/leaders/2017/05/06/the-worlds-most-valuable-resource-is-no-longer-oil-but-data

Parkins. D.(2017.05.06.). Another game of thrones. The Economist. https://www.economist.com/briefing/2012/12/01/another-game-of-thrones

Reich, R.(2015.08.25.). The Upsurge in Uncertain Work. Social Europe. https://www.socialeurope.eu/the-upsurge-in-uncertain-work

Steel, M., Locke, C, Cadman, E., and Freese, B.(2013.06.12.). How much is your personal data worth?. Financial Times. http://ig-legacy.ft.com/content/927ca86e-d29b-11e2-88ed-00144feab7de#axzz6aLXASOb0

Wall, T.(2020.03.21.). Gig economy: 'If you don't work, you can't eat' – despair of the zero-hours workforce. The Guadian. https://www.theguardian.com/business/2020/mar/21/gig-economy-workers-despair-overlooked-gove rnment-aid-package

법률안

고용보험법 일부개정법률안(2020.06.09. 한정애 의원 대표발의). https://likms.assembly.go.kr/bill/billDetail.do?billId=PRC_E2V0J0Y6E0F9L1E7G3Q3J3C9Y1C6W4

인터넷자료

e-나라지표(2020.06.01.검색). 국민기초생활보장 수급현황. https://www.index.go.kr/potal/main/EachDtlPageDetail.do?idx_cd=2760

기획재정부 경제e야기(2018.12.19.). 빠져나와야 하는 딜레마 갈라파고스 신드롬. http://blog.naver.com/mosfnet/221422673955

모비인사이드(2020.06.01.검색). [인포그래픽] 2018년 대한민국 SNS 이용현황. www.mobiinside.co.kr/2019/01/11/snsuser-2018/

보건복지부(2020.06.01.검색). 한국의 사회복지지출(GDP대비). http://kosis.kr/

인터넷트렌드(2019.12.31.검색). 검색엔진트렌드검색. http://www.internettrend.co.kr/trendForward.tsp

한국기본소득네트워크(2020). 핀란드 기본소득실험 결과들: 작은 고용효과들, 경제적 안정과 정신적 웰빙이 더 나아짐. https://basicincomekorea.org/kela-press-release_final-results_may-06-2020/

Adecco Group(2017). Flexible working: A career and lifestyle pathway. www.adeccogroup.com.

Columbia Journalism Review(2019). The Reach of #MeToo. https://www.cjr.org/special_report/reach-of-metoo.php

Fortune(2016). The Unicorn List. http://www.fortune.com/unicorns

ICTWSS(2019.12.31.). ICTWSS database. http://uva-aias.net/en/ictwss

ILO(2019.12.31.검색). Helping the gig economy work better for gig workers. https://www.ilo.org/washington/WCMS_642303/lang--en/index.htm

Interbrand(2000, 2018). Best Global Brands. http://www.interbrand.com

McKinsey(2015). Four fundamentals of workplace automation. McKinsey Quarterly.

https://www.mckinsey.com/business-functions/mckinsey-digital/our-insights/four-fundamentals-of-workplace-automation

OECD Statistics(2020.06.01.검색). Social Expenditure-Aggregated data. https://stats.oecd.org/Index.aspx?DataSetCode=SOCX_AGG

OECD(1980). OECD Guidelines on the Protection of Privacy and Transborder Flows of Personal Data. http://www.oecd.org/sti/ieconomy/oecdguidelinesontheprotectionofprivacyandtransborderflowsofpersonaldata.htm#part2

Pew Research Center(2017.10.20.). The shift in the American public's political values. https://www.pewresearch.org/politics/interactives/political-polarization-1994-2017/

TheGlobalEconomy.com(2016). Internet bandwidth - Country rankings. https://www.theglobaleconomy.com/rankings/Internet_bandwidth/

UN(2020). UN E-Government Knowledgebase. https://publicadministration.un.org/egovkb

We Are Society.(2019). Global Digital Report. wearesocial.com/global-digICal-report-2019

Weber, E.(2019). Digital Social Security: Outline of a concept for the 21st century. Working Paper Forschungsförderung, No. 138. Düsseldorf: Hans-Böckler-Stiftung. http://nbn-resolving.de/urn:nbn:de:101:1-2019102314082204524948

정부문서

고용노동부 보도자료(2020.12.23.). 전국민 고용보험 로드맵.

과학기술정보통신부(2018). 민간 500대 웹사이트별 플러그인 사용현황(2018).

관계부처합동(2013). 공공데이터의 제공 및 이용활성화 기본계획(2013-2017년).

관계부처합동(2017). 2018 경제정책방향.

관계부처합동(2020). 한국판 뉴딜 종합계획.

기획재정부 보도자료(2019.01.09.). 「제5차 경제활력대책회의 겸 2019년 제2차 경제관계장관회의」 개최.

대통령직속 4차산업혁명위원회 보도자료(2020.05.18.). 4차위 데이터 3법 관련

공동 설문조사 결과.
보건복지부(2010). 사회복지통합관리망 구축현황 및 추진계획.
보건복지부(2015). 차세대 사회보장정보시스템 구축을 위한 BPR/ISP 컨설팅 제안요청서.
보건복지부(2016). ICT와 빅데이터를 활용한 복지사각지대 발굴지원.
보건복지부(2019). 사회보장 정보전달체계 개편 기본방향.
한국정보화진흥원(2015). 정보격차지수 및 실태조사.
행정안전부(2017). 대한민국 전자정부 50년.
행정안전부(2018). 제안요청서: 지능형 전자정부 재설계(ISP).
행정안전부(2019). 공공기관 서식한글개발 보급계획.

홈페이지

국민신문고 www.epeople.go.kr
내가만드는복지국가 mywelfare.or.kr
대한민국청와대 국민청원 www1.president.go.kr/petitions
대한아동학대방지협회 kcapa.kr
민주주의 서울 democracy.seoul.go.kr
양육비해결모임 cafe.naver.com/red0f1da
정치하는엄마들 www.politicalmamas.kr
Amazon Mechanical Turk https://www.mturk.com/
Bitnation Governance 2.0. https://tse.bitnation.co/
Fair Crowd Work faircrowd.work
Republic of Estonia E-Residency https://e-resident.gov.ee/
Worker Infor Exchange workerinfoexchange.org

046 삶의 질의 국제비교와 지역간 비교분석
이재기 외 | 울산대 경제학과

047 21세기 지역주민의 삶의 질
양종회 외 | 성균관대 사회학과

048 삶의 질에 대한 국가간 비교
조명한 외 | 서울대 심리학과

049 외국인 노동자의 노사관계와 사회적 적응
석현호 외 | 성균관대 사회학과

050 한국의 사법제도와 발전 모델
정종섭 | 건국대 법학과

051 고령화사회와 중상층 노인의 사회활동
조성남 외 | 이화여대 사회학과

052 한국의 서비스 시장 개방정책
한홍렬 | 한양대 경제학부

053 한국과 AFTA간의 교역증진 및 경제 협력방안
손일태 외 | 경희대 경제통상학부

054 물류비 절감을 위한 무역업체의 정보화전략
이영수 외 | 경북대 경제통상학부

055 사회주의 체제전환과 사회정책
오정수 외 | 충남대 사회복지학과

056 남북통일 이후 농업생산체계 개편
홍성규 외 | 건국대 농업경제학과

057 국제화와 세계화
하영선 외 | 서울대 외교학과

058 IMF 개혁정책의 평가와 한국경제의 신(新) 패러다임
조동근 | 명지대 경제학과

059 구조개혁과 실업대책
박동운 | 단국대 경제무역학부

060 21세기 신노사관계
심윤종 외 | 성균관대 사회학과

061 학교에서의 집단 따돌림
이춘재 외 | 가톨릭대 심리학과

062 한국노인의 정신건강실태와 건강증진
조맹제 외 | 서울대 의과대학

063 혁명과 개혁 속의 중국 농민
김광억 | 서울대 인류학과

064 중국의 경제환경과 한국기업의 진출 전략
지용희 외 | 서강대 경영학과

065 김대중 대통령의 시스템 사고
김동환 | 중앙대 공공정책학부

066 실업과 가족해체
최일섭 외 | 서울대 사회복지학과

067 합리적 부채비율 조정방안
오상근 | 동아대 경제학과

068 한국 중산층의 생활문화
문숙재 외 | 이화여대 소비자 · 인간발달학과

069 계층간 갈등상태에서 최적소득세
김진욱 | 건국대 경상학부

070 글로벌 경쟁력 제고를 위한 기업전략과 조직구축
이만우 외 | 고려대 경영학과

071 의료보험과 국민연금의 관리효율화를 위한 통합방안
사공진 외 | 한양대 경제학부

072 정부개혁의 과제와 전략
박우서 외 | 연세대 행정학과

073 책임운영기관 제도에 관한 비교분석
김근세 | 가톨릭대 행정학과

074 새로운 패러다임하에서의 한국기업의 바람직한 지배구조
최운열 외 | 서강대 경영학과

075 현대 한국사회의 계층구조
양춘 외 | 고려대 사회학과

076 한국의 산업정책과 산업구조조정
강인수 | 숙명여대 경제학부

077 기업구조조정
김석진 | 경북대 경영학부

078 지식경영을 위한 인적자원 개발 및 관리체계
장영철 | 경희대 경영학부

079 뉴 비즈니스 모델
전성현 | 국민대 정보관리학부

080 중산층의 정체성과 소비문화
함인희 외 | 이화여대 사회학과

081 외국관광객 유치를 위한 마케팅 전략
박상규 | 강원대 경영학과

082 한국인의 세대별 문학의식
이동순 | 영남대 국문과

083 공공부문의 효율성 평가와 측정
김재홍 외 | 울산대 사회과학부

084 한국 청소년의 정치의식과 형성요인
김광웅 외 | 숙명여대 아동복지학과

085 한국 대학생의 정치의식
배한동 | 경북대 윤리교육과

086 산업의 정보화와 산업발전
이기동 | 계명대 통상학부

087 한국 제조업의 고용조정 분석
이종원 외 | 성균관대 경제학부

088 지식자산에 대한 경영전략적 평가모형 개발
배재학 외 | 울산대 컴퓨터 · 정보통신공학부

089 관광사업을 위한 한국적 이미지의 휴식복 개발
채금석 | 숙명여대 의류학과

090 한국 정치제도의 개혁
신정현 | 경희대 사회과학부

091 e비즈니스와 아웃소싱 전략
정승화 외 | 연세대 경영학과

092 집단 따돌림의 진단 및 치료방안
홍준표 | 중앙대 인간생활환경학과

093 16대 총선과 낙선운동
조기숙 | 이화여대 국제대학원

094 부동층 유권자 행태 분석
진영재 | 연세대 정치외교학과

095 사이버 공동체의 성공요인
이재관 | 숭실대 경영학부

096 온라인 소비자 행동의 이론과 실증
윤성준 | 경기대 경영학부

097 글로벌 시대 정약용 세계관의 가능성과 한계
차성환 | 한일장신대 역사사회학과

098 러시아의 체제전환 과정에서 나타난 국가의 역할과 그 전망
이상민 외 | 부산대 정치외교학과

099 남북한의 경제발전 수준과 산업구조 비교, 그리고 경제교류 협력방향
주성환 | 건국대 경제학과

100 집단따돌림과 교육해체
한준상 | 연세대 교육학과

101 공적연금제도의 효율성과 개선방안
유금록 | 군산대 행정복지학부

102 벤처기업-대기업의 성공적인 협력 모델
나중덕 | 경산대 경영학과

103 북한의 재외동포정책
조정남 외 | 고려대 정치외교학과

104 사이버 공동체 형성의 역동적 모형
장용호 | 서강대 신문방송학과

105 기업이론과 기업의 소유지배구조
김일태 외 | 전남대 경제학부

106 가축분뇨 자원화를 위한 공동이용 조직에 대한 농가선호도 분석
유덕기 | 동국대 생명자원경제학과

107 개혁정책과 전문가 집단
이경원 외 | 제주대 행정학과

108 현대 한국사회의 이중가치체계
신수진 외 | 이화여대 가정관리학과

109 한국의 산업구조 변화와 기업집단 다각화 전략
김용학 외 | 연세대 사회학과

110 지식정보사회의 경제적 모형 설정 및 사례 연구
김범환 | 배제대 경영정보학부

111 변호사징계제도
오종근 | 한림대 법학부

112 인터넷 특허법
김순석 | 광주대 법학과

113 e-비즈니스 시대의 금융 및 재정정책의 새로운 패러다임
이종욱 | 서울여대 경제학과

114 청소년의 하위문화와 정체성
조성남 | 이화여대 사회학과

115 디지털금융시대의 금융구조변화와 정부규제 및 정책
이충열 | 고려대 경제학부

116 지시경영을 위한 기업의 조직설계방안
김경수 외 | 전남대 경영학과

117 전자금융의 발달과 경제정책의 새로운 패러다임
이명훈 | 명지대 경제학과

118 동아시아의 안보와 유엔체제
강성학 편저 | 고려대 정치외교학과

119 유료 치매노인 그룹홈의 개발과 관련 정책
최정신 외 | 가톨릭대 소비자 · 주거학과

120 소비자 지향적 문화산업 정책
홍영준 | 호남대 광고홍보학과

121 국제 · 국가 · 지방 환경규제의 연계
정준금 외 | 울산대 행정학과

122 현행 회사 합병 · 분할제도의 평가와 개선방안
옥무석 외 | 이화여대 법학과

123 배려지향적 도덕성과 정의지향적 도덕성
정옥분 외 | 고려대 사범대학

124 기업구조조정에 대한 채권금융기관 및 금융감독기관의 역할과 책임
이중기 | 한림대 법학과

125 실업대책으로서 한국의 법정기준근로 시간 단축
박영범 | 한성대 경제학과

126 프랑스어의 비분리성 소유개념 표현
노윤채 | 연세대 언어정보연구원

127 지방채의 효율적 관리방안
강태구 | 호원대 법행정학부

128 21세기 산업구조 변화와 과학기술정책
임채성 외 | 그리스도신학대 경영정보학부

129 인터넷 쇼핑몰 이용자의 불평행동
예종석 | 한양대 경영학부

130 한국기업의 성과급제도 현황, 효과 및 개선방안
김성수 | 서울대 경영학과

131 전자상거래와 소비자보호
서민교 외 | 경일대 인터넷국제통상학과

132 평생학습 사회에서의 인적자원개발을 위한 사회적 파트너십 구축
김영화 | 홍익대 교육학과

133 한국 공교육의 새로운 구상과 전략
권대봉 외 | 고려대 교육학과

134 한국의 정부개혁
김태룡 | 상지대 행정학과

135 지방정부 생산성 측정의 이론과 실제
이은국 외 | 연세대 행정학과

136 불가 시문학론
배규범 | 경희대 학술연구 교수

137 남북경제교류의 법적 문제
제성호 | 중앙대 법학과

138 경제위기와 청소년 발달
구인회 | 서울대 사회복지학과

139 생명과학기술의 응용과 기본권보호적 한계
정상기 외 | 한남대 법학과

140 경제발전과 정치환경의 한 · 일 비교분석
정갑영 외 | 연세대 동서문제연구원

141 한국 공교육의 진단
윤정일 외 | 서울대 교육학과

142 우리나라 지방자치 발전을 위한 자치 단체장의 역할
정성호 외 | 경기대 사회과학부

143 의료보험제도의 개혁방안
권순원 | 덕성여대 경제학과

144 중등 도덕교육의 현실과 문제
손동현 외 | 성균관대 철학과

145 사이버공동체 발전론
이명식 | 상명대 경영학과

146 남북경협 확대에 대비한 북한 담보제도의 정비방안
박훤일 | 경희대 법과대학

147 한국 공무원 인사제도 개혁
김판석 | 연세대 행정학과

148 교사화법 교육
임칠성 외 | 전남대 국어교육과

149 세계화의 문화정치학
임혁백 외 | 고려대 정치외교학과

150 효과적인 e-SCM을 위한 의사결정조정 시스템 모형
이원준 | 성균관대 경영학부

151 환경거버넌스
김종순 외 | 건국대 행정학과

152 자동차산업의 인적자원관리
이덕로 | 서원대 경영학부

153 한국과 영국 간 지식기반산업 비교
이명호 | 한국외대 경영학과

154 한국 벤처기업의 기술네트워킹 및 기술 마케팅 전략
장영일 | 인제대 경영학부

155 회사변호사의 윤리
오승종 | 성균관대 법과대학

156 미디어교육론
이정춘 | 중앙대 신문방송학과

157 조선시대 서원과 양반
윤희면 | 전남대 역사교육과

158 환경문제와 철학
박찬국 | 서울대 철학과

159 노인보건복지 이론과 실제
김명 외 | 이화여대 보건교육학과

160 북한의 법체계
권재열 외 | 숭실대 법학과

161 생명공학기술의 안전성 확보에 관한 법적 고찰
이재협 | 경희대 법학부

162 청소년복지학
김성이 외 | 이화여대 사회복지학과

163 변화하는 세계, 변화하는 복지국가
조영훈 | 동의대 사회복지학과

164 의리의 윤리와 한국의 유교문화
김낙진 | 진주교대 도덕교육과

165 미국의 통상정책과 통상법
윤충원 | 전북대 무역학과

166 사회복지 프로그램 평가
김학주 | 경상대 사회복지학과

167 환경주의와 지속가능한 발전
정대연 | 제주대 사회학과

168 무역과 환경
김기홍 외 | 경기대 경제학부

169 산업계 유해폐기물의 위험과 관리
김금수 | 호서대 경상학부

170 백범 김구의 지적 계발과정 탐색
문용린 | 서울대 교육학과

171 태평양전쟁 발발 이후 일제의 인적 지배와 그리스도교계의 대응
윤선자 | 전남대 사학과

172 거버넌스 상황에서 갈등관리를 위한 대체적 분쟁해결제도
서순복 | 광주대 법정학부

173 시장경제의 유형과 민주주의
최배근 | 건국대 경상학부

174 일본고전소설 총론
김현정 | 국립한국전통문화학교

175 국어 교육을 위한 국어 문법론
이관규 | 홍익대 국어교육과

176 율곡의 군주론
전세영 | 부산교대 윤리교육과

177 동북아시아 환경협력
정서용 | 명지대 법학과

178 기후변화협약과 기후정책
신의순 외 | 연세대 경제학과

179 인터넷과 국제 학술정보 네트워크-하이퍼링크 분석
박한우 | 영남대 언론정보학과

180 국내 기업복지의 활성화 방안
최수찬 | 연세대 사회복지대학원

181 세계화와 인간안보
김우상 외 | 연세대 정치외교학과

182 세계문화유산 종묘 이야기
지두환 | 국민대 국사학과

183 한국 평생교육의 사회철학적 과제
곽삼근 | 이화여대 교육학과

184 강점모델
정순둘 | 이화여대 사회복지학과

185 글로벌시대의 계약법
박영복 | 한국외대 법과대학

186 배심제와 시민의 사법참여
안경환 | 서울대 법학과

187 동북아공동체
김재한 | 한림대 정치외교학과

188 정치 참여와 탈물질주의
김욱 | 배재대 정치외교학과

189 퍼지전문가회로망을 이용한 금융기관의 사이버 기업여신결정 지원시스템의 개발
권혁대 | 목원대 경영학과

190 환경정책과 환경법
송인성 | 전남대 지역개발학과

191 포스트모던 시대의 평생교육학
한숭희 | 서울대 교육학과

192 현대 한국인의 세대경험과 문화
박길성 외 | 고려대 사회학과

193 서구의 근로연계복지
김종일 | 건국대 사회복지학과

194 사회복지운동론
현외성 | 경남대 사회복지학과

195 외국의 역모기지 사례
유선종 | 건국대 부동산학과

196 옛이야기와 어린이문학
이지호 | 진주교대 국어교육학과

197 노인사회복지관광의 정책과제와 방안
김창수 | 경기대 관광학부

198 복지서비스의 민간위탁 시스템 분석
김순양 | 영남대 행정학부

199 새로운 빈곤층의 대두와 정부의 정책과제
김진욱 | 건국대 경제학과

200 문화행정론
김정수 | 한양대 행정학과

201 스칸디나비아 노인용 코하우징의 계획과 적용
최정신 외 | 가톨릭대 생활과학부

202 북한의 자연생태계
공우석 | 경희대 지리학과

203 통계로 이해하는 러시아
전홍찬 | 부산대 정치외교학과

204 사회복지법인의 경영과 회계
이동규 | 충남대 회계학과

205 의약분업 정책과정
차흥봉 | 한림대 사회복지학과

206 지역공동체와 평생교육
오혁진 | 동의대 평생교육학부

207 아동보호서비스의 실제
한미현 | 백석대 사회복지학부

208 그린마케팅
박재기 | 충남대 경영학부

209 아동권리와 아동복지
이혜원 | 성공회대 사회복지학과

210 국제 이주와 인도인 디아스포라
김경학 | 전남대 인류학과

211 질병과 의료의 사회학
조병희 | 서울대 보건대학원

212 북한이탈주민의 사회통합을 위한 지역복지실천의 모색
이기영 | 부산대 사회복지학과

213 치매노인케어론
조유향 | 초당대 간호학과

214 노인상담입문
서혜경 외 | 한림대 대학원 사회복지학과

215 '통일 이후 통일과정'으로서의 독일 통일영화
이준서 | 이화여대 독어독문학과

216 중국의 사회보장
오정수 | 충남대 사회복지학과

217 환경자원의 경제적 가치와 환경오염의 사회적 비용
김재홍 | 울산대 사회과학부

218 사회복지프로그램의 경제적 평가방법
박창제 외 | 상주대 사회복지학과

219 자유의지와 결정론
안건훈 | 강원대 철학과

220 심리학자들이 쓴 행복한 결혼의 심리학
채규만 외 | 성신여대 심리학과

221 현대 해석학 강의
양해림 | 충남대 철학과

222 한국인의 주거 빈곤과 공공주택
하성규 | 중앙대 도시및지역계획학과

223 IMF 경제위기와 한국 출산력의 변화
김두섭 | 한양대 사회학과

224 동아시아의 영토분쟁과 국제법
이석우 | 인하대 법학부

225 독일 복지국가와 사회복지서비스
정재훈 | 서울여대 사회사업학과

226 사회복지사를 위한 실용 비모수통계
엄명용 | 성균관대 사회복지학과

227 피해자학 연구
이윤호 | 동국대 경찰행정학과

228 광고언어창작론
박영준 외 | 부경대 국어국문학과

229 환경규제 패러다임의 전환
한철 | 한남대 법학과

230 고령사회의 노동환경변화와 고용 시스템의 문제점 및 법적 대응
고준기 | 국립군산대 법학과

231 세계화와 소득불평등
이성균 외 | 울산대 사회과학부

232 유비쿼터스 사회의 이해
안중호 외 | 서울대 경영학과

233 국제환경책임법론
박병도 | 건국대 법학과

234 한국의 선거와 민주주의
윤종빈 | 명지대 정치외교학과

235 한국 시민운동의 구조와 동학
조대엽 외 | 고려대 사회학과

236 또래관계
송영혜 | 대구대 재활심리학과

237 해외 한국기업과 현지인 노동자
석현호 외 | 에스코이아학술문화재단

238 독일 국가복지에서 민간복지단체의 역할과 의미
차성환 외 | 한일장신대 사회복지학부

239 청정공학
조정호 | 동양대 생명화학공학과

240 한국전통연희론
심상교 | 부산교육대 국어교육학과

241 정신장애와 가족
서미경 | 경상대 사회복지학부

242 빈곤통계의 작성과 활용
김주환 | 동국대 정보통계학과

243 인터넷과 한국정치
강원택 | 숭실대 정치외교학과

244 북한의 시장경제이행
정영화 외 | 서경대 법학과

245 시스템사고로 본 지속가능한 도시
문태훈 | 중앙대 도시및지역계획학과

246 실버산업과 유비쿼터스 컴퓨팅
고일상 | 전남대 경영학부

247 재활상담과 사례관리
나운환 | 대구대 직업재활학과

248 영유아교육기관에서의 장애 이해 교육
유수옥 | 우석대 유아특수교육과

249 장애의 사회적 의미와 사회통합
박수경 | 대진대 사회복지학과

250 경제분석의 수리적 기초
조인성 | 공주대 경제통상학부

251 비영리부문의 비교연구
김승현 | 서울산업대 행정학과

252 고등교육경제학
반상진 | 전북대 교육학과

253 과학윤리교육의 이론과 방법
조희형 | 강원대 과학교육학부

254 결혼이민자가족의 이해
김오남 | 대불대 사회복지학과

255 동아시아 국가의 공공부조
신동면 | 경희대 사회과학부

256 특수아동 진단 및 평가
이나미 | 대불대 특수교육과

257 계약형 사회복지와 권리옹호시스템
이명현 | 경북대 상주캠퍼스 사회복지학과

258 실내공기질 및 위해성 관리
양원호 | 대구가톨릭대 산업보건학과

259 충남 방언 문법
한영목 | 충남대 국어국문학과

260 교육권론
노기호 | 군산대 법학과

261 도시경관계획론
임승빈 | 서울대 조경 · 지역시스템공학부

262 교통의 새로운 패러다임
김형철 | 경원대 도시계획 · 조경학부

263 노인의 삶의 질 향상을 위한 주거환경 디자인
천진희 | 상명대 디자인대학 실내디자인전공

264 사회복지와 문화
박병현 | 부산대 사회복지학과

265 장애인복지의 이론과 실제
이선우 | 인제대 사회복지학과

266 창의성 개발을 위한 디자인교육 콘텐츠
김선영 | 인천가톨릭대 조형예술대학 환경디자인학과

267 구성주의 사회복지 실천 기술론
고미영 | 서울신학대 사회복지학과

268 장애아교육학
김기흥 | 부산교육대 유아교육과

269 지역사회복지와 자원부문
한상진 외 | 울산대 사회학과

270 환경관리회계
육근효 | 부산외국어대 회계학부

271 인권 관점에서 보는 장애인복지
유동철 | 동의대 사회복지학과

272 정신증상
송지영 | 경희대 의과대학병원 신경정신과

273 사이버공간의 사회심리학
이성식 외 | 숭실대 정보사회학과

274 노인에 대한 사회적 돌봄과 돌봄서비스의 질 보장
최희경 | 신라대 가족노인복지학과

275 아동 심리치료의 실제
신현균 | 전남대 심리학과

276 사회복지와 위험관리
노충래 | 이화여대 사회복지전문대학원

277 국제 탄소시장의 이해
양승룡 | 고려대 식품자원경제학과

278 타자의 초상
신문수 | 서울대 영어교육과

279 한국정치와 환경정치
나정원 | 강원대 정치외교학과

280 북한이주민
윤인진 | 고려대 사회학과

281 음주의 사회경제적 비용
정우진 외 | 연세대 보건대학원

282 지방정치와 동북아 도시거버넌스
박재욱 | 신라대 행정학과

283 노숙인 복지론
남기철 | 동덕여대 사회복지학과

284 유럽통합과정과 지역협력
이규영 | 서강대 국제대학원

285 사회복지재정 연구
지은구 | 계명대 사회과학대학 사회복지학과

286 지역사회 교육개혁을 위한 시민사회 조직의 참여
김영화 | 홍익대 교육학과

287 복지사회를 대비한 국민연금의 구조개혁
박영석 외 | 서강대 경영학부

288 한미 FTA 지재권 협상에 따른 의약품 분야 사회후생 변화
오근엽 | 충남대 무역학과

289 산업입지, 환경 그리고 지역경제
이기동 외 | 계명대 국제통상학과

290 감성지능 개발을 통한 삶의 질 향상
김경수 외 | 전남대 경영학부

291 교육복지론
이용교 외 | 광주대 사회복지학부

292 인간과 행복에 대한 철학적 성찰
박찬국 | 서울대 철학과

293 유럽연합의 사회통합 사례와 교훈
이무성 | 명지대 정치외교학과

294 민영화와 사회후생
이상호 | 전남대 경제학부

295 북한의 교육학 체계 연구
최영표 외 | 동신대 교육대학원

296 한국 지속가능발전의 구조와 변동
정대연 | 제주대 사회학과

297 우리나라의 공익 연계 마케팅에 관한 연구
임승희 | 전주대 경영학부

298 시각장애인복지론
김영일 | 조선대 특수교육과

299 그린에너지와 환경촉매
성석신 | 경희대 화학공학과

300 취약학교 초등학생을 위한 온라인 보건교육 프로그램
박경옥 | 이화여대 보건관리학과

301 신탁제도를 통한 고령자의 보호와 지원
최수정 | 서강대 법학전문대학원

302 사회적 약자계층에 대한 실태분석 및 정책방안
이은우 외 | 울산대 경제학과

303 한류 문화와 동북아 공동체
최혜실 | 경희대 국어국문학과

304 노동유연화와 해고보호법
권혁 | 부산대 법학전문대학원

305 사회복지 위험관리의 이해
박미은 | 한남대 사회복지학과

306 의료기관의 회계와 세무
노준화 | 충남대 경영학부

307 여성인적자원의 전문성 확보를 위한 경력개발
백지연 | 이화여대 국제사무학과

308 정신병리
강선경 | 서강대 신학대학원

309 바다의 반란 적조
윤양호 | 전남대 해양기술학부

310 한국 장애인 복지 발달사
이성규 | 서울시립대 사회복지학과

311 서양예술 속의 동양 탐색
진상범 | 전북대 독어독문학과

312 한국인의 도덕성 발달 진단
문용린 | 서울대 교육학과

313 영국정치와 국가복지
고세훈 | 고려대 공공행정학부

314 인간학적 사유를 여는 중도 · 중복장애 교육학
이숙정 | 단국대 특수교육과

315 개별화 교육과정
이소현 | 이화여대 특수교육과

316 인간의 긍정적 성품
권석만 | 서울대 심리학과

317 지방자치와 지역여성의 전망
이혜숙 | 경상대 사회학과

318 한국 현대 노년소설 연구
전흥남 | 한려대 교양학부

319 정보격차 해소를 위한 창의적 정보교육 프로그램
이영준 외 | 한국교원대 컴퓨터교육과

320 한국 가족과 젠더
손승영 | 동덕여대 교양학부

321 한국의 복지혼합
김진욱 | 서강대 신학대학원

322 사회자본과 자원봉사
김태룡 외 | 상지대 행정학과

323 농촌교육복지연구
박삼철 | 단국대 교양학부

324 사회정체성 평가 차원에 대한 국제비교조사
이명진 | 고려대 사회학과

325 캐나다 복지국가 연구
조영훈 | 동의대 사회복지학과

326 한국의 소수자운동과 인권정책
전영평 외 | 서울대 행정대학원

327 한국과 미국의 보육서비스 전달체계와 품질 비교분석
김근세 외 | 성균관대 국정관리대학원

328 한국사회의 소득불평등과 국민 의료 이용
이용재 | 호서대 사회복지학과

329 정보시대의 인간안보
조화순 | 연세대 정치외교학과

330 가족의 사회경제적 특성과 아동발달
김광혁 | 전주대 사회복지학과

331 초 · 중 · 고등학생의 학업소진 진행과정 및 경로분석
이상민 | 고려대 교육학과

332 다문화사회의 사법통역
이지은 | 이화여대 통역번역대학원

333 동아시아 지역주의
유현석 | 경희대 정치외교학과

334 환경친화적 공공시설관리와 지역공동체의 삶의 질
이소영 | 중앙대 실내디자인 · 주거환경학과

335 의료보험의 법정책
김나경 | 성신여대 법과대학

336 양극화 시대 가족해체와 청소년의 적응에 관한 한국과 미국의 비교 연구
오승환 외 | 울산대 사회복지학과

337 기업의 사회적 책임과 지역경제사회 발전 연구
허영도 외 | 울산대 경영학부

338 노인의 삶의 질 향상을 위한 온라인 소셜 네트워크 구축 방안
김진우 | 연세대 경영학과

339 청소년 생활역량
윤명희 외 | 동의대 평생교육학과

340 외국인 배우자의 다양성과 국제결혼의 안정성
김두섭 | 한양대 사회학과

341 정보인권의 규범구체화
이민영 | 가톨릭대 법학과

342 한국 사회복지실천의 고유성
최성재 외 | 서울대 사회복지학과

343 스웨덴의 환경책임 실천모형
최희경 | 경북대 행정학부

344 자율운동과 주거공동체
윤수종 | 전남대 사회학과

345 한국인의 공공봉사동기
김상묵 | 서울과학기술대 행정학과

346 한국 이혼가정 아동의 성장
김혜숙 | 경인교육대 교육학과

347 동양 사상과 노인 복지
홍승표 외 | 계명대 사회학과

348 노동과 사회보장의 연계
오문완 | 울산대 법학과

349 학습장애 위험군 아동의 조기선별을 위한 읽기검사 표준화 연구
김애화 외 | 단국대 특수교육학과

350 신 · 재생에너지에 기초한 녹색성장과 사회통합
김인호 | 이화여대 법학전문대학원

351 문화교류역량과 다문화 경영이 기업 경영성과에 미치는 영향
임병학 외 | 부산외대 경영학부

352 빈곤영유아의 발달과 적응
정익중 외 | 이화여대 사회복지학과

353 민사법질서와 인권
양천수 | 영남대 법학전문대학원

354 성년후견제도와 사회복지제도의 연계
신권철 | 서울시립대 법학전문대학원

355 한국 다문화사회의 이방인
김순양 | 영남대 행정학과

356 현대 시민사회와 소비자계약법
이병준 | 한국외대 법학전문대학원

357 개인의 사회적 정보보호를 위한 공공 정보서비스 개선 연구
장항배 | 상명대 경영학과

358 여성교육투자에 대한 교육경제학적 탐색
백일우 외 | 연세대 교육학부

359 사회적 기업과 지속가능한 지역발전
임업 외 | 연세대 도시공학과

360 다문화가정 구성원에 대한 투트랙 한국어 교육방안 연구
박시균 | 군산대 국어국문학과

361 아시아의 빈곤과 한국기업의 역할
한인수 | 충남대 경영학부

362 유치원 · 초등학교 연계 환경교육
박희숙 | 공주대 유아교육학과

363 비정규 고용과 사회정책
구인회 외 | 서울대 사회복지학과

364 사생활의 자유에 관한 비교법적 연구
이창현 | 서강대 법학전문대학원

365 다중융합 환경 기반의 미디어스킨을 활용한 문화콘텐츠 디자인 적용방안에 관한 연구
오문석 외 | 광운대 미디어영상학부

366 북한이탈주민 여성의 성인식 관련 기초 조사
한인영 외 | 이화여대 사회복지학과

367 노인주택 파노라마
유선종 | 건국대 부동산학과

368 시설보호 청년의 적응
정선욱 | 덕성여대 사회복지학과

369 다수 집단과 소수 집단의 심리
김혜숙 | 아주대 심리학과

370 바이오 휴머니티
권택영 | 경희대 영어학부

371 프랑스 다문화교육의 이해
이경수 | 상명대 불어교육과

372 한 · 중 서비스산업의 비교분석과 교역 확대 방안
김상호 | 리츠메이칸 아시아태평양대 국제경영학부

373 현대의학에 있어서 생명의 시간과 인간의 존엄
김학태 | 한국외대 법학전문대학원

374 0~3세 영유아의 영상물 과몰입 실태 조사 및 정신건강증진 프로그램 개발과 적용
이경숙 | 한신대 재활학과

375 복지국가의 조세와 정치
양재진 외 | 연세대 행정학과

376 청소년기 자살행위 실태와 관련 요인
박선희 | 경희대 간호과학대학

377 기술혁신에 따른 지역 간 정보격차
최정혜 외 | 연세대 경영대학

378 한국 사회의 이중구조와 생애주기적 불평등
안상훈 편 | 서울대 사회복지학과

379 소비자의 친환경행동에 영향을 미치는 사회적 · 경제적 가치에 대한 고찰
송재기 | 텍사스테크대 경영학과

380 어머니 양육행동 관련 변인들과 유아 사회정서행동 간의 구조모형 분석
심숙영 | 숙명여대 원격대학원

381 조선족 여성, 동남아시아 여성 그리고 새터민의 적응 유형 분석 및 삶의 질 향상 방안 모색
정태연 | 중앙대 심리학과

382 세계의 연금, 한국의 연금
허만형 | 중앙대 공공인재학부

383 노인요양원과 문화 변화
최재성 | 연세대 사회복지학과

384 시민사회와 국제개발협력
손혁상 | 경희대 공공대학원

385 복지국가의 변화와 빈곤정책
김윤태 | 고려대 사회학과

386 다문화가정의 미디어 이용과 사회적 자본의 관계
진창현 | 경기대 경영학과

387 사회진출 대졸 초년생의 탄력성 변화 양상
이상민 | 고려대 교육학과

388 사회자본과 경제발전 그리고 정부의 질
도수관 | 대구가톨릭대 행정학과

389 망명과 귀환이주
서장원 | 고려대 독일문화학과

390 근거기반실천과 사회복지
김유진 | 경북대 사회복지학부

391 인터넷상 정보 유통에 대한 새로운 저작권 규율 방향 모색
박준석 | 서울대 법학전문대학원

392 한국 사회의 인종차별적 담화구조
이창수 | 한국외대 통역번역대학원

393 사회복지사의 사회복지 가치 지향
김용석 | 가톨릭대 사회복지학과

394 개인정보의 국제적 유통에 따른 법적 문제와 대책
박훤일 | 경희대 법학전문대학원

395 정신장애인의 인권
서미경 | 경상대 사회복지학과

396 취약계층 비만청소년들의 체중관리를 위한 건강증진 프로그램의 효과
김영호 | 서울과학기술대 스포츠과학과

397 한국 전통의 돈의 문화사, 나눔의 문화사
서신혜 | 한양대 창의 · 융합교육원

398 와이파이 공간과 모바일 정보 격차
이건학 | 서울대 사회과학대학

399 도시정비사업의 법적 쟁점과 해설
성중탁 | 경북대 법학전문대학원

400 사회서비스 제공기관의 조직요인과 성과
신창환 | 경북대 사회복지학부

401 도시 사운드스케이프 디자인
전진용 외 | 한양대 건축공학부

402 지방의회 의원윤리연구
김택 | 중원대 경찰행정학과

403 발달장애인 자립생활 증진을 위한 역량탐색 및 주거로서의 해결과제
김라경 | 광주교육대 교육학과

404 외국인고용제도개선과 인권
김상호 외 | 경상대 법과대학

405 사회복지연구에서 질적방법과 분석
김인숙 | 가톨릭대 사회복지학과

406 현대미술에서의 예술적 성장과 창의적 인재양성
백경미 | 울산과학기술원 기초과정부

407 현대인의 삶과 문화예술교육
곽삼근 | 이화여대 교육학과

408 문화적 배경과 체화된 인지
민동원 | 단국대 경영학부

409 아동 섭식행동평가 척도 표준화 및 섭식문제 현황 조사
정경미 | 연세대 심리학과

410 잊혀질 권리: 이상과 실현
문재완 | 한국외대 법학전문대학원

411 인권의 지역화: 일상생활의 인권 증진을 위하여
김중섭 | 경상대 사회학과

412 다문화 시대 이주민의 한국어 의사소통
민병곤 외 | 서울대 국어교육과

413 다문화 시대의 문화교육 커리큘럼
윤여탁 외 | 서울대 국어교육과

414 다문화 시대의 통일교육
박성춘 외 | 서울대 윤리교육과

415 다문화 시대 사회 통합을 위한 시민 교육
이진석 외 | 부산대 일반사회교육과

416 다문화 관련 법률 및 제도
박성혁 외 | 서울대 사회교육과

417 생태복원의 인문학적 상상력
김성도 외 | 고려대 언어학과

418 다국내 출생 다문화가정 청소년의 아픔과 분투: 사회적 차별로부터의 회복과 성장
서영석 | 연세대 교육학과

419 종교심리학의 이해: 죽음인식의 논의를 중심으로
김재영 | 서강대 종교학과

420 글로벌 시대의 사회통합: 세계적 추세와 한국의 위상
장용석 외 | 연세대 행정학과

421 소규모 사회적기업과 소셜미디어 마케팅
박철 | 고려대 글로벌비즈니스대학

422 동아시아 가면극의 역사와 전승양상
전경욱 | 고려대 국어교육과

423 무엇이 우리를 행복하게 하는가?
구교준 외 | 고려대 행정학과

424 디지털 중독의 이해와 대응 방안
오원석 외 | KAIST 경영대학

425 지속가능발전목표(SDG) 시대 한국의 복지와 행복지표 측정
한준 외 | 연세대 사회학과

426 지방정부 간 사회복지 불균형과 시민 행복
장용석 외 | 연세대 행정학과

427 일 · 여가의 변화와 행복 복지
유홍준 외 | 성균관대 사회학과

428 가족시간과 삶의 질
이윤석 외 | 서울시립대 도시사회학과

429 사회복지사의 유데모니아: 사회복지의 가치와 보람, 그리고 행복
송인한 외 | 연세대 사회복지대학원

430 행복을 위한 움직임
안문경 | 국민대 교양대학

431 읽기 장애 조기 선별검사의 측정학적 적합성 연구
여승수 | 부산교육대 유아교육학과

432 문화적 다양성과 창의성: 심리학적 관점
장재윤 | 서강대 심리학과

433 내일의 종언(終焉)? 가족자유주의와 사회재생산 위기
장경섭 | 서울대 사회학과

434 산림공유자원관리로서 금송계 연구
배수호 외 | 성균관대 행정학과

435 한국 경제발전의 문화적 기원: 추격성장, 발전국가 그리고 문화적 혼종성
김명수 | 한양대 정보사회학과

436 4차 산업혁명의 일자리 진화
이민화 | KAIST 미래전략대학원

아산재단연구보고서

001 한국인의 도덕성 연구
배해수 | 고려대 국문학과

002 산업화와 청소년 진로
이원호 | 울산대 교육학과

003 공동체의식과 시민운동
김영섭 | 한양대 행정학과

004 한국청년의 삶의 의미 충족도와 만족적 태도
안정수 | 경희대 철학과

005 중국조선족의 사회발전과 한 · 중관계의 위상
손장권 | 고려대 사회학과

006 해송림 "솔껍질깍지벌레"의 천적 및 주요 종의 생태
김규진 | 전남대 농생물학과

007 사회정의와 실천윤리
박종대 | 서강대 철학과

008 동구개혁의 영향
김달중 | 연세대 정치외교학과

009 한국청소년의 의식세계
김문조 | 고려대 사회학과

010 고강도 철근 콘크리트 구조의 실용화
정헌수 | 중앙대 건축학과

011 신기술의 연관형태 및 출현예측의 구조모형
권철신 | 성균관대 산업공학과

012 민간기업의 연구개발을 위한 조세정책
권영훈 | 한양대 경제학부

013 기술개발 활성화방안
송승구 | 울산대 화학공학부

014 부패의 현상과 진단
이문조 | 영남대 정치외교학부

015 연구투자의 지역적 편중화와 부산지역의 기초과학연구 활성화방안
윤웅찬 | 부산대 화학과

016 GATT의 신구 덤핑방지협정과 그 대응 방안
전창원 | 동국대 무역학과

017 한국사회의 도덕성 제고를 위한 진단과 처방
황경식 | 서울대 철학과

018 새로운 노사관계 방향
이진규 외 | 고려대 경영학과

019 21세기 동북아 정세예측과 한국의 전략적 대응방안
최평길 외 | 연세대 행정학과

020 소련의 한국에 대한 정책목표분석
신승권 | 한양대 정치외교학과

021 메모리 커패시터용 $Pb(Zr_xTi_{1-x})O_3$ 강유전체 박막의 제작과 특성
장지근 외 | 단국대 전자공학과

022 러시아 국제법학의 전통
김용구 | 서울대 외교학과

023 유럽연합의 현황과 전망
김동현 외 | 성균관대 행정학과

024 중국의 정치동원
송영우 외 | 건국대 정치외교학과

025 산업적 활용을 위한 이동로보트 시스템의 개발
박민용 외 | 연세대 전자공학과

026 중국조선족의 정치사회화과정과 동화적 국민통합의 방향
전인영 외 | 이화여대 사회생활학과

027 공적부조의 이론과 실제
최일섭 외 | 서울대 사회복지학과

028 대외통상환경의 변화와 법제개편
서헌제 | 중앙대 법학과

029 기업금융의 국제화
최생림 | 한양대 경영학부

030 자동차부품공업의 노사관계
김호진 외 | 고려대 행정학과

031 산업화 과정에서의 한국가족의 실태와 전망
정창수 외 | 성균관대 사회학과

032 공무원 가치관 실태와 정립방안
배병룡 외 | 경상대 행정학과

033 해외귀국청소년의 국내적응연구
이장영 | 국민대 사회학과

034 초고속정보통신망에서 LAN서비스 제공방안
이재용 | 연세대 전자공학과

035 WTO체제의 정책적 대응
김병진 외 | 경희대 행정학과

036 유럽의 통합정치
최수경 외 | 충남대 정치외교학과

037 유기질폐기물을 이용한 고단백사료원인 조류의 생산공정
최정우 외 | 서강대 화학공학과

038 초고속정보통신망의 수용성과 정책방향
박영상 외 | 한양대 신문방송학과

039 중국의 강남사회와 한중교섭
조영록 외 | 동국대 사학과

040 세계화시대의 사회 · 문화의식
신행철 외 | 제주대 사회학과

041 국내 외국인 노동자의 문제와 대책
성규탁 외 | 연세대 사회복지학과

042 노인인력 활용정책과 프로그램
김정후 외 | 강원대 법과대학

043 한일간 학술교류 현황과 활성화방안
정홍익 외 | 서울대 행정대학원

044 계량모형에 의한 한일 경제관계의 이해
김명직 외 | 한양대 경제학부

045 직장인의 음주행태와 삶의 질
진기남 외 | 연세대 보건행정학과

046 유통정보 시스템의 구조와 설계
정용길 | 충남대 경영학과

047 남북통일 이후 사회통합을 위한 교육의 역할
안기성 외 | 고려대 교육학과

048 대중음악에 심취한 청소년들의 심리적 특성
김인경 외 | 연세대 인간행동연구소

049 멀티미디어 시스템을 활용한 교육환경의 개선방안
김한일 | 제주대 컴퓨터교육학과

050 탈냉전기 한일관계의 쟁점
최상룡 | 고려대 정치외교학과

051 자치시대 새로운 '삶의 질' 지표의 모색
김형기 외 | 경북대 경제통상학부

052 유럽통합의 역내외 협력과 갈등
이호재 외 | 고려대 정치외교학과

053 21세기를 대비한 신노사관계
김재원 | 한양대 경제학부

054 대학의 시간제학생 등록제
안규철 외 | 전남대 교육학과

055 21세기에 대비한 방송통신정책
한진만 외 | 강원대 신문방송학과

056 주민참여를 통한 혐오시설 관리운영방안
박균성 외 | 경희대 법학부

057 여성의 정치적 권리인식과 정치참여
전경옥 외 | 숙명여대 정치외교학과

058 한국인 위장질환과 식생활 · 환경요인 및 *H. pylori* 감염과의 관계
이양자 외 | 연세대 식품영양학과

059 학생과 시민의 자원봉사활동
윤정일 외 | 서울대 교육학과

060 동북아 환경문제와 지역환경협력의 모색
신연재 외 | 울산대 정치외교학과

061 노인 자원봉사활동을 통한 사회통합 프로그램 개발
김동배 | 연세대 사회복지학과

062 물류정보 시스템
김태현 | 연세대 경영학과

063 전자식 문서교환을 이용한 항공화물 운송체계
민재형 | 서강대 경영학과

064 청소년과 성
이근후 | 이화여대 의과대학

065 민족통합과 무궁화호 위성의 남북한 공동활용방안
방정배 | 성균관대 신문방송학과

066 채식주의가 20대 여성의 영양상태와 에스트로겐 대사에 미치는 영향
성미경 | 숙명여대 식품영양학과

067 가상정보공간을 통한 지역개발 활성화 전략
유재천 외 | 한림대 언론정보학부

068 조산아 관리현황 및 정책수립 방안
박상기 외 | 조선대 의과대학

069 남북한관의 의식조사와 통일교육 개선 방안
김동규 외 | 고려대 북한학과

070 동양 전통 자연사상 탐구
장동순 | 충남대 환경공학과

071 초고속정보망의 시뮬레이터 구현
한기준 | 경북대 컴퓨터공학과

072 유통원가 시스템의 유효성
정다미 | 명지대 경영학과

073 국악과 문화관광의 만남
정익준 외 | 동아대 국제관광통상학부

074 기업의 지식경영 활용사례
김창은 | 명지대 산업공학과

075 선진국과 한국의 직업교육 · 훈련제도의 특성과 한계
정주연 | 고려대 경제학과

076 제주지역 성인 여성의 자원봉사활동
이상철 외 | 제주대 사회학과

077 M&A와 문화충돌 관리
박원우 | 서울대 경영학과

078 폐금속광산 인근 주민들의 중금속 오염실태
정종학 외 | 영남대 의학과

079 북한 농촌 · 농업실태와 인력자원개발 시스템을 통한 북한 농민의 구호방안
박성열 | 건국대 교육공학과

080 중소 소매점의 경쟁력과 소매성과
채명수 외 | 한국외대 무역학과

081 고령자를 위한 쾌적한 실내온도와 착의량의 설정
정운선 | 안동대 의류학과

082 지역문화 이벤트 PR
박종민 | 경희대 언론정보학부

083 인터넷 지역정보화의 실태와 전략
유평준 외 | 연세대 행정학과

084 여성 삶의 질 향상을 위한 사회교육 활성화 방안
김양희 | 중앙대 가족복지학과

085 벤처기업과 벤처금융
강대석 외 | 충남대 무역학과

086 구조조정기에 있어서 실업대책과 사회 안전망 구축
박천익 | 대구대 경제학과

087 한국 유아의 조기교육
이명조 외 | 한국외대 교육대학원

088 남북한 경제공동체 형성전략
이상만 | 중앙대 경제학과

089 지방자치회계의 투명성과 주민의 알 권리
권찬태 외 | 경북대 경영학부

090 정치지도자의 정책리더십
이해영 | 경일대 행정학과

091 경제위기와 한국인의 복지의식
신광영 외 | 중앙대 사회학과

092 북한의 노동
김강식 | 한국항공대 경영학과

093 우리나라 중소기업의 정보기술 활용 현황과 경쟁력 강화를 위한 제안
정승호 | 부산외대 정보시스템학과

094 인간배아복제의 법적 · 윤리적 문제점과 그 해결방안
최병규 | 한경대 법학부

095 가치변화에 따른 투표행태
조찬래 외 | 충남대 정치외교학과

096 인터넷 경매에서의 계약체결과 소비자 보호
이기수 외 | 고려대 법과대학

097 세계화시대 남북한 통합의 방향과 과제
윤민재 | 서울대 사회발전연구소

098 글로벌 시대 지방정부의 문화마케팅 전략
박흥식 | 중앙대 행정학과

099 대졸여성실업의 실태분석 및 대학-노동시장 간 효율적 연계방안
이은우 외 | 울산대 사회과학부

100 그린 투어리즘의 분석
이응진 | 대구대 관광학부

101 지방자치단체장의 부정부패
오일환 | 한양대 아태지역연구센터

102 산업화가 유교체제하 중국여성의 지위에 미친 영향
천성림 | 배재대 사회과학연구소

103 움직이는 말하기
유혜숙 외 | 나사렛대 교양학부

104 장애학생을 위한 특수교육공학의 활용
김용욱 | 대구대 중등특수교육과

105 지식기반사회의 평생교육 이해와 평생교육 프로그램 개발
박성열 | 건국대 교육공학과

106 N세대의 미술교육
김동철 | 대구교육대 미술교육학과

107 노후계획과 투자
권택호 | 여수대 국제통상학과

108 영화산업
양영철 | 경성대 연극영화학부

109 동유럽의 변혁과 언론의 역할
정대수 | 경남대 정치언론학부

110 환율, 임금, 물가가 국제경쟁력 및 수출입산업에 미치는 영향
하인봉 | 경북대 경제통상학부

111 일본기업의 기술혁신 전략
위정현 | 중앙대 상경학부

112 노후보장정책과 역저당연금제도
조덕호 외 | 대구대 행정학과

113 유비쿼터스 라이프와 미래 사회
김석수 | 한남대 멀티미디어공학과

114 죽음과 관련된 생명윤리적 문제들
구인회 | 가톨릭의과대 인문사회과학교실

115 경제적 세계화와 빈곤문제, 그리고 국가
김준현 | 한일장신대 인문사회과학부

116 한국의 세계불교유산
김종명 | 한국학중앙연구원 한국학대학원

117 복지레저서비스론
고태규 | 한림대 국제학부

118 자생적 철학체계로서 인간중심철학
선우현 | 청주교대 윤리교육과

119 전략적 통합과 한반도 평화체제
김승채 | 고려대 정책대학원

120 환경사법론
전경운 | 경희대 법학부

121 인터넷 자료를 통해 본 한국의 이혼문화와 사회복지
성정현 외 | 협성대 사회복지학과

122 유럽연합의 사회정책에 관한 연구
문진영 | 서강대 신학대학원 사회복지학과

123 여성건강의 통합적 관점
김혜원 | 관동대 간호학과

124 복잡계 네트워크 과학
강병남 | 서울대 물리천문학부

125 경제적인 3세대 전원주택 개발
박근준 | 호서대 건축공학과

126 사회복지와 인적자원개발
이상일 | 인제대 국제경상학부